MÉMENTO
DE
LITHOTHÉRAPIE

ISBN 978-2-940594-54-2
Couverture Santiago Bordils/Slumberland/ Photographie vvoennyy : grenat spessartite/123RF
Mise en pages M.D. Vrac
www.editions-ambre.ch ou.fr

Alida Noordegraaf

MÉMENTO DE LITHOTHÉRAPIE

854 minéraux et leurs vertus
pour soigner le corps et l'esprit
Index thérapeutique de 400 troubles

AMBRE
ÉDITIONS

INTRODUCTION

La lithothérapie est l'art de soigner le corps et l'esprit avec les pierres et la terre nous offre une multitude presque infinie de substances minérales pour y parvenir.

Ce guide présente les propriétés curatives de 854 minéraux, ce qui en fait le livre le plus complet jamais édité, mais l'association internationale de minéralogie (IMA) reconnaît 5 200 espèces minérales différentes. Viennent s'ajouter à cela les centaines d'appellations commerciales, qui ne sont que des pierres déjà existantes et que l'on a rebaptisées uniquement pour créer un regain d'intérêt à but commercial.

Les pierres sélectionnées dans ce guide seront utiles au lithothérapeute et celles qui n'y sont pas mentionnées sont en fait inutilisables car trop fragiles, toxiques ou dépourvues d'intérêt thérapeutique.

Les minéraux conseillés dans l'index thérapeutique, ont volontairement été choisis en fonction de leur prix et surtout de leur disponibilité, le but étant de pouvoir se constituer une collection utile et accessible.

La terre est en train de s'appauvrir et les minéraux sont de plus en plus rares et chers. Le lithothérapeute se doit de respecter et d'informer sur la nécessité d'une éthique responsable.

Cet ouvrage tente modestement d'y contribuer.

Alida Noordegraaf

STRUCTURE DE L'ÊTRE HUMAIN

QUEL EST LE LIEN ENTRE LA CHIMIE ET LE CORPS PHYSIQUE ?

Bien que les organes et les tissus du corps humain varient dans leurs formes et leurs fonctions, ils sont tous composés d'éléments chimiques. Par exemple, la charpente des cellules est constituée de carbone et celle des os et des nerfs de calcium. Le fer assure le transport de l'oxygène dans le sang, le magnésium et le potassium l'influx nerveux, le sodium agit sur les liquides, le chlore sur leur élimination. Le fluor fixe le calcium des os, le manganèse diminue l'oxydation cellulaire et le silicium renforce les glandes endocrines ainsi que l'immunité.

Tous ces éléments chimiques sont appelés oligo-éléments et sels minéraux, car ils sont constitués de minéral identique à celui que l'on retrouve dans les pierres. Ils permettent le bon fonctionnement de l'ensemble de l'organisme. Ils assurent la constitution des tissus, l'activité neuromusculaire, la sécrétion d'hormones et d'enzymes et facilitent l'apport de glucides, lipides, protéines et vitamines.

Ce sont donc les minéraux qui assurent la survie et l'équilibre du corps humain et l'homme trouve ces minéraux dans l'alimentation qu'il ingère. Les végétaux en sont la principale source, car ils les ont tirés de la terre et les animaux en contiennent également grâce à ces mêmes végétaux qui les nourrissent. Ainsi travailler avec une pierre, nous connecte directement à la source minérale de tous les règnes.

QUE SIGNIFIENT LES CORPS D'ÉNERGIE ?

Le mouvement perpétuel des échanges cellulaires et chimiques du corps, provoque des courants de particules qui sont chargés d'électricité. Ces flux vibratoires créent un champ électromagnétique que l'on appelle aura ou corps d'énergie. Ils gardent en mémoire le vécu psychique et physique de la personne et déterminent son rayonnement général.

Ces corps d'énergie sont au nombre de cinq :

Corps éthérique : il est le corps d'énergie du corps physique. Lors de blessures, de coups ou d'opération, ce corps risque d'être endommagé ce qui entraîne des fuites d'énergie vitale et la porte ouverte aux maladies.

Corps astral : il est le corps d'énergie des émotions. Il garde en mémoire les blessures et les joies, il stocke les souvenirs, mais aussi les émotions non digérées qui sont à l'origine des somatisations.

Corps mental : il est le corps d'énergie de l'activité intellectuelle. Il garde en mémoire tout ce que l'on a appris, mais surtout la conscience que l'on a des choses. Il vibre selon notre mode de pensée et de raisonnement. Il représente le niveau de conscience et de sagesse d'un individu.

Corps causal : il est le corps d'énergie du karma. Il garde en mémoire ce que nous avons vécu dans nos vies antérieures, ou tout au moins, ce que nous héritons de notre inconscient familial ou culturel.

Corps divin : il est le corps d'énergie de l'étincelle divine en nous. Il est relié à l'âme et à la source qui anime nos désirs.

Comment peut-on harmoniser ces différents corps d'énergie avec des pierres ?

Une pierre dégage une vibration, possède une fréquence liée à sa structure cristalline et peut avoir une action directe sur le champ électromagnétique d'un individu. On pourra ainsi réaliser un schéma cristallin autour d'une personne dont les corps d'énergie se verront harmonisés, équilibrés et purifiés.

Avant tout travail il sera intéressant de décupler l'effet des pierres par un cercle de cristaux qui catalysent l'harmonisation. Cette configuration n'est

que facultative, mais si on décide de l'appliquer, il faudra 72 cristaux qui sont en résonance avec les 72 anges. On prendra soin de placer systématiquement une tourmaline aux pieds pour tout travail.

Schéma cristallin pour une harmonisation du corps éthérique : Réaligne les chakras et la polarité, cicatrise le corps éthérique et crée un champ de protection tout autour.

4 magnétites à la tête, aux pieds et à droite et à gauche des bras au niveau du cœur
1 paire de Moquis, pour les femmes la plate dans la main droite et la ronde dans la main gauche, pour les hommes le contraire.
1 labradorite sur le cœur

Schéma cristallin pour une harmonisation du corps astral : Permet de ne plus réagir en fonction de nos souvenirs ou traumatismes passés et d'aborder les relations de façon saine et intuitive.

3 amazonites, 1 sur le cœur, 2 à droite et à gauche et à droite
3 Shungites, 1 sur le 3ᵉ œil, 1 sur le plexus solaire et 1 au niveau des pieds
1 ulexite au-dessus de la tête

Schéma cristallin pour une harmonisation du corps mental : entraîne une meilleure vision de la réalité et les décisions fructueuses qui en découlent.

5 fluorites, 1 au-dessus de la tête, 2 sous chaque pied, 2 à droite à gauche des bras au niveau du cœur
1 sodalite sur le 3ᵉ œil
1 cordiérite sur la gorge

Schéma cristallin pour une harmonisation du corps causal : Permet de résoudre les problèmes que l'on garde dans notre inconscient sans en connaître la raison dans cette vie-ci. Nettoie les mémoires familiales ou karmiques, permet de se libérer pour mieux avancer.

1 tectite au sommet de la tête
1 super 7 sur le 3e œil
2 agates turritelles sous les pieds

Schéma cristallin pour une harmonisation du corps divin : Harmonise, ouvre à la spiritualité et à la médiumnité.

3 apophyllites au-dessus de la tête
2 améthystes sous les pieds
1 pétalite sur le cœur
1 calcite optique sur le 3e œil

Que signifient les chakras ?

Les chakras sont des centres énergétiques qui sont capteurs et émetteurs des fréquences vibratoires. Nous en possédons plus de 8 000 qui correspondent aux points d'acupuncture, mais ils sont connectés à sept principaux. Ces sept chakras sont comme des satellites reliés à des organes, mais aussi à des particularités psychologiques et émotionnelles. Pour le lithothérapeute, la connaissance des chakras est très précieuse, car elle lui permet d'agir directement sur un système et sur des niveaux de consciences sans pour autant avoir des connaissances médicales approfondies.

Les chakras ont des couleurs qui correspondent plus ou moins, à part quelques exceptions, aux couleurs des pierres.

Chakra racine : Il se situe à la base de la colonne vertébrale et il gouverne tout ce qui est dur dans le corps, en particulier les os. Les glandes endocriniennes qui lui correspondent sont les surrénales. Elles sécrètent en particulier adrénaline et cortisol, responsables de la tension artérielle et de tout le maintien du métabolisme sensible au stress. Au niveau psychique, il assure le lien à la terre, l'enracinement ainsi que la vitalité et le principe de survie.

Les pierres que l'on peut utiliser sont les rouges, les brunes et les noires. La tourmaline noire est une des plus adaptée.

Chakra sacré : Il se situe juste au-dessous du nombril et régule tous les liquides du corps ainsi que les reins et la vessie. Il gouverne les gonades, responsables des hormones sexuelles, mais également les neurones intestinaux qui sécrètent la sérotonine. Au niveau psychique, il permet la créativité, la confiance en soi et le lien aux autres.

Les pierres que l'on peut utiliser sont les oranges et la cornaline est particulièrement adaptée.

Chakra plexus solaire : il se situe au-dessus du nombril au niveau de l'estomac et gouverne le système nerveux végétatif, c'est-à-dire celui qui commande nos fonctions vitales en dehors de notre volonté. Le cœur, la respiration, le transit intestinal, mais aussi l'équilibre des sucres, des graisses, les variations de poids, les allergies, l'immunité. Au niveau psychique, il est le siège de l'ego, de notre pouvoir personnel qui donne joie, volonté et contrôle émotionnel. Il est malheureusement souvent déséquilibré par nos peurs et nos anxiétés qui ont une conséquence directe sur notre métabolisme et des risques de maladies auto-immunes. Il influence également le pancréas qui sécrète l'hormone de l'insuline régulatrice de la glycémie.

Les pierres que l'on peut utiliser sont les jaunes avec tout particulièrement l'ambre, la pierre de soleil et la citrine.

Chakra du cœur : il se situe au centre de la poitrine et gouverne le cœur, les poumons et la peau. La glande endocrine qui lui est rattachée et le thymus, responsable d'une grande partie de l'immunité grâce à la sécrétion de lymphocytes T. Au niveau psychique, il est le centre de l'émotionnel mais aussi des sentiments nobles comme le pardon, le non-jugement et la compassion.

Les pierres que l'on peut utiliser sont les vertes et les roses, particulièrement le quartz rose, la kunzite, la rhodochrosite ou l'émeraude, l'amazonite et la malachite.

Chakra de la gorge : Il se situe au creux de la gorge et gouverne les cordes vocales et la sphère ORL qui comprend entre autres les oreilles. La thyroïde est la glande endocrine qui lui est rattachée et elle gère la croissance et l'utilisation d'énergie générale du métabolisme. Au niveau psychique, il permet la communication, l'expression de soi et l'aptitude à diriger.

Les pierres que l'on peut utiliser sont les bleues. L'aigue-marine, la célestine et la calcédoine sont les plus adaptées.

Chakra du 3e œil : Il se situe entre les deux sourcils et gouverne le système nerveux central qui commande les actes volontaires. Il est relié à l'hypophyse ou glande pituitaire, qui est responsable de la gestion des autres glandes et de la régulation du système nerveux autonome, ainsi que du comportement général de l'individu. Au niveau psychique, il ouvre aux perceptions extrasensorielles, il aiguise l'intuition, l'esprit et ordonne les pensées.

Les pierres que l'on peut utiliser sont les bleus foncés dont l'azurite et le lapis-lazuli en particulier.

Chakra coronal : il se situe au sommet de la tête et gouverne le cerveau. Il influence directement la glande pinéale ou épiphyse qui travaille conjointement avec l'hypothalamus. Ensemble, elles sécrètent entre autres des hormones telles que mélatonine, dopamine ou ocytocine et régulent les cycles naturels ainsi que la gestion des émotions. Au niveau psychique, il est le point de connexion à la transcendance, le lien à la spiritualité et à la conscience suprême.

Les pierres que l'on peut utiliser sont les violettes, blanches et incolores. Les plus appropriées sont le cristal, l'améthyste, l'apophyllite, la fluorite

Comment décupler le travail sur un chakra ?

On utilisera 4 pierres identiques et on les disposera ainsi : une sur le cœur, deux dans chaque main et une sur le chakra à harmoniser. Comme d'habitude, on veillera à poser une tourmaline au niveau des pieds.

STRUCTURE DU MINÉRAL

Que signifient les systèmes cristallins ?

Au moment du développement d'un cristal, les atomes et les molécules se disposent dans un ordre géométrique parfait. Étant donné qu'ils subissent une énorme pression extérieure doublée d'importantes forces électromagnétiques, les atomes occupent l'espace sans laisser de trous. Cette mise en place s'appelle le réseau cristallin. Il n'existe que 7 formes qui peuvent remplir un espace sans interstices : Le carré, l'hexagone, le triangle, le rectangle, le losange, le parallélogramme et le trapèze.

Ces systèmes cristallins déterminent le type vibratoire d'une pierre qui va entrer en résonance avec nos propres corps subtils. Cette interaction particulière et unique engendre un effet vibratoire qui agit particulièrement au niveau spirituel, psychique et énergétique.

Quel est l'effet de la composition chimique d'une pierre en lithothérapie ?

Dans la nature il existe 81 atomes stables qui sont des éléments chimiques, métalliques, la plupart du temps. Ainsi on ne trouve aucun élément que l'on peut qualifier de végétal ou d'animal, car tous les éléments sont de type minéral, y compris l'humain. La composition chimique du corps et très proche de celle de la terre. 70 % de l'écorce terrestre est composée de dioxyde de silicium qui est aussi la première molécule constituant les cellules du corps. Lorsque l'on pose sur la peau une pierre qui est composée essentiellement de métal, il se passe un échange osmotique entre la pierre et le corps humain. La peau est le plus grand organe du corps, elle absorbe plus d'oxygène que les poumons et élimine plus de déchets que les reins. Elle est donc un espace d'échanges chimiques et la chaleur, l'humidité et l'électricité des échanges sodium-potassium favorisent un transfert des particules minérales de la pierre à travers la barrière cutanée. C'est grâce à ce phénomène qu'une amazonite posée sur un torticolis va décontracter les muscles en un quart d'heure ou encore qu'une malachite pourra considérablement diminuer une inflammation, grâce au cuivre qu'elle contient.

La composition chimique d'une pierre agira tout particulièrement à un niveau physique, car la plupart des pathologies humaines proviennent d'un déséquilibre de substances minérales.

Quelle est la différence entre une roche, un minéral, une gangue, un cristal et une gemme ?

Une roche est un assemblage de minéraux. Un minéral est un composé non organique de la croûte terrestre. Une gangue est l'ensemble de roches sans intérêt qui entoure un minéral utilisable. Le cristal quant à lui n'est que la cristallisation très régulière d'un minéral et donc le résultat est souvent très beau. Ainsi on trouve par exemple des cristaux de neige, de sucre, de sel ou de toute pierre particulièrement transparente, mais le langage usuel désigne le cristal comme étant un quartz particulièrement pur. Lorsqu'une pierre est spécialement belle et colorée, elle tombe dans la catégorie « gemme » car elle pourra être utilisée en bijouterie.

Quelle différence y a-t-il entre une pierre précieuse, une semi-précieuse et une pierre fine ?

Les pierres précieuses ne sont qu'au nombre de 4 : le diamant, l'émeraude, le rubis et le saphir. Toutes les autres pierres sont appelées pierres fines. L'expression populaire « pierre semi-précieuse » est incorrecte et n'existe pas en gemmologie.

Quelle différence y a-t-il entre un lithothérapeute, un gemmologue, un bijoutier, un joaillier et un orfèvre ?

Le lithothérapeute est celui qui soigne avec les pierres. Le gemmologue celui qui identifie et étudie les pierres précieuses, les belles pierres fines ainsi que les perles, le corail et l'ambre destinés à la bijouterie. Le bijoutier fabrique et vend des bijoux, le joaillier, des joyaux qui sont spécialement rares, beaux et chers. Enfin l'orfèvre est celui qui fabrique et vend des objets en métal précieux.

LITHOTHÉRAPIE PRATIQUE

Comment la maladie ou les troubles psychologiques s'installent-ils en nous et comment la lithothérapie peut-elle les soulager ?

Nous ne sommes pas créés pour être dans la maladie et la misère, mais plutôt pour apporter notre vibration particulière et unique à ce monde. La santé mentale et physique dépend de la qualité énergétique de notre champ électromagnétique, mais nos peurs, nos croyances, nos mentalisations créent des blocages, qui modifient et abaissent notre fréquence. À chaque respiration, nous absorbons de l'oxygène qui oxyde les cellules afin qu'elles se renouvellent et nous expirons du gaz carbonique qui rejette les déchets de ces mêmes cellules. Lorsque nous sommes sereins, ce processus se fait naturellement, de façon parfaite, assurant le maintien d'une santé générale. Le problème est que depuis notre enfance nous n'avons fait que subir des obligations, des traumatismes, des trahisons, qui vont à l'encontre de notre nature profonde et qui engendrent des crispations. C'est ainsi que des zones entières de notre être se sont bloquées par stress, anxiété, peur, l'énergie y circule moins bien, des nœuds électromagnétiques se forment, les cellules reçoivent une information déformée et la maladie s'installe. Il est intéressant de remarquer que les symptômes se situent souvent dans les mêmes endroits. Prenons pour exemple une femme qui souffre de douleurs récurrentes au ventre, on remarque qu'elle aura certainement des problèmes intestinaux, lombaires, gynécologiques et urinaires. Elle ira consulter 4 médecins différents, alors qu'il ne s'agit que d'une déficience énergétique du chakra sacré. On pourra lui donner des médicaments, la soigner localement, mais si le blocage mental n'est pas pris en compte, les symptômes physiques ne disparaîtront pas. C'est là que la lithothérapie peut intervenir de façon salutaire. En douceur et en subtilité, elle peut faire relancer l'énergie d'un chakra, procurer un apaisement mental et replacer la personne dans l'axe de son Être, c'est-à-dire dans sa verticalité qui connecte à la source même de sa vitalité et de sa santé parfaite.

Comment choisir une pierre ?

Le plus simplement et le plus naturellement possible afin que le mental n'intervienne pas. Il faut choisir une pierre comme on choisit un fruit dans une corbeille, sans réfléchir, sans efforts et avec plaisir. Chaque création de la nature contient une lumière particulière et unique qui va nous apporter une énergie particulière et unique. Inutile donc d'utiliser un pendule, les conseils des uns ou les recommandations des autres, car le bon choix sera celui du cœur. Parfois certaines pierres ne seront pas forcément les plus belles, mais elles nous attirent sans que nous puissions expliquer pourquoi. Ce sera justement celles-là qui entreront le mieux en résonance avec notre énergie, car les choses les plus essentielles sont difficilement explicables, puisqu'elles sont l'expression de l'âme. Cependant dans le cas d'une pathologie, il existe effectivement des pierres précises susceptibles d'apporter un soulagement, mais là encore, il faudra choisir celle qui nous parle le plus sans mentalisation.

La taille d'une pierre a-t-elle une importance ?

Il est naturel de penser qu'une pierre de grande taille sera plus efficace qu'une petite, mais il n'en est rien. Une pierre agit par sa composition chimique et il n'est pas nécessaire d'avoir un gros morceau pour dégager des nanoparticules minérales au travers de la peau lorsqu'on la pose sur soi. D'autre part, une pierre émet également une fréquence vibratoire qui entre en résonance avec nos corps subtils et la taille n'altère en rien le processus.

Faut-il préférer une pierre brute ou polie ?

Dans l'idéal, une pierre brute est toujours préférable car elle a subi moins d'interférences, mais une pierre polie possède des avantages non négligeables. Le polissage la rend plus transparente, plus esthétique et plus confortable à porter sur soi. Cependant, dans les deux cas, ses qualités lithothérapeutiques chimiques et vibratoires seront de toute façon efficaces.

Peut-on porter plusieurs pierres en même temps ?

Il est tout à fait possible de porter des pierres identiques ou différentes en même temps et ceci dans la quantité que l'on désire. Cependant, lorsque l'on fait un travail subtil au niveau spirituel, le principe d'homéopathie s'impose. C'est-à-dire qu'une substance en dose infinitésimale, semble mieux libérer son information vibratoire. On appliquera donc ce même principe en ne portant qu'une seule pierre pour harmoniser les plans subtils et autant que l'on souhaite pour soigner le physique.

Pourquoi certaines personnes ne ressentent pas l'énergie d'une pierre ?

Chaque personne est unique et entre en communication avec les autres, le monde et les pierres de façon unique. Certains ressentent un cristal en le touchant, d'autres avec la vue ou l'odorat et d'autres encore ne ressentent rien du tout, mais cela ne signifie en aucun cas que la pierre ne sera pas efficace. Quel que soit le niveau réceptif d'une personne, l'énergie du minéral va passer en elle et harmoniser ses fréquences vibratoires.

Pourquoi les pierres ont-elles parfois des effets différents d'une personne à une autre ?

Chaque personne à un niveau de captation de l'énergie différent en fonction de sa nature, de son vécu et de ses émotions du moment. La pierre agit par onde vibratoire et entre en résonance avec le champ électromagnétique de celui qui l'utilise. Ainsi le minéral possède toujours la même composition chimique et les mêmes vertus thérapeutiques, mais son message fréquentiel sera modulé selon le niveau réceptif de chacun. En règle générale, une pierre qui semble efficace signifie simplement que la personne en avait spécialement besoin. Pour cette même raison, il est toujours préférable de choisir soi-même un cristal, car personne au monde, même le plus éminent des thérapeutes, ne saura mieux que nous-même ce qui est bon pour nous.

L'effet des pierres est-il placebo ?

Non, l'effet est réel, car une pierre dégage des particules chimiques et une fréquence vibratoire qui entre en résonance avec la nôtre. Cependant, certains cristaux particulièrement beaux, peuvent devenir plus efficaces juste par l'attirance qu'ils provoquent et induisent par là même une plus grande ouverture énergétique.

Une pierre qui plaît particulièrement, est-elle plus efficace ?

Oui absolument et l'on ne devrait travailler qu'avec des minéraux qui nous plaisent, car la connexion se fait naturellement avec plus d'intensité.

Peut-on prêter ses pierres ?

Il est tout à fait possible de prêter ses pierres et il faut s'ôter de l'esprit que les minéraux se chargent de l'énergie négative de quelqu'un. Lorsque l'on prête un cristal avec tout son cœur, un halo de lumière spirituelle l'entoure et il ne pourra qu'apporter de l'amour et du réconfort à la personne qui le reçoit. Cela est tout aussi valable pour des objets offerts avec le cœur. Prêtée avec une noble intention, la pierre conserve un haut degré vibratoire et devient par là même hermétique à toute énergie de basse fréquence.

Que faire d'une pierre cassée ?

Une pierre cassée conserve ses qualités, car il faut garder à l'esprit qu'elle a déjà été cassée pour être extraite de la mine ou de la montagne et n'a pas perdu son taux vibratoire pour autant. Même réduite en poudre, elle garde une composition chimique qui reste active.

Une pierre peut-elle se décharger ou perdre de son efficacité ?

Une pierre agit par sa composition minérale et sa structure moléculaire. Elle est solide, stable, immuable, éternelle et existe le plus souvent depuis des millions d'années. Vu sous cet angle, il n'est pas cohérent de considérer une pierre comme fragile, déchargeable ou qui peut perdre de son efficacité, n'en déplaise aux théoriciens pseudoscientifiques qui affirment le contraire.

Une pierre détachée de sa roche mère perd-elle sa vitalité ?

Absolument pas, d'autant plus que la roche mère est généralement moins concentrée en minéraux et que l'on a justement détaché les parties belles et cristallisées qui sont chimiquement plus denses.

Les effets des pierres peuvent il s'annuler entre eux ?

Lorsque l'on utilise les pierres sur un plan physique, leurs effets ne peuvent pas s'annuler, mais au contraire, se démultiplier. En revanche, lorsque l'on souhaite agir sur le niveau plus subtil d'un rééquilibrage énergétique, il est préférable de n'utiliser qu'une seule pierre, afin que le message vibratoire soit plus clair.

Comment ranger ses minéraux ?

La seule raison qui recommande de séparer les pierres vient du risque de rayures dues à de trop grands écarts de duretés entre elles. Autrement, au niveau énergétique, il est tout à fait possible de les mélanger sans qu'elles ne perdent leur intensité. Il existe cependant 2 pierres que l'on a l'habitude de tenir à l'écart des autres et ceci sans aucun fondement scientifique. Il s'agit de l'émeraude et du péridot.

Une pierre peut-elle avoir des interactions négatives avec certaines maladies ou médicaments ?

La lithothérapie ne peut pas avoir une quelconque influence néfaste sur une maladie ou un traitement. Bien au contraire, les pierres sont un excellent auxiliaire des traitements traditionnels. Elles peuvent stimuler l'immunité, diminuer des douleurs, donner de la force morale, activer un processus de guérison ou encore neutraliser les effets indésirables de certains remèdes. La lithothérapie est dans ce sens, tout à fait complémentaire de la médecine traditionnelle.

Les fossiles ont-ils un intérêt particulier en lithothérapie ?

Le principal atout des fossiles est leur ancienneté. Ils ont participé à la formation de la terre et certains sont âgés de 3,5 milliards d'années. Ils connectent à notre nature originelle, à notre sagesse ancestrale, nous réharmonisent en profondeur et induisent une reprogrammation saine. Les fossiles les plus utiles en lithothérapie sont l'ambre, la shungite, le bois pétrifié, la stromatolithe et le jais. Il faut tout de même préciser que certains cristaux sont également très anciens et parfois même aussi vieux que les fossiles. En 2014, un zircon a été trouvé en Australie et sa datation est de 4,4 milliards d'années.

Les pierres radioactives sont-elles dangereuses ?

Le terme de radioactivité est un peu désagréable, mais en fait, presque tous les minéraux en contiennent sous forme de traces. Uranium, thorium ou potassium constituent une partie de l'écorce terrestre sans que cela soit dangereux pour la santé. La banane très riche en potassium est en quelque sorte radioactive et nous pouvons pourtant la manger sans danger. Donc la radioactivité n'est dangereuse qu'en fonction de sa quantité et de la durée d'exposition à son rayonnement et une petite pierre ne dégage qu'une quantité infinitésimale insuffisante pour être réellement nocive.

Comment utiliser les pierres toxiques ?

Les pierres toxiques sont souvent très puissantes, mais exigent quelques précautions d'utilisation. On prendra soin d'éviter tout contact direct avec la peau, afin qu'aucune particule ne traverse la barrière cutanée. Il suffira pour cela, de placer la pierre dans une petite gaze ou un sachet en mousseline, ce qui aura pour effet de créer une limite suffisante à la toxicité, tout en conservant les effets bénéfiques.

Peut-on utiliser la lithothérapie avec les enfants ?

Les enfants sont très réceptifs à la lithothérapie, ils sont fascinés par le monde minéral, ils ressentent instinctivement les bienfaits des pierres sans que leur mental n'intervienne. On privilégiera pour les stimuler des pierres roses et pour les apaiser des pierres vertes et bleu clair.

Peut-on faire de la lithothérapie avec les animaux ?

Il est tout à fait possible de soigner les animaux avec des pierres et il existe même certains vétérinaires qui privilégient cette pratique douce et sans effets secondaires. Il est difficile de poser des cristaux sur les animaux qui ne cessent de bouger, alors on choisira de placer des pierres dans leur gamelle d'eau, dans leur corbeille, à leur collier, en cercle autour d'eux pendant leur sommeil ou encore en les massant avec des galets. En cas de stress, on pourra utiliser de la tourmaline noire, de la shungite, du quartz rose ou de la rhodochrosite. Pour donner du punch on utilisera du grenat, pour les rhumatismes de l'ambre et pour la digestion du jaspe. Lors d'accouchement, on pourra masser la femelle avec une amazonite pour faciliter la dilatation du col de l'utérus. Cette méthode marche même sur de grands animaux comme les juments. Il faudra user d'imagination et faire une lithothérapie créative, car les animaux sont très réceptifs et l'on obtiendra toujours de bons résultats. Pierre dans l'aquarium, cristal sur la cage à lapin ou ambre accroché à la crinière d'un cheval, tout est possible, rien n'est dangereux. On veillera juste à choisir des pierres suffisamment grandes afin qu'ils ne les avalent pas.

Comment utiliser une pierre en cas de douleur aiguë ?

Il faudra autant que possible la placer sur la zone douloureuse et la fixer à l'aide d'un sparadrap microporeux. On utilisera généralement une pierre antidouleur telles que zircon rouge, ambre, quartz rutile ou anti-inflammatoire telle que la malachite.

Comment utiliser une pierre en cas de douleur ou maladie chronique ?

Une maladie chronique vient la plupart du temps d'un dérèglement de système neurovégétatif qui est gouverné par le plexus solaire. On placera donc sur l'estomac une pierre susceptible de soutenir les troubles chroniques, comme l'apatite bleue, l'ambre ou la chalcopyrite par exemple. Il sera également utile de stabiliser l'émotionnel en portant les pierres adéquates sur soi, dans les poches ou en bijoux.

Comment utiliser une pierre en cas de trouble psychique ?

On gardera sur soi des pierres qui régulent l'émotionnel, souvent à base de lithium telles que kunzite ou lépidolite par exemple. En fonction du trouble on choisira les cristaux qui semblent le plus appropriés et surtout qui nous plaisent particulièrement. Il faudra vraisemblablement insister sur l'ancrage, sur la clarté mentale et sur l'apaisement général. Il est très possible qu'il faille en changer souvent pour ressentir celles qui nous conviennent le mieux et aussi pour garder une fraîcheur émotionnelle par le renouvellement.

Quelle est la différence entre une eau de pierre et un élixir ?

Une eau de pierre aura des effets essentiellement sur le plan physique de l'organisme. Il s'agit d'une ou de plusieurs pierres que l'on dépose dans un verre d'eau ou une carafe et que l'on boit après quelques heures. Certaines particules minérales se seront déposées dans l'eau et nous pourrons bénéficier de leurs bienfaits. Par exemple, il est possible de faire des eaux reminéralisantes pour la consolidation osseuse avec de la calcite et de la fluorite ou encore des eaux drainantes qui aideront à éliminer avec magnésite, howlite, jaspe rouge et citrine.

Les élixirs quant à eux agissent à un niveau plus subtil et transmettent l'information énergétique d'une pierre. Leur fabrication se fera selon le même procédé que les fleurs de Bach et il ne faudra créer qu'un seul élixir par pierre afin que la signature vibratoire soit claire et mieux compréhensible par nos corps subtils. Généralement, on place une pierre de belle qualité dans un bol d'eau pure trois heures minimum avant le lever du soleil. Si les nuages cachent le soleil, cela n'a pas d'importance car seule la force du jour qui se lève intervient dans le processus. L'étape suivante consiste à retirer la pierre et à récupérer l'eau chargée pour la couper avec 10 % de cognac bio et en faire ainsi une sorte de teinture mère. Ensuite on pourra le rediluer presque à l'infini, car selon le principe homéopathique le message énergétique s'amplifie au fil des dilutions et des dynamisations. Les dilutions se feront en prenant 10 % de la teinture mère que l'on diluera dans de l'eau minérale et l'on prendra soin d'agiter longuement le flacon. Il est possible de rajouter encore une larme de cognac pour la conservation. Les personnes sensibles à l'alcool pourront substituer de l'huile de périlla au cognac. Les élixirs sont à conserver au frigo maximum 3 mois et se prennent sous forme de 3 gouttes sublinguales avant les repas.

Quels sont les effets des bijoux en pierres ?

Les bijoux en pierres véritables, non chauffés et non teintés auront presque les mêmes effets que les cristaux portés sur soi. Ce sont les bracelets et les colliers en pierres roulées qui seront le plus actif, s'ils sont en contact direct avec la peau. Quant aux bijoux plus élaborés, le sertissage sépare la pierre du contact direct, mais la vibration minérale agira tout de même à un niveau subtil.

Comment disposer les pierres sur le corps ?

La première façon d'utiliser une pierre en lithothérapie est de la fixer à l'aide d'un sparadrap microporeux sur la partie du corps à traiter. Ce peut être sur une zone douloureuse, enflammée, trop crispée ou sur le cœur ou le plexus pour apaiser les anxiétés par exemple. Pour une réharmonisation globale, on posera 7 pierres de couleurs sur les 7 chakras et on se détendra une quinzaine de minutes afin que les pierres agissent. La lithothérapie doit avant tout être créative et imaginative et c'est bien de cette manière qu'elle sera la plus efficace.

Porter une pierre à droite ou à gauche provoque-t-il des effets différents ?

Le cerveau gauche de la logique et de la rationalité est relié à la partie droite du corps, car les fibres nerveuses cérébrales se croisent au niveau du cervelet et l'hémisphère droit de l'intuition est relié à la partie gauche du corps. Lorsque l'on porte une pierre en bracelet ou dans une poche elle stimulera un peu plus la partie cérébrale correspondante. Ainsi, si l'on souhaite harmoniser l'émotionnel, la créativité et les ressentis subtils, on travaillera avec des pierres plutôt du côté gauche et si l'on souhaite stimuler le mental, l'intelligence analytique, on portera plutôt des pierres à droite. Cela dit, il est nécessaire de rappeler que quel que soit le côté stimulé, l'énergie des cristaux se diffuse partout dans le corps, ainsi que dans tous les niveaux de notre Être.

Peut-on pratiquer la lithothérapie par les couleurs ?

Du fait de sa couleur, une pierre dégage un rayonnement chromatique qui agit sur le corps et l'esprit. Généralement, les couleurs entrent en résonance avec les chakras qui leur correspondent, mais il existe des exceptions. Par exemple, une tectite noire ne sera pas une pierre d'ancrage mais d'ouverture aux énergies cosmiques car elle a été touchée par une météorite. Donc les couleurs ne sont suffisantes pour pratiquer une lithothérapie intelligente et efficace. Il est possible, cependant, de les classifier grossièrement.

Noir = absorbant, purifiant, enracinement. Rouge = dynamisme, énergie. Orange = énergie, courage. Rose = paix, douceur, amour. Jaune = joie, positivité. Bleu clair = apaisement. Bleu foncé = introspection, écoute, persévérance. Violet = sagesse, spiritualité, magie. Vert = régénération, douceur, renouveau. Blanc = lumière, connaissance, éveil de l'esprit.

Qu'est-ce que la piézoélectricité ?

Le phénomène de piézoélectricité est une des particularités du quartz, celle de créer une mini étincelle électrique sous l'effet d'une pression. On en retrouve l'application directe dans les allume-gaz et les briquets à quartz. Cette capacité à vibrer, propre au quartz, est utilisée aujourd'hui dans de nombreux domaines technologiques comme les oscillateurs de radio, les montres, les têtes de lectures des disques, les haut-parleurs, les téléphones portables, les microphones, les échographies et tant d'autres. Les cristaux sont la plupart du temps fabriqués en laboratoire, car ils doivent être d'une forme parfaite dans une utilisation de technologie de pointe. Il est intéressant de remarquer que porter un collier avec des perles de cristal va créer un phénomène similaire car les pierres s'entrechoquent légèrement et dégagent une électricité, qui peut considérablement augmenter la fréquence vibratoire du champ électromagnétique.

Quels sont les effets des formes des pierres ?

Les objets ou pierres taillés en forme régulière, dégagent des ondes de formes en 3D qui peuvent modifier le champ électromagnétique d'un environnement ou d'une personne. Les formes les plus couramment utilisées en lithothérapie sont les 5 solides de Platon. Ils sont appelés ainsi car le philosophe grec Platon a évoqué dans « les dialogues de Timée » (328 av. JC) l'harmonie du monde par l'existence de formes géométriques. Chaque forme induit une vibration spécifique qui entre en résonance avec les corps subtils pour les harmoniser :

Cube : vibration terre. Énergie de stabilité, ancrage, sécurité. Idéal pour le chakra racine.
Tétraèdre : vibration feu. Énergie dynamisante, stimulante. Idéal pour le chakra sacré et plexus solaire.
Octaèdre : vibration air. Énergie de légèreté, bienveillance, amour. Idéal pour le chakra du cœur.

Icosaèdre : vibration eau. Énergie de fluidification, communication, atténue les peurs irraisonnées, connecte aux autres dimensions. Convient à tous les chakras.
Dodécaèdre : vibration éther. Énergie de guérison, médiumnité, spiritualité. Proche des chakras du cœur, gorge, 3e œil et coronal.

Ces solides harmonisent les chakras, reconnectent lors de méditation, catalysent les élixirs ou peuvent être posés en cercle autour d'une personne comme suit :

Dodécaèdre sur le cœur
Icosaèdre au-dessus de la tête au nord
Cube aux pieds au sud
Octaèdre au bras droit à l'ouest
Tétraèdre au bras gauche à l'est

Un travail intéressant pourra se faire également avec des pyramides. On prendra soin de placer toujours une face au nord et son énergie peut momifier, redynamiser, réordonner ou amplifier tout ce que l'on place dessous.
Les sphères dégagent une énergie douce de manière égale dans toutes les directions et apaisent l'environnent dans lequel on les place. En cristal, elles peuvent être une fenêtre sur les autres dimensions.

PIERRES ET MÉTAPHYSIQUE

Peut-on programmer une pierre ?

Il n'est possible de programmer que le cristal de quartz, car les autres pierres le sont déjà par leur composition. Le cristal est pur et amplifie les vibrations qu'il emmagasine. Un vœu, un projet ou une pensée sont des énergies qui peuvent gagner en force si on les programme à l'intérieur du quartz. Il existe autant de méthodes de programmation que de cultures et de praticiens, mais celles qui fonctionnent le mieux sont celles qui sont faites avec le cœur. Quelle que soit la technique choisie, il faudra avant toutes choses placer au moins 3 heures dans du sel le cristal que l'on aura choisi, afin qu'il soit déprogrammé de toutes mémoires. Après avoir déterminé précisément un souhait, on gardera le quartz dans la main, sur le cœur ou sur le 3e œil et par l'imagination on y insufflera son vœu. On répétera l'opération sept fois et il sera possible de le faire en plusieurs jours, l'essentiel étant de sentir émotionnellement que quelque chose de sacré s'opère. Le quartz est programmé lorsque l'on ressent un sentiment de soulagement. Ensuite on le placera dans un endroit secret ou dans une petite pochette que l'on gardera sur soi. Dès ce moment, il va pulser une fréquence qui va aligner nos vibrations sur la manifestation de ce que l'on aura programmé.

Comment une pierre peut-elle protéger ?

Il est bien dommage que la question la plus souvent posée en lithothérapie soit celle de la protection. En effet, le souci même de vouloir se protéger crée déjà un blocage énergétique, car il provient d'une peur qui ralentit l'ensemble du taux vibratoire. De quoi voulons-nous nous protéger au fond ? cela étant, il est vrai que certaines pierres repoussent les ondes négatives, d'autres les absorbent, d'autres encore les neutralisent et cela suffit à nous rééquilibrer dans notre verticalité. Nous sommes responsables du lien énergétique que nous entretenons avec le monde, les autres et les évènements. Si nous sommes négatifs et dans la crainte, le pire risque d'arriver et aucune pierre ne pourra nous en protéger. En revanche, si nous faisons l'effort de rester dans la bienveillance et la positivité, les pierres peuvent nous aider à nous recentrer, à rester toujours fort et optimiste et cela constitue de loin la meilleure des protections.

Les pierres ont-elles une polarité ?

Une pierre possède une polarité négative qui va vers l'intérieur et une positive vers l'extérieur. Il est possible de la sentir sur des cristaux bruts allongés et de percevoir un pôle qui aspire légèrement et un autre qui repousse. Si l'exercice est trop difficile, on pourra utiliser un pendule, tout en sachant que ne rien sentir de particulier n'enlève rien à l'efficacité de la lithothérapie.

Faut-il consacrer un cristal ?

De nombreux ouvrages recommandent de consacrer un cristal, dans le but de mieux le connecter au positif de l'univers et de l'empêcher de se charger d'énergies négatives. On ne répétera jamais assez que nous attirons ce que nous vibrons et qu'aucun rituel ne peut être efficace si l'on ne modifie pas nos pensées en profondeurs. Si consacrer un cristal résonne en vous et vous procure un sentiment de protection et de soulagement, il élèvera de façon effective votre niveau vibratoire. Cependant, si vous exécutez un rituel sans émotions et avec suspicion il s'avérera tout à fait inutile.

Comment méditer avec un cristal ?

Le cristal peut amplifier des ressentis lors de séance de méditation. Il est possible de le poser en face de soi ou de le garder dans les mains. Son énergie va faciliter le lâcher prise, l'alignement et le calme mental. Si l'on souhaite méditer en position allongée, il est intéressant de placer un cristal sur le cœur et deux autres dans les mains. Bien évidemment, les méditations les plus merveilleuses seront celles où l'on se sent libre de choisir des pierres qui nous plaisent sans protocole particulier.

Une pierre peut-elle porter chance ?

Elle peut porter chance comme n'importe quel objet auquel on accorde une valeur sentimentale, mais n'aura pas de pouvoir particulier lié à sa composition ou à sa vibration.

Peut-on pratiquer de la magie ou nuire avec des pierres ?

Certaines pierres peuvent nous connecter plus facilement à la « pensée magique » mais en aucun cas à la magie opérationnelle qui soumet des entités pour obtenir ce que l'on désire. Ces pratiques sont de toute manière à éviter, car elles font appel à des énergies du bas astral qui finissent toujours par se répercuter dans notre réalité. Les pierres peuvent protéger de la magie, mais n'ont pas de pouvoir particulier et encore moins celui de nuire.

Comment une pierre peut-elle être « maudite » ?

Au fil de l'histoire de nombreux diamants ont eu la réputation de porter malheur à chacun de leurs propriétaires et ceci pendant des siècles. Ils étaient si beaux, si gros, que bien évidemment ils ont attisés toutes les convoitises et qu'il était dangereux de les posséder, mais cela ne signifie pas qu'ils étaient maudits. Preuve en est, que depuis qu'ils se trouvent dans des musées, ils ne portent plus du tout malheur. Le diamant *Koh-i-Noor* orne la couronne de la reine d'Angleterre, le *Sancy* et le diamant bleu *Hope* sont exposés depuis des années sans aucunes conséquences. Les pierres ne sont pas maudites, mais la superstition et la cupidité des hommes peuvent engendrer les réputations les plus folles.

Que penser des pierres en lien avec les signes zodiacaux ?

Penser que les pierres ont un lien précis avec les signes zodiacaux n'est pas la meilleure façon de pratiquer la lithothérapie. Par exemple, deux personnes du capricorne auront besoin de deux pierres différentes et cela va constamment changer au cours de leur vie en fonction de leur niveau de conscience et de leur vécu personnel.

Il est possible cependant d'établir une petite classification par planètes, couleurs, éléments et signes zodiacaux.

Élément feu : le lion (Soleil), le sagittaire (Jupiter) et le bélier (Mars) seront plus en affinité avec des pierres rouges, jaunes, orangé et or.

Élément terre : le taureau (Vénus), la vierge (Mercure) et le capricorne (Saturne) seront en affinité naturelle avec les pierres brunes, vertes, grises, rouges foncées et sombres.

Élément air : les gémeaux (Mercure), la balance (Vénus) et le verseau (Uranus) seront en affinité avec les pierres bleu foncé, violettes, roses, orangées et argent.

Élément eau : le cancer (Lune), le scorpion (Pluton) et les poissons (Neptune) seront plus en affinité avec les pierres blanches, bleu clair, violet-mauve, vert d'eau, turquoises.

Comment peut-on voir dans une boule de cristal ?

La boule de cristal peut être un outil de connexion aux mondes parallèles. Pour ce faire, il suffit de se détendre, de se faire confiance et de changer son regard. On ne voit pas dans la boule de cristal comme on regarde la télévision, mais avec les yeux de l'esprit. On choisira un lieu calme, dans la pénombre et l'on placera une petite bougie de réchaud juste derrière la boule. On pénétrera le cristal avec un esprit apaisé et les yeux légèrement dans le vague, puis on laissera venir à soi les impressions. Ce pourra être des mots, des images, des idées ou de réelles formes que l'on verra à l'intérieur de la boule. Tout à un sens, si ce n'est sur le moment, ce sera plus tard. Comme dans les rêves, il ne faudra pas chercher la logique, mais laisser venir les choses qui prendront un sens très profond et symbolique. Lorsque l'on aborde la boule de cristal de cette façon-là, elle pourra devenir un véritable outil de divination et de guidance.

Peut-on prendre un bain avec des pierres ?

Oui bien évidemment. On déposera des pierres assez grosses dans le fond de la baignoire que l'on remplira d'eau au moins une demi-heure avant de prendre son bain. Ainsi les vibrations énergétiques des pierres vont doucement se diffuser dans l'eau. On pourra y ajouter du sel, des huiles essentielles ou encore une casserole d'infusion d'herbes pour accentuer les effets. Effet relaxant et purifiant garantit.

Quel est le pouvoir particulier des crânes de cristaux ?

Une légende Maya affirme qu'il existe 13 crânes de cristal disséminés dans le monde, qui seraient porteurs de la sagesse des atlantes. Certains ont été découverts et semblent n'avoir pas été fabriqués par l'homme, tant ils sont parfaits. Les autres sont encore cachés dans des endroits clés du monde et forment un alignement cristallin très puissant. Les crânes de cristaux que l'on trouve dans le commerce sont subtilement reliés aux fameux crânes Mayas. Il est possible de les utiliser comme des totems de connaissance qui favorisent la médiumnité, facilitent l'étude et connectent à la sagesse ancestrale.

Peut-on harmoniser l'habitat ?

La première utilisation de pierres dans une maison est consacrée à la neutralisation des ondes perturbatrices. Pour cela, il est bien de poser de la tourmaline noire, de la shungite ou de la galène sur le boîtier wifi et toutes les autres sources de perturbations électromagnétiques. En ce qui concerne les autres pierres, elles augmentent presque toutes le taux vibratoire d'un lieu dans lesquels ont les poses et elles apportent paix, calme et sérénité. Le Feng Shui, quant à lui, vise à établir une fluidité énergétique grâce à l'harmonie des 5 éléments qui peuvent être représentés par des pierres. L'élément bois avec du bois fossilisé, l'élément feu avec du rubis, agate de feu ou une pierre très rouge, l'élément eau avec une aigue-marine, opale ou pierre bleu-clair, l'élément métal avec une pierre métallique et l'élément terre avec de l'ambre ou un fossile.

Comment se connecter à son ange ou à un guide de lumière ?

Il est possible de contacter son guide spirituel, son ange ou une entité de lumière. Il suffira de se mettre en méditation et de tenir dans les mains une pierre parmi les suivantes : Angélite, Séraphinite, Célestine, Manganocalcite ou Pétalite. Il est également possible de faire un cercle minéral autour de soi avec plusieurs de ces pierres que l'on pourra alterner avec des cristaux.

PURIFICATION

Faut-il purifier les minéraux ?

Les pierres que l'on peut acquérir dans le commerce sont des fragments de l'écorce terrestre et elles existent depuis des milliers d'années, voire des milliards d'années. Elles sont composées de sels minéraux qui passent dans les végétaux et les animaux que nous consommons. Ils maintiennent l'équilibre de nos organismes depuis la nuit des temps et il est très étonnant d'observer que la première préoccupation de la plupart des gens est celui de la purification. Ces mêmes personnes se soucient-elles de purifier les aliments qu'elles absorbent ? Manger des haricots verts du Burkina Faso ou des mangues du Mali, qui ont poussé dans une terre de violence, de guerre et de sang n'est-il pas plus nocif que de garder un cristal sur soi ? Lorsque l'on fait une recherche internet sur les cristaux, on tombe automatiquement sur des centaines de protocoles de purification aussi compliqués que farfelus. N'est-ce pas à l'image de notre époque ou l'ego surdimensionné de l'humain le pousse à penser qu'un cristal a besoin de lui pour être nettoyé ? La plupart du temps ce sont les pierres qui nous purifient et non le contraire. Cela étant dit, cet ouvrage se doit de présenter les procédés de purification essentiels, afin que le lecteur puisse se diriger en conscience vers ce qui lui correspond le mieux. On distingue deux types de démarches différentes que sont le nettoyage et le rechargement.

Comment nettoyer une pierre ?

Le nettoyage peut se classifier par les 4 éléments.

La purification à l'eau est la plus répandue et peut se faire en trempant la pierre dans de l'eau salée ou de l'eau de mer, de rivière ou de lac. On prendra soin de placer les cristaux dans un panier à salade ou un filet à linge afin de ne pas les perdre. Il est également possible de les laisser quelques minutes sous un robinet d'eau courante ou si cela est possible sous la pluie d'un orage.

La purification par le feu peut se faire par une exposition au soleil mais les pierres roses et violettes comme l'améthyste risquent de se décolorer. L'alternative de la bougie est alors un joli rituel. Placer les cristaux à purifier au centre de 4 bougies de réchaud orientées vers les 4 points cardinaux. Faire délicatement tomber un peu de soufre réduit en poudre dans chaque bougie et les laisser se consumer jusqu'au bout.

La purification par la terre s'opère principalement avec du sel, qui représente le feu pour les alchimistes. On remplira un bol ou un saladier pour y enfouir complètement les pierres pendant au moins 3 heures. On ne pourra réutiliser ce sel que 3 fois maximum. Il est également possible de poser les pierres sur des planches de sel de l'Himalaya, réutilisables à souhait, que l'on trouvera dans les épiceries fines, car elles sont utilisées pour la cuisson du poisson au four.

Enfin, l'enfouissement dans de l'argile, est très intéressant car, elle est aussi efficace que le sel mais beaucoup moins corrosive. Il est aussi possible d'utiliser de la pleine terre, du terreau de balcon ou encore de la mousse qui est un écosystème très purifiant.

La purification par l'air se fera, quant à elle, essentiellement par le son. Le bol tibétain est de loin la plus merveilleuse méthode. On placera un petit tissu au fond du bol avant de poser les cristaux et on le fera chanter pendant plusieurs minutes. D'autres instruments tels que cloche tibétaine, diapason, sansula, kalimba, hang ont aussi un pouvoir nettoyant. Reste encore la fumigation à l'encens qui est aussi un bon moyen de purification, particulièrement avec la sauge.

Comment recharger une pierre ?

Le rechargement est plus exactement une dynamisation qui active le champ ionique d'un cristal. La méthode traditionnelle est de placer des cristaux dans une géode d'améthyste ou sur une druse de cristal, mais ces derniers étant de plus en plus rares et chers, il est possible de les remplacer par une poignée de gravier de cristal déposée dans une assiette.

Les alternatives sont de placer les cristaux au soleil ou à la lune pendant quelques heures. Les ondes de formes quant à elles sont également couramment utilisées, particulièrement les fleurs de vie et les coquilles Saint Jacques.

Quelles que soient les méthodes utilisées, le plus important est de toujours agir en conscience, non pas parce que l'on a lu un conseil, mais parce que le rituel vibre en nous et provoque une sorte de soulagement et de satisfaction.

EXISTE-T-IL DES MOYENS POUR EMBELLIR LES PIERRES BRUTES ?

Avant même de procéder à une purification, il existe des petits secrets de professionnels pour rendre certaines pierres plus belles. Le plus courant est celui de frotter certaines pierres brutes peu colorées avec de l'huile de paraffine puis de les nettoyer au liquide de vaisselle. Le corps gras pénètre le minéral sans en altérer ses propriétés et ravive ses couleurs durablement.

Une autre petite astuce consiste à plonger une dizaine de minutes, un cristal dans de l'eau auquel on aura ajouté une cuillère d'acide oxalique. Ceci n'est efficace que pour les cristaux qui présentent une pellicule orange d'oxyde de fer non nettoyable et il faut garder à l'esprit que ce mélange est un poison.

CONTREFAÇONS

De quoi faut-il se méfier le plus dans le commerce des pierres actuellement ?

Les cristaux se faisant rares, le marché se trouve de plus en plus inondé de pierres chauffées, trafiquées ou carrément synthétiques. Les trois abus que l'on retrouve le plus fréquemment concernent les turquoises, les citrines et les pierres de lunes.

À droite de vraies turquoises, à gauche des faux-semblants de turquoises. De haut en bas, de la poudre de turquoise réamalgamée par collage, de la pâte Fimo et de la howlite teintée.

À droite, de la belle citrine naturelle, à gauche de l'améthyste chauffée entre 200° à 600 ° dont la structure interne est explosée.

À droite de la pierre de lune naturelle, laiteuse et délicatement irisée, à gauche de la labradorite blanche ou péristérite, moins chère et beaucoup moins rare.

Quelles sont les contrefaçons les plus fréquentes ?

De nombreuses pierres sont carrément synthétiques, créées artificiellement en laboratoire et vendues comme authentiques. Les marchands les plus honnêtes avouent tout de même qu'elles ne sont pas véritables, mais n'hésitent cependant pas à les exposer sur des étals dédiés à la lithothérapie. Celles que l'on retrouve le plus souvent sont les malachites, les pierres de soleil et les opales.

À gauche malachites synthétiques, à droite malachite naturelles, de plus en plus rares car elles sont fondues pour en extraire le cuivre.

En bas une pierre de soleil synthétique, en haut à droite une naturelle aux paillettes scintillantes.

À gauche, opale synthétique, trop régulière aux éclats à effet « peau de serpent », à droite une belle opale noble aux reflets naturels et asymétriques.

Pourquoi chauffer les pierres ?

Chauffer une pierre la rend plus colorée et par conséquent plus attractive. Ce sont les saphirs et les rubis qui subissent le plus cette technique. Pour savoir si une pierre de bijouterie a été chauffée il est nécessaire de regarder l'intérieur à la loupe. On peut alors remarquer que les inclusions naturelles ont fondu et ressemblent à des petits nuages.

À gauche rubis naturel, à droite rubis fondu qui a perdu ses arêtes rectilignes, mais qui présente une couleur plus vive.

Quel type de pierre est-il le plus souvent teinté ?

Les agates sont les minéraux le plus souvent teintés, par imprégnation. On trouve aussi des druses d'améthystes. Le but des marchands étant de les rendre plus décoratives par des couleurs originales.

Agates teintées, facilement reconnaissables à leurs couleurs criardes et à leurs teintures plus concentrées dans les lignes de sédimentation.

À gauche, druse d'améthyste teintée, à droite améthyste naturelle avec son dégradé spécifique de blanc à violet.

Que sont les minéraux pulvérisés ?

Il s'agit de quartz naturels qui ont subi un traitement en laboratoire. Ils présentent une couleur irisée due à un dépôt électrolytique de platine, or, fer, indium, argent, nickel, titane ou encore niobium. La combinaison de ces métaux leur confère une vertu thérapeutique particulièrement au niveau des corps subtils, raison pour laquelle ils sont appelés quartz pour l'aura.

Dans le désordre, quartz aura cobalt, aura tangerine, aura titane arc-en-ciel, aqua aura, aura tanzine, aura ensoleillé.

Pourquoi fabriquer des minéraux en laboratoire ?

La fabrication de minéraux artificiels revient bien meilleur marché que l'extraction des pierres depuis des mines. On l'utilise particulièrement pour la création de bijoux, afin qu'ils soient plus accessibles aux petites bourses, mais aussi pour des objets décoratifs ou des domaines très divers.

En haut, améthyste synthétique prête à être taillée. En bas cylindre de faux saphir rose et aigue-marine selon le procédé Verneuil de fusion à la flamme à plus de 2 500°. Le tout destiné à la bijouterie bon marché.

À gauche bismuth cristallisé artificiellement en laboratoire, à droite bismuth naturel de plus en plus rare. Il est intéressant de remarquer qu'à composition chimique identique, le rendu du naturel possède une dimension d'harmonie et de beauté qui laisse deviner qu'aucun procédé humain ne pourra jamais égaler le génie de la nature.

Pruskites et arcanites, pierres de synthèse créées en laboratoire. Fabriquées la plupart du temps en Pologne, on trouve d'autres spécimens tels que phokénite ou phosphate niahite. Ils sont commercialisés car leurs couleurs éclatantes plaisent beaucoup aux enfants, mais ils sont également utilisés pour des levures horticoles, le salage des routes et même la bonification des vins. (Photo prise à la bourse aux minéraux de Tucson, le terme de « alum » est erroné).

Différence entre pierre artificielle et pierre synthétique ?

Une pierre artificielle est fabriquée par l'homme et n'existe pas dans la nature. Une pierre synthétique est également fabriquée en laboratoire, mais possède la même composition chimique que des minéraux existants dans la nature.

Quelle est la différence entre une opale et une opalite ?

L'opale est un silicate hydraté naturel qui présente parfois des iridescences et l'opalite n'est qu'un verre qui tente maladroitement de l'imiter.

À gauche opalites, à droite opales naturelles.

Que signifie doublets et triplets en bijouterie ?

Il s'agit d'un composite fabriqué pour imiter une pierre naturelle, généralement l'assemblage de verre, quartz, topaze et de pierre naturelle. La ligne de collage est camouflée par le sertissage qui entourera la pierre pour en faire un bijou.

Doublets de quartz et verre coloré pour imiter une émeraude.

Triplets de 2 plaquettes de verres entourant une lamelle d'opale.

Quelle différence y a-t-il entre un diamant, une moissanite, un zircon et une zircone ?

La zircone est l'appellation courante des faux diamants que l'on trouve dans la bijouterie bon marché. Elle est fabriquée avec de l'oxyde de zirconium et malheureusement trop souvent confondus avec le zircon qui est une pierre naturelle dont la composition est un silicate de zirconium. Le zircon naturel présente des couleurs variées allant du blanc au rose, vert, rouge, brun, jaune, bleu et présente une belle brillance proche du diamant.

La moissanite est une pierre naturelle qui ressemble au diamant mais que l'on trouve très rarement. On la fabrique donc synthétiquement avec de la poudre de carbure de silicium chauffée sous gaz argon à 2 300°. Impossible à différencier du diamant à l'œil nu, il sera nécessaire de le faire à l'aide d'un détecteur de diamant et moissanite.

Détecteur de diamant, moissanite et pierres synthétiques.

Pour identifier un diamant véritable il suffira de tracer une ligne noire sur une feuille et de poser le diamant avec sa face plate dessus. Si la ligne reste visible, le diamant est faux.

Comment différencier une perle naturelle d'une perle synthétique ?

Certaines imitations actuelles sont très ressemblantes et il n'existe qu'un seul moyen de reconnaître une perle naturelle, le test de la dent. Il suffit de frotter doucement la perle sur la partie lisse de votre dent. Si vous sentez un léger crissement, la perle est vraie. Si elle glisse comme du plastic, la perle est fausse. Ce test n'est valable que sur une dent véritable.

DEUXIÈME PARTIE

INDEX
DES 854 PIERRES

Acanthite

Sulfure d'argent
Chakra : Sacré

Son nom vient du grec « akanta » qui signifie épine, comme la forme de ses cristaux. Ce sulfure d'argent à la même composition que l'argentite, mais se forme à basse température, à maximum 179°. Le mélange soufre-argent a un pouvoir cicatrisant et régénérateur. Elle va combattre les bactéries, les virus et éliminer les toxines en général. Elle aiguise la vision et stimule l'immunité. Au niveau psychologique, elle régule l'hypersensibilité et donne un regard profond et créatif sur l'existence. Le soufre qu'elle contient repoussera les entités négatives.

Actinolite

Silicate de magnésium, calcium et fer. Variété du jade néphrite
Chakra : Cœur

Stimule la régénération du corps et l'élimination des toxines en renfor-

çant les reins. Au niveau mental, elle chasse les peurs irraisonnées, rend résistant au stress et installe une sérénité durable. Elle donne beaucoup de force morale et physique et permet de s'ouvrir aux autres sans peurs.

Actinote

Autre nom de l'actinolite

Adamite

Arséniate de zinc. Amas de petits cristaux verts sur gangue
Chakra : Gorge, cœur

Facilite la circulation énergétique du chakra de la gorge et permet de libérer ce que l'on a refoulé ou bloqué. Aide à résister à la manipulation ou la culpabilisation. Contenant de l'arsenic, elle est à utiliser avec précaution et exige de se laver les mains après utilisation.

Adulaire

Autre nom de la pierre de lune

Aégyrine

Silicate de fer et sodium
Chakra : Cœur

Nommée d'après Aégir, le Dieu scandinave de la mer, elle renforce tous les méridiens, le système immunitaire et la guérison en général. Dissous les blocages émotionnels, aide à accepter ce que l'on ne peut pas changer, développe l'amour-propre, l'indépendance d'esprit et les convictions. Pierre de réparation après un chagrin ou une perte. Elle protège contre toutes les attaques psychiques, les pensées négatives, l'incursion énergétique d'un amour ancien ou d'un souvenir émotionnellement perturbant. Elle pourra ainsi constituer un véritable bouclier de protection.

Aérinite

Silicate d'aluminium, magnésium, fer, calcium et sodium
Chakra : Gorge

Son nom vient du grec Aerinos qui signifie bleu ciel. On l'utilisait au Moyen Âge pour le bleu des peintures murales. Elle est très apaisante, en diminuant colère, irritation, découragement et chagrin. Elle permet de reprendre sa vie en main par un contrôle de soi tout en douceur. Elle donne intuition et discernement pour faire les bons choix et nous rend par là même attirant et charismatique. Au niveau physique, elle adoucit la gorge et les problèmes liés à l'élocution. Elle stimule également les forces d'autoguérison et diminue les douleurs.

Aétite

Peroxyde de fer
Chakra : Racine

Pierre étrange qui émet un son lorsqu'on la secoue, car elle possède un petit nodule de fer à l'intérieur.

On l'appelle également pierre de l'aigle, à cause d'une croyance ancienne qui prétend que l'aigle en dépose une dans son nid, afin de faciliter l'éclosion des œufs. En chine ancienne on la surnommait « pierre de l'hirondelle » et on l'utilisait pour réguler la gestation. Fixée au niveau des genoux, elle provoquait l'accouchement et portée sur la poitrine, elle le retardait. De nos jours, on l'utilise plutôt comme porte-bonheur, particulièrement en Birmanie.

Afghanite

Silicate hydraté de sodium, calcium, potassium
Chakra : 3e œil

Cristal de haute vibration qui a une influence directe sur la glande pinéale. Elle ouvre les chakras du haut, stimule les facultés cérébrales en donnant acuité intellectuelle et imagination. La glande pinéale ou épiphyse sécrète de la sérotonine qui contrôle l'horloge interne de l'organisme. Ainsi elle régule les rythmes biologiques, assure un bon sommeil et diminue les risques de dépression saisonnière. Également antioxydante, elle stimule les forces d'auto-guérison de l'organisme.

Agate

Dioxyde de silicium

L'agate n'est pas une espèce minérale à part entière. Elle fait partie de la grande famille des quartz et leurs dérivés tels que calcédoine, cornaline, aventurine, prase, chrysoprase, ainsi que tous les jaspes. Il existe une infinité d'agates aux formes et aux couleurs très différentes et elles ont été classifiées par des noms souvent commerciaux, mais cela ne correspond pas à de réelles propriétés minéralogiques. Toutefois, elles ont toutes en commun un pouvoir apaisant et harmonisant sur l'environnement dans lequel on les place. Elles défatiguent, aident les fluides du corps à circuler et régulent l'énergie des chakras sur lesquels on les pose.

Agate à eau

Dioxyde de silicium
Chakra : Sacré

Elle renferme de l'eau qui est restée prisonnière lors de sa formation il y a de cela plusieurs millions d'années. Elle contient ainsi la mémoire de la création, l'énergie d'origine, totalement pure et immaculée. Elle reconnecte à la sagesse ancestrale et à la partie profonde de nous-même qui n'a pas été blessée. Elle sera merveilleuse pour la méditation car elle contient les 4 éléments étant donné qu'elle vient du magma, qu'elle est solide et qu'elle contient de l'air et de l'eau. Elle régule les hormones et les énergies du chakra sacré en provoquant un sommeil extrêmement profond. Elle soulage les traumatismes émotionnels et ouvre aux voyages astraux tout en permettant de garder un ancrage à la terre.

Agate arborisée

Dioxyde de silicium avec inclusion de dendrites
Chakra : Cœur

Appelée également agate dendritique, mais ses dendrites ne seront que de couleur verte. Elle ressemble également à l'agate mousse et elle sera différenciable par son fond blanc opaque. Elle semble directement reliée aux esprits des arbres et enracine, stabilise, vitalise. Elle débloque les énergies et les liquides stagnants et peut diminuer certaines douleurs en la posant sur la zone affectée. Au niveau spirituel, elle reconnecte à nos racines, atténue les douleurs d'enfance ou de famille et apporte une grande paix mentale. Elle sera bénéfique pour la croissance des plantes.

Agate blanche

Dioxyde de silicium
Chakra : 3e œil

Particulièrement douce, elle purifie le mental et apporte une paix intérieure durable. Elle possède les qualités calmante et harmonisante des agates en général, mais sera plus aérienne que les autres. Elle sera comme une eau purificatrice. À utiliser surtout en méditation.

Agate branded

Agate traitée avec un combo d'acides, nitrate ferrique et sucre

Ces agates viennent de Madagascar et sont traitées en Chine. Elles ressemblent grossièrement à des cornalines, mais avec des couleurs plus criardes et des lignes exagérément brunes. On préférera travailler évidemment avec des pierres naturelles.

Agate Candy Cotton

Dioxyde de silicium avec traces de titane, fer ou manganèse
Chakra : Cœur

Appelée également « agate barbe à papa » à cause de sa couleur rosée, elle a le pouvoir apaisant des agates. Elle équilibre les corps subtils et aligne le corps avec les plans émotionnels et spirituels. Elle fait vibrer le champ électromagnétique du cœur, purifie, stabilise et donne la sagesse de positiver les situations anxiogènes. Elle ouvre également au pardon, guérit rancœurs et blessures et ouvre à la vraie compassion. Au niveau physique, elle aide les fluides tels que sang et lymphe à mieux circuler. Son pouvoir relaxant stimule les hormones du bien-être et assure par là même la stabilité du métabolisme.

Agate crazy lace

Dioxyde de silicium
Chakra : 3e œil

Elle est une pierre de positivité, d'optimisme et de créativité. Elle régule la circulation d'énergie qui permet d'avoir la force de rester dans un esprit de joie même quand les choses vont mal. Elle sera précieuse pour combattre le chagrin, le découragement, la dépression et tout particulièrement adaptée aux phobies, comme celles des insectes. Au niveau physique, elle stimule la circulation du sang et améliore les troubles de la vision.

Agate cyclope

Dioxyde de silicium
Chakra : Racine, 3e œil

Elle donne enracinement et confiance en soi, tout en développant le 3e œil. On l'utilisera pour la clairvoyance ou le channeling car elle sensibilise à la vision éthérique. Posée sur le ventre elle donne une sensation d'expansion multidimensionnelle et une meilleure perception des ressentis instinctifs.

Agate de Botswana

Dioxyde de silicium
Chakra : Sacré

Nommée ainsi car elle est utilisée lors de cérémonie pour la fécondité en Afrique. Elle est particulièrement adaptée dans les cas de stérilité provoquée par un blocage émotionnel. Elle neutralise et stimule tout ce qui est stagnant et redonnera ainsi le goût de la vie et l'espoir aux personnes anorexiques, dépressives ou artistes en mal d'inspiration. Elle protège l'aura en stabilisant l'excès de sensibilité et de susceptibilité. Sa grande douceur aide à se libérer naturellement des toxines aussi bien que des émotions négatives. Elle console, aide à dépasser la perte.

Agate de feu

Dioxyde de silicium
Chakra : Racine, plexus solaire

Elle renferme l'essence du feu et donne énergie et chaleur à l'ensemble de l'organisme. Elle augmente la circulation du système nerveux autonome et stimule le métabolisme endocrinien. Très régulatrice du chakra sacré, elle diminue les ballonnements, les colites, les bouffées de chaleur et la fatigue. Au niveau psychologique et spirituel, elle élimine les blocages du corps éthérique, recharge l'aura et donne par là même une approche ultra-positive de la vie. Elle insuffle courage, motivation, endurance, chasse nos pensées les plus sombres, donne la force de surmonter les addictions en permettant ainsi de révéler le meilleur de soi.

Agate dendritique

Dioxyde de silicium à inclusion de dendrites
Chakra : Racine

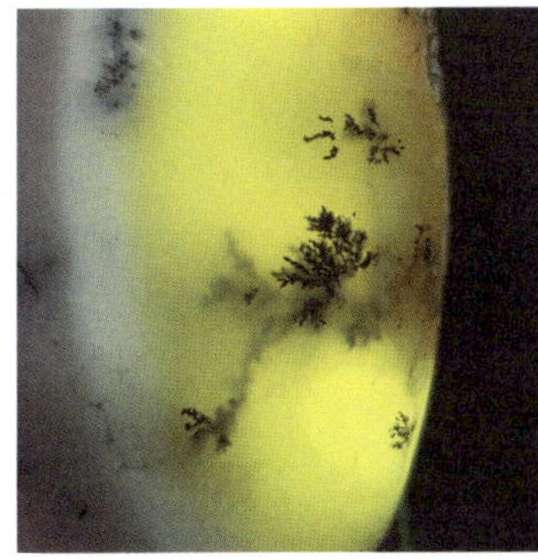

Les inclusions sont du manganèse ou du fer de couleur marron, rouge ou noire. Elle stabilise les champs énergétiques car elle connecte à la terre et à nos racines. Profondément apaisante, elle donne patience et permet de dépasser ses limites. Au niveau physique, elle diminue les douleurs et stimule l'énergie des reins, du foie et de la vésicule biliaire. Certains l'appellent également « merlinite » car elle facilite la connaissance des secrets de la nature et peut exaucer les vœux en accord avec le monde naturel et spirituel. Cependant la véritable merlinite n'est autre que l'opale dendritique. On trouve malheureusement pas mal de confusions autour de cette appellation.

Agate flamme

Dioxyde de silicium
Chakra : Racine

Elle présente des dessins flamboyants car elle contient du jaspe rouge. Elle possède sensiblement les mêmes propriétés que l'agate de feu, mais en plus doux. Elle fait aimer la vie, donne de l'élan vers l'avenir et stimule l'énergie vitale générale.

Agate fleur

Dioxyde de silicium
avec dendrites blanches
Chakra : Sacré

Elle possède les mêmes vertus que l'agate plume avec une note encore plus douce et réconfortante.

Agate fossile

Autre nom de l'agate turitelle

Agate jaune

Dioxyde de silicium
Chakra : Sacré

Autre appellation de la cornaline claire. Elle aura les mêmes propriétés.

Agate mousse

Dioxyde de silicium avec inclusion de chlorite
Chakra : Cœur

Autrefois talisman des jardiniers, elle reconnecte aux forces de la nature, des arbres et de l'eau. Elle facilite la circulation lymphatique, renforce les reins et l'élimination ainsi que le pancréas. On l'utilisera donc contre le diabète (surtout la verte) et les infections en général (plutôt la rose) en la posant sur la zone affectée. On pourra également remplir un verre d'eau dans lequel on l'aura déposée toute une nuit pour boire un condensé de ses vertus le matin. Elle sensibilise également aux énergies subtiles des esprits de la nature, ainsi qu'à la phytothérapie. Elle redonne confiance en soi, permet de dépasser les peurs anciennes et ouvre au renouveau.

Agate noire

Dioxyde de silicium
Chakra : Racine

Variété noire présentant parfois des lignes et taches blanchâtres ou grises, elle aura les mêmes vertus que l'onyx.

Agate œil d'argent

Dioxyde de silicium
Chakra : Racine

Pierre d'ancrage, elle est proche vibratoirement de l'obsidienne flocon de neige. Elle donne une grande indépendance d'esprit, aiguise le discernement et permet de mener à bout les projets qui nous tiennent à cœur.

Agate peau de serpent

Quartz microcristallin du groupe des calcédoines
Chakra : Racine, 3e œil

Posée sur le chakra du cœur, elle adoucit la peau et soigne tous les troubles cutanés. Placée au niveau du chakra racine, elle favorise la montée d'énergie ainsi que l'endurance physique. De plus, elle a une particularité, celle de pouvoir contracter notre champ énergétique afin de passer inaperçu.

Agate plume

Dioxyde de silicium avec dendrites

Agate dendritique dont les inclusions ressemblent à des plumes. Elle sera utile pour tous les problèmes de la circulation du sang et de la lymphe. Elle rééquilibre le taux de globules blancs et rouges, purifie et détoxique. Au niveau spirituel, elle allège le mental, désencombre le trop-plein de pensées et rend les idées claires.

Agate Sakura

Autre nom de l'agate fleur

Agate teintée

Dioxyde de silicium traité

Les agates naturelles ont des teintes douces et délicates. Dès que la couleur est criarde ou exagérée, il s'agit d'un traitement par teinture. Pour cela, elles sont plongées dans une solution qui s'infiltre entre les micro-cristallisations, puis elles sont généralement chauffées. Cette dénaturation altère la qualité énergétique de l'agate et sera incompatible avec la subtilité d'un travail de lithothérapie. Il sera donc préférable de privilégier des pierres naturelles.

Agate Thunderegg

Agate rubanée, formée dans les cendres volcaniques de rhyolite, calcédoine, opale, quartz
Chakra : Racine

Également appelée agate étoilée, elle est considérée comme un talisman par les Indiens d'Amérique et les aborigènes d'Australie, car le cœur de ses nodules présente une étoile lorsqu'ils sont coupés en deux. En Allemagne, on trouve des fragments appelés agate St Egidien. Cette pierre soulage les douleurs en renforçant les nerfs, le cerveau, la moelle épinière et le système immunitaire. Au niveau émotionnel, elle diminue le stress, le besoin de reconnaissance continuel et ouvre à une créativité foisonnante. Par analogie, elle aide à ne plus juger sur les apparences.

Agate turitelle

Dioxyde de silicium
recouvert de coquillages fossilisés
Chakra : Racine

Connecte aux vies antérieures et aux sagesses du début du monde. En méditation, elle nous permet d'ouvrir les archives de notre passé personnel pour y libérer ce qui a été refoulé ou bloqué. Elle nous fait aimer nos racines, nos ancêtres, notre culture et ainsi mieux vivre le présent en conscience. Au niveau physique elle sera utile pour les problèmes digestifs et le manque de fertilité.

Agate violette

Dioxyde de silicium
Chakra : Couronne

L'agate violette est très rare, car la plupart sont teintées et on ne trouve des naturelles qu'en Arizona. Elle ouvre le trajet énergétique entre le chakra coronal et le chakra du cœur. Elle augmente ainsi la confiance que l'on peut avoir en soi et en l'autre. Elle permet ainsi, de s'ouvrir sur un plan relationnel, sans peur du jugement. Cette confiance qu'elle induit donne la possibilité de mener à bout la réalisation de toutes nos idées et projets. Au niveau physique, elle sera apaisante pour tous les problèmes pulmonaires.

Agate xyloïde

Autre nom du bois pétrifié

Agate zébrée

Dioxyde de silicium
Chakra : Racine

Elle ressemble énormément au jaspe zèbre, mais on la différencie par une plus grande brillance et une légère translucidité. Elle aura les mêmes propriétés que le jaspe zèbre.

Agrellite

Silicate de sodium et calcium
Chakra : 3e œil

Elle présente une jolie fluorescence rose à la lumière UV et par extension, fait émerger notre lumière intérieure. Elle nettoie les blocages refoulés les plus profonds, permet d'identifier ce qui freine notre évolution et peut révéler ainsi nos talents inexploités. Cette pierre nous donne accès à la liberté intérieure dans le respect de soi, car ce que l'on connaît sur nous-même ne nous domine plus. Sur le plan physique, elle augmente l'immunité et régule un taux trop important d'alcalinité. Posée sur une zone douloureuse, elle dispersera le nœud électromagnétique responsable du blocage.

Aigue-marine

Silicate de béryllium et aluminium
Chakra : Gorge

Elle incarne le pouvoir purificateur et fluidifiant de l'océan. Elle diminue la rétention d'eau, renforce la circulation sanguine et lymphatique. Elle est excellente pour tous les problèmes de gorge, cordes vocales, perte de voix et affections des voies respiratoires. Elle est très douce et rééquilibre les organes sensibles au stress comme le foie, les reins, l'estomac. Au niveau émotionnel, elle diminue la colère, les sautes d'humeur, les peurs et calme profondément l'ensemble du système nerveux.

Ajoite

Silicate de cuivre en inclusion dans du quartz
Chakra : Cœur, coronal, 3e œil

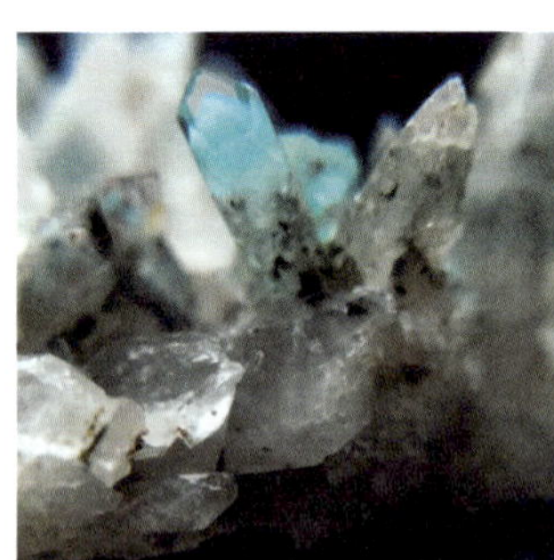

Extrêmement rare, on ne la trouve

que sous forme de petites inclusions dans du quartz. Elle représente une des plus magnifiques pierres pour la guérison émotionnelle. Elle nettoie le champ électromagnétique, aligne les corps subtils avec le corps physique et atténue les émotions négatives extrêmes. Elle nous entoure d'une douce lumière sécurisante qui nous donne l'impression que l'on est soutenu émotionnellement et elle fait émerger les blessures enfouies pour les apaiser. Au niveau physique elle régule les problèmes prémenstruels, les troubles d'humeur de la ménopause et tous les dysfonctionnements hormonaux. Sa puissance purificatrice guérit le corps, le cœur et l'âme à toutes les périodes de l'existence.

Alabandite

Sulfure de manganèse
Chakra : Racine

Pierre de rééquilibrage qui réajuste la balance physique et émotionnelle. Elle agit directement sur l'oreille interne et atténue les problèmes de vertige ou de maladie de Ménière. Elle harmonise les hémisphères cérébraux, ce qui induit une régulation de l'humeur et une attitude à la fois réfléchie et imaginative. Au niveau physique, le manganèse qu'elle contient stimule l'activité enzymatique, renforce les os et régule le métabolisme des glucides. Elle a également une action antioxydante, qui diminue les radicaux libres et tous les types d'allergies.

Albâtre

Roche d'origine calcaire ou gypsique
Chakra : Racine

Utilisé depuis plus de 2000 ans par les sculpteurs du monde entier, on remarquera particulièrement les magnifiques urnes funéraires des Etrusques datant de 880 ans avant J-C. Au niveau lithothérapeutique, ses qualités ne sont pas très intéressantes et on préférera des minéraux plus puissants. Cependant si l'on affectionne particulièrement l'albâtre, on pourra l'utiliser pour renforcer les os, les tissus conjonctifs et l'ensemble du système digestif. Au niveau moral, il apporte un mental solide lors de changements de vie indésirables.

Albite

Silicate d'aluminium et de sodium, parfois remplacé par potassium et calcium
Chakra : Tous

Équilibre et nettoie le corps et l'aura. Posée sur un chakra, elle va le purifier et mieux distribuer l'énergie dans tous les organes qui s'y rattachent. Elle est joyeuse et invite à se fier à ses instincts, à affronter l'inconnu sereinement et à se débarrasser des problèmes récurrents. Souvent associée à la pierre de lune afin de réguler tous les problèmes féminins, l'eau du corps, les cycles hormonaux et les dépressions en particulier.

Alexandrite

Oxyde d'aluminium et de béryllium. Rare forme de chrysobéryl
Chakra : Cœur

Verte-grise à la lumière naturelle, elle devient rouge-violet à la lumière artificielle. Sa puissance est grande et elle nous connecte aux plans spirituels, ainsi qu'aux forces de guérison. Elle rééquilibre et unifie. Harmonise les énergies yin-yang, masculine-féminine, esprit-matière. Découverte le jour anniversaire du tsar Alexandre II, elle nous donne accès à la souveraineté de nous-même. Respect de soi, unification de nos paradoxes, juste perception des situations et des personnes, sont les mots clefs de cette pierre magique.

Allanite

Aluminosilicate de calcium et fer
Chakra : Sacré

Également appelée orthite, elle est gorgée de terres rares (lanthane, césium, potassium, thorium, yttrium, béryllium, manganèse et magnésium) qui lui donnent beaucoup de puissance. Proche de l'épidote, elle permet un travail de fond au niveau émotionnel. Elle dissout les énergies négatives et tout ce que nous avons refoulé. Elle agit un peu comme l'obsidienne, qui fait sortir les émotions enfouies pour les nettoyer. Ce travail en profondeur permet de libérer ce qui entrave notre évolution, mais aussi de révéler les puissances créatrices de notre inconscient, nos aptitudes et nos talents cachés. L'allanite est légèrement radioactive, mais surtout extrêmement rare.

Aluminium

Al N° 13 du tableau des éléments
Chakra : Coronal

L'aluminium que nous consommons est généralement éliminé à 95 % de façon naturelle par l'organisme, le reste se retrouve dans les os, les poumons et le foie. Il agit essentiellement au niveau du système nerveux qu'il renforce. Il est donc utile en cas trouble de l'anxiété, du sommeil ou de la concentration. Il est également un excellent anti acide qui peut réguler le pH de l'estomac ou des articulations enflammées. L'aluminium est cependant neurotoxique, raison pour laquelle il est intéressant de l'utiliser en le posant sur la peau plutôt qu'en l'ingérant. Un excès peut entraîner des troubles encéphaliques, mais il n'existe aucun danger à utiliser un morceau d'aluminium natif ou une pierre en contenant.

Alun de potassium

Sel double d'aluminium et potassium, appelé aussi pierre d'alun
Chakra : Sacré

Fortement hémostatique et astringent, il bouche les glandes sudoripares, raison pour laquelle il est principalement utilisé comme déodorant naturel. À première vue, la pierre d'alun ou Alunite paraît plus saine qu'un déodorant traditionnel aux sels d'aluminium, mais à mieux regarder, on s'aperçoit très vite de la similarité de composition. Le problème sanitaire se pose par la présence de l'aluminium qui devient toxique en trop forte proportion. Dans l'alun naturel les molécules de sulfate d'aluminium ne seraient pas absorbées par la peau, mais des études démontrent que le lactate de la sueur dissout l'hydroxyde d'alun et qu'il lui devient possible de traverser la barrière cutanée. La pierre d'alun naturelle deviendrait ainsi tout aussi toxique que les déodorants diabolisés. De plus, on trouve couramment des versions reconstituées chimiquement, vendue sous l'appellation « ammonium alun », ne contenant absolument plus de potassium et par là même plus rien de naturel. En outre, on sait que 80 % des cancers du sein se forment au niveau des aisselles et dans ce contexte, on préférera ne pas boucher ses glandes sudoripares avec des déodorants, qu'ils soient naturels ou chimiques. Les odeurs ne se dégagent que lors de la macération des bactéries et une bonne hygiène devrait pallier le problème. Si l'on affectionne particulièrement cette pierre, on pourra l'utiliser en lithothérapie pour réguler les liquides du corps, évacuer les toxines et résorber anxiété et peurs.

Alunite à cinabre

Sulfate de potassium, aluminium et mercure
Chakra : Racine

Elle enracine fortement à la terre et régule l'ensemble du système circulatoire. Elle purifie également les liquides du corps, la lymphe, elle évacue les toxines et freine la transpiration excessive. Au niveau psychique, elle atténue anxiété et peurs, car elle dissout les blocages. Elle aligne les chakras, replace dans l'axe de la lumière personnelle et donne la force de toujours croire que tout est possible.

Amazonite

Aluminosilicate de potassium
Chakra : Cœur

Grâce au potassium qu'elle contient, elle est excellente pour décontracter les muscles, renforcer les os et éliminer l'eau des tissus. Particulièrement efficace pour les tensions du dos, les torticolis, les contractures dues au sport ou toutes formes de spasmes. Il suffira de la poser sur la zone de tension pour que les muscles se relâchent. On pourra chauffer la pierre à l'eau chaude auparavant. Elle détend également le système neurovégétatif, assurant une santé optimale, tout en alignant le corps éthérique au corps physique. Pierre de lâcher prise, de la douceur, de la confiance et du respect de soi-même. Elle neutralise également la pollution électromagnétique.

Amblygonite

Phosphate associé à du lithium, aluminium, sodium et fluorure
Chakra : Plexus solaire

Le lithium et l'aluminium qu'elle contient dissout stress, anxiété et aligne tous les chakras. Elle renforce les circuits électriques du corps et diminue l'électro-sensibilité ainsi que toutes les affections auto-immunes ou psychosomatiques. Elle recharge et équilibre le plexus solaire et permet de s'affirmer en douceur tout en diminuant l'expression négative de l'ego.

Ambre

Résine fossilisée de conifère d'environ 50 millions d'années
Chakra : Plexus solaire

Il soigne presque tout car il relance le flux électromagnétique du système nerveux. Il est idéal contre les allergies, l'asthme, l'eczéma, les rhumatismes et les douleurs articulaires. Il apaise les douleurs dentaires en étant efficace même sur les bébés grâce aux fameux petits colliers que l'on trouve en pharmacie. Il purifie et revitalise l'ensemble du système énergétique et absorbe les énergies négatives. Il est solaire et réchauffe en cas de froid. Au niveau émotionnel, il redonne force, gaîté, diminue dépression et addiction et réaligne les corps subtils. L'ambre a des propriétés multiples et on pourra l'utiliser pour presque tous les symptômes physiques ou psychiques, on ne sera pas déçu.

Ambre bleue

Résine fossilisée de l'hymenea, arbre tropical disparu
Chakra : Plexus solaire

Plus rare que le diamant, il provient essentiellement de république dominicaine. Il contient du soufre et sa couleur bleue est due à des hydrocarbures aromatiques, visibles à la lumière ultraviolette. Il possède les mêmes propriétés que l'ambre de la Baltique, avec une dimension purificatrice plus grande.

Amegreen

Appellation commerciale d'un mélange d'améthyste et de prasiolite
Chakra : Cœur, coronal, 3e œil

Mélange d'améthyste qui ouvre le chakra coronal, de prasiolite qui apaise le cœur et de quartz blanc qui illumine le tout. La liaison entre le spirituel et l'émotionnel permet de se libérer du passé et des émotions négatives tout en posant des limites. Pour ceux qui donnent tout, aiment de façon exclusive ou jouent des rôles pour gagner l'amour des autres, l'amegreen peut les recentrer dans l'axe du cœur et du respect d'eux-mêmes. Elle opère l'union subtile du cœur et de l'esprit, nous aide à guérir nos émotions et à nous ouvrir aux capacités paranormales. Au niveau physique, elle booste l'immunité, répare les dysfonctionnements et permet d'envoyer de la lumière dans nos organes malades.

Amésite

Phyllosilicate de magnésium et aluminium
Chakra : 3e œil

Pierre rare qui diminue considérablement l'acidité du corps et particulièrement celle de l'estomac. Elle apaise également les problèmes dermatologiques et tous les types de brûlures. Au niveau psychologique, elle affine la sensibilité, l'intuition et l'instinct suffisant pour passer à l'action au moment approprié. Elle diminue l'impatience, la colère et le stress inutile. Il paraît que l'amésite porte chance et elle est très protectrice en faisant barrage aux vampires énergétiques ainsi qu'aux personnes qui nous sollicitent trop.

Améthyste

Dioxyde de silicium, couleur violette grâce au fer et au manganèse
Chakra : 3e œil, coronal

Presque tout le monde aime l'améthyste. Est-ce dû au fait que le taux de

fer qui la compose est le même que celui du sang humain ? Quoi qu'il en soit, elle est une merveilleuse pierre de guérison globale. Elle est un tranquillisant naturel qui diminue angoisse et colères en permettant de nous connecter aux plus belles parties de nous-même. Elle a surtout la particularité de diminuer toutes les sortes d'addictions, qu'il s'agisse du tabac, de l'alcool, des drogues ou des dépendances psychologiques, obsessionnelles, passionnelles ou sexuelles. Le simple fait de la garder sur soi, donne la force de contrôler les envies et pulsions. Elle est excellente pour la méditation et l'élévation spirituelle, car elle apporte sérénité et imagination féconde. Au niveau physique, elle induit la désomatisation de nos mémoires émotionnelles et psychiques. Elle diminue les excès d'acide urique et les migraines si on la pose sur la nuque ou le front. Placée sous l'oreiller, elle diminuera insomnies et cauchemars.

Améthyste à chevron

Dioxyde de silicium, couleur violette grâce au fer et au manganèse
Chakra : 3e œil, coronal

Elle possède les mêmes propriétés que l'améthyste, mais semble avoir une force doublement concentrée. Elle augmente considérablement les pouvoirs de guérisons spirituelles, développe le 3e œil et la clairvoyance. Elle freine toutes les maladies dégénératives et représente un parfait rééquilibrage naturel de l'ensemble des énergies.

Améthyste Brandenberg

Mélange d'améthyste et de quartz fumé avec généralement des fantômes de croissance
Chakra : 3e œil, coronal

Le quartz fumé et l'améthyste sont les deux meilleures pierres contre les dépendances. Dans l'améthyste Brandenberg, elles se mélangent et sont souvent catalysées par la présence de fantômes. L'ensemble donne un minéral très puissant de transformation et de transition. Elle permet d'éliminer les implants psychiques et de se connecter aux forces vives de la transcendance.

Améthyste fleur

Dioxyde de silicium, couleur violette grâce au fer et au manganèse
Chakra : 3e œil, coronal

Appelée aussi fleur d'améthyste, elle possède les vertus identiques à l'améthyste et peut même, si on la pose sur le sommet de la tête, ouvrir le trajet énergétique entre le chakra du cœur et le chakra coronal. Elle purifie l'ensemble des cellules du corps et induit une paix profonde et durable. Ne pas trop l'exposer au soleil ou à de fortes lumières, car elle risque de perdre sa couleur.

Améthyste sceptre élestial

Dioxyde de silicium, couleur violette grâce au fer et au manganèse
Chakra : 3e œil, coronal

Également appelée améthyste cactus elle possède les qualités de l'améthyste, mais devient de plus en plus rare. Son énergie rayonne à 360° et elle peut diminuer efficacement une douleur si on la pose sur la zone affectée. Elle est très stabilisante, elle rééquilibre l'ensemble de l'aura et renforce les capacités psychiques.

Améthyste Thunder bay

Améthyste recouverte d'oxyde de fer
Chakra : tous

Elle est également appelée auralite car elle contient également la plupart du temps 23 minéraux. Il est possible de trouver des auralites qui ressemblent à des améthystes à chevron, mais jamais de couleur rouge sang comme l'améthyste Thunder bay. Elle provient uniquement de la mine du même nom en Ontario et une pellicule d'oxyde de fer lui donne sa coloration. Elle est chargée de l'énergie spirituelle de l'améthyste, ainsi que de la force tellurique liée au fer. Elle sera intéressante en méditation car elle relie l'axe terre-ciel et permet de s'ouvrir aux dimensions transcendantales tout en demeurant ancré. Au niveau physique, elle purifie le sang et apporte une belle énergie vitale.

Améthyste vera cruz

Améthyste aux pointes violettes
souvent bi terminées
Chakra : 3e œil, coronal

Pierre de la lumière spirituelle qui augmente les facultés métaphysiques. Elle possède les qualités de l'améthyste, mais avec une dimension supplémentaire de purification du chakra coronal. Elle induit des méditations profondes, fait taire l'agitation mentale, donne des rêves à messages et permet de prendre des décisions de vie avec le cœur et non la tête.

Amétrine

Mélange d'améthyste et de citrine
Chakra : Plexus solaire, coronal

À plus de 250° l'améthyste se transforme en citrine. L'amétrine est un mélange des deux et cumule leurs propriétés énergétiques. Elle combat les envies de tabac, alcool ou nourriture, diminue la fatigue et les effets secondaires des médicaments en équilibrant le foie, le pancréas et les intestins. Posée sur le plexus solaire, elle soulage toutes les douleurs abdominales. Elle est une pierre de sagesse, d'équilibre yin-yang et d'élévation spirituelle. Elle augmente le taux vibratoire de l'aura, car elle dissout les énergies négatives qui peuvent s'y accrocher. Au niveau psychique, elle apaise les échafaudages mentaux pour laisser place à une capacité d'écoute en profondeur, qui peut aller jusqu'à la clairaudience. Elle apporte une saine confiance en soi en régulant l'ego, elle donne du recul et la faculté de relativiser les choses, tout en permettant de rester motivé et enthousiaste sans se stresser. Cette force tranquille assure une excellente protection contre tous les vampires psychiques.

Ammolite

Fossile de mollusque céphalopode
aux irisations rouge-vert
Chakra : Racine

L'iridescence qu'elle présente n'est qu'une mince couche de moins de 1 mm, qui est un assemblage de lamelles d'aragonite, de calcite, de pyrite et de silice. On retrouve également des traces d'aluminium, baryum, chrome, cuivre, fer, manganèse, magnésium, strontium, titane et vanadium, ce qui explique la grande diversité de ses reflets caractéristiques. Elle aura les mêmes propriétés que l'ammonite qui ne présente, en revanche, aucune irisation.

Ammonite

Fossile de créature marine,
le mortoniceras inflatum
de 200 millions d'années
Chakra : Racine

Son nom provient du Dieu Amon, lié au bélier dont la forme des cornes ressemble à l'ammonite. Elle connecte à la sagesse universelle qui traverse les temps et permet d'avancer dans l'âge avec sérénité. Elle donne la force de sortir des schémas répétitifs, qu'ils soient familiaux ou culturels. Elle permet également de diminuer le traumatisme de la naissance, autant pour le bébé que pour la maman. Au niveau physique, elle atténue les troubles des maladies génétiques ainsi que les insuffisances érectiles de l'homme. Elle a été utilisée depuis la nuit des temps comme porte-bonheur pour les femmes enceintes ainsi que pour la longévité des personnes âgées.

Analcime

Aluminosilicate de sodium hydraté
Chakra : Coronal

Son nom provient du grec qui signifie « sans force », peut être par ce qu'elle a la particularité de ne pas se charger d'électricité si on la frotte. Elle réaligne l'axe des chakras, stabilise l'aura et permet d'augmenter nos réserves d'énergie. Elle apporte une grande clarté mentale et donne la force d'oser de grands changements dans notre vie. Au niveau physique, elle stimule la digestion et la sécrétion d'insuline du pancréas, qui peut ainsi diminuer le diabète si la personne n'est pas insulino-dépendante. Elle augmente également l'élimination générale et l'évacuation des liquides en particulier.

Anatase valdez

Dioxyde de titane, pierre de petite taille bi-terminée

Chakra : Racine

Donne une énorme vitalité, du tonus musculaire et stimule l'immunité. Diminue les allergies et le stress. Permet d'affiner nos sensations corporelles et de mieux conscientiser notre corps. Au niveau mental, aide à rester positif en toute circonstance et à prendre des décisions.

Ancestralite

Pseudomorphose de martite, variété d'hématite

Chakra : Racine

Connecte au chakra racine tout en le nettoyant des mémoires ancestrales. Elle possède la double capacité de dégager et de dissoudre l'énergie. On l'utilisera pour couper les traumatismes familiaux transmis inconsciemment de génération en génération, pour casser un mauvais karma, mais également pour se connecter aux esprits, ancêtres ou aux annales akashiques. La connexion aux mémoires ancienne nous permettra de dissoudre les croyances reçues en héritages, les contrats de l'âme, et les scories de l'inconscient collectif, culturel ou familial.

Andalousite

Autre nom de la chiastolite

Andésine

Aluminosilicate de sodium
et calcium
Chakra : Cœur

Elle fait partie de la grande famille des feldspaths et ses propriétés seront proches de la labradorite. Elle peut absorber la négativité environnante et les vibrations malsaines des personnes qui déversent leurs problèmes sur nous. Elle stabilise et renforce tous les niveaux de l'aura, diminue considérablement le stress, calme le mental et développe ainsi la pensée intuitive. Sa place de prédilection sera le cœur qu'elle va dilater et réconforter en redonnant confiance et espoir.

Andradite

Autre nom du grenat démantoïde

Angélite

Sulfate de calcium, sans eau
Chakra : Gorge, 3e œil

Comme son nom l'indique, elle nous connecte aux mondes angéliques et stimule la télépathie, les voyages astraux, tout en gardant un contact avec la réalité. Elle nous aide à faire la paix avec nous-même, les autres, le passé et créé un champ de protection autour de la zone où on la pose. En affinité avec la gorge, elle diminue les inflammations, équilibre la thyroïde et ouvre à la communication. Elle est pleine d'amour et de lumière cosmique et donne le pouvoir de canaliser la guérison par la voix.

Anglésite

Sulfate de plomb
Chakra : Racine, cœur

Pierre d'enracinement qui connecte à la terre et à l'instant présent, mais qui est également très spirituelle. Elle permet de transformer la colère, le ressentiment et l'amertume en bonté et en ouverture de cœur. Elle peut développer les perceptions extrasensorielles, faciliter la médiumnité et donner courage et détermination pour mener à bout nos rêves. On pourra également l'utiliser pour contacter les personnes décédées ou même libérer une âme errante. Pour ce faire, on allumera une bougie à côté de l'anglésite et on fera 3 cercles de sel autour. On demandera le départ définitif du fantôme et on éteindra la bougie. Au niveau physique, elle stimule la circulation électrique du système nerveux et elle ralentit le processus de vieillissement. On pourra aussi la poser sur une zone de douleur ou de blocage et elle les dissoudra. Étant donné qu'elle contient du plomb, on préférera l'utiliser de façon indirecte avec un petit tissu, puis en se lavant soigneusement les mains après usage.

Anhydrite

Sulfate anhydre de calcium
Chakra : Gorge

Son nom signifie « sans eau » car il s'agit de gypse dont l'eau s'est évaporée et qui possède la même composition que l'angélite. Elle est une pierre d'adaptation. Elle aide à se libérer du passé, à assumer une séparation, à abandonner des projets caducs ou des rêves dépassés. Elle permet également un travail de libération et de guérison des vies antérieures. La souplesse qu'elle procure aide à mieux se positionner et à avoir un regard positif. Au niveau physique, elle apaise tous les troubles de la gorge. Posée sur le chakra sacré elle stimule l'élimination des liquides et diminue œdèmes et enflures.

Annabergite

Arséniate hydraté de nickel
Chakra : 3e œil

Également appelée cabrérite, elle aligne les chakras et renforce les champs électromagnétiques. Elle stimule la circulation à l'intérieur des méridiens et ouvre en douceur le 3e œil. Elle pourra ainsi, augmenter l'intuition mais surtout aider à maintenir la visualisation ou les mantras lors de méditation. Au niveau physique, elle met de l'ordre dans les cellules et soutient les traitements contre les tumeurs et les maladies auto-immune.

Annite

Autre nom de la phlogopite
Composition est très proche
de la phlogopite

Antigorite

Variété de serpentine qui possède
les mêmes propriétés

Antophyllite

Autre nom de l'astrophyllite
lorsque ses filaments sont bleus.
Même vertus que l'astrophyllite.

Anyolite

Autre nom de la zoïsite rubis

Apatite bleue

Phosphate de calcium,
fluor et chlore
Chakra : Cœur

Elle est très reminéralisante pour les os et les dents et diminue ainsi ostéoporose, fracture et arthrose. Elle est un grand soutien contre les maladies chroniques, la spasmophilie, les crises de tétanies et la perte d'appétit. Elle atténue les douleurs dentaires et sera apaisante pour un bébé qui fait ses dents, en la plaçant simplement près de lui. Au niveau émotionnel, elle permet d'évacuer en douceur les émotions refoulées et de calmer les somatisations. Elle aidera à s'exprimer avec aisance et pourra combattre la timidité, l'émotivité et la négativité.

Apatite jaune cristallisée

Phosphate de calcium,
fluor et chlore
Chakra : Cœur

Sa merveilleuse cristallisation sublime toutes les qualités de l'apatite. Elle fait briller notre cœur et illumine notre potentiel d'action. Elle donne confiance et estime de soi ainsi que l'énergie suffisante pour matérialiser nos rêves et passions, car elle nous réaligne dans l'axe de la volonté supérieure. Au niveau physique, elle agit directement sur les parathyroïdes et l'ensemble du système endocrinien. Elle diminue la fatigue et la dépression et augmente la combustion d'énergie du métabolisme, ce qui en fait une excellente auxiliaire lors de régime amaigrissant.

Apatite verte

Phosphate de calcium,
fluor et chlore
Chakra : Cœur

Elle fortifie le cœur physique et émotionnel. Elle est très reminéralisante et diminue ostéoporose, arthrose, problèmes dentaires et délai de consolidation après une fracture. Elle facilite également le rétablissement après une maladie ou une opération. Au niveau spirituel, elle donne accès à une libération émotionnelle et à la possibilité de lâcher des angoisses anciennes et profondes. Elle favorise la guérison du cœur et de l'aura, car elle permet de sortir du schéma répétitif de nos dysfonctionnements. Souvent la maladie est un moyen inconscient et maladroit d'attirer de la reconnaissance ou du réconfort et l'apatite verte ouvre notre cœur à l'acceptation d'être aimé tels que nous sommes. Étant donné qu'elle active la circulation énergétique, elle débloque les nœuds électromagnétiques et affine la sensibilité à notre potentiel guérisseur.

Apophyllite blanche

Silicate hydraté de potassium
et calcium
Chakra : 3e œil

Merveilleuse pierre pour nettoyer les énergies physiques et spirituelles, elle dégage une vibration de pureté et de fraîcheur. Elle ouvre le 3e œil, stimule la télépathie et la clairvoyance, car elle permet un changement rapide de sphère électromagnétique. Elle dissout les schémas mentaux obsolètes et nous aligne à l'axe intérieur de l'Être. Elle est une des meilleures pierres pour accéder au voyage astral et pour cela on prendra soin de poser une tourmaline aux pieds auparavant. Étant donné qu'elle facilite un changement de plan de conscience, elle sera également la pierre des thérapeutes Reiki, car elle permet une délocalisation énergétique du mental vers la zone à traiter. L'apophyllite est malheureusement très fragile et il faudra la manier avec délicatesse.

Apophyllite verte

Silicate hydraté de potassium
et calcium avec fluor
Chakra : Coeur

Plus rare que l'apophyllite blanche, elle possède cependant les mêmes propriétés avec une dimension axée sur le cœur. Elle stimule la circulation énergétique des méridiens du chakra cardiaque. Elle apporte espoir, fraîcheur mentale et ouverture supra dimensionnelle.

Aragonite

Carbonate de calcium
Chakra : Racine

Pierre de la stabilisation qui apporte une sensation de solidité, tant sur le plan physique que mental. Elle aide au réalignement intérieur, au centrage et donne calme, patience, discernement, concentration. Elle régule l'excès de sensibilité et atténue les colères refoulées. Au niveau physique, elle stimule l'absorption du calcium et des vitamines A et D, ce qui a un puissant effet antispasmodique. Elle diminue les névralgies, la fatigue et reminéralise l'ensemble de l'organisme. Ainsi elle soutient les os, les dents et assure la bonne élasticité des ligaments, ménisques et disques intervertébraux.

Aragonite bleue

Carbonate de calcium avec cuivre
Chakra : Gorge

Malheureusement trop souvent teintée, il faudra être vigilant sur sa provenance. Elle possède les mêmes propriétés que l'aragonite brune avec une dimension purificatrice. Elle nettoie et purifie les chakras et équilibre l'ensemble des énergies yin-yang.

Arcanite

Sulfate de potassium fabriqué en laboratoire

Pierre de synthèse artificielle qui tente d'imiter des minéraux tels que la wolframite ou la chalcanthite. La reproduction est toutefois très grossière avec des couleurs criardes très loin de nos merveilles naturelles. Tenues en main ces pierres ne dégagent aucune vibration et on préférera travailler avec des spécimens, peut-être moins attractifs, mais qui diffusent une énergie positive.

Arfvedsonite

Silicate de fer et sodium
Chakra : Racine

Elle induit un ancrage puissant et doux à la fois, qui permet une connexion à la transcendance et une possibilité de la faire descendre ici-bas. Elle dissout les formes pensées négatives et les états de tristesse et de découragements. Elle soutient le moral, en apportant force et détermination. Il est particulièrement intéressant de dormir avec elle, car elle provoquera un sommeil profond, des rêves à message et un réveil en pleine forme.

Argent natif

Argent pur, Ag N° 47 du tableau des éléments
Chakra : Sacré

L'argent natif est pratiquement impossible à trouver et on pourra le remplacer par de l'argentite. C'est un métal lunaire qui véhicule ses caractéristiques en agissant principalement sur le système nerveux. Il diminue l'hypersensibilité, la fragilité aux cycles de la lune, la colère mais aussi les atteintes neurologiques. Il est très utilisé en médecine ayurvédique pour donner force, endurance, revitalisation et reconstitution cellulaire. Pour ce faire, le patient boit du lait chaud dans un récipient en argent. Il soigne aussi la fièvre, les brûlures, les inflammations intestinales, les troubles hépatiques et les saignements. L'argent natif, soutient l'ensemble des défenses du corps et diminue tout ce qui est en excès comme l'acidité, l'inflammation, les mycoses et les bactéries. On ne pourra malheureusement pas le remplacer par des bijoux, car l'argent fondu et ses alliages perdent leur puissance curative.

Argentite

Sulfure d'argent
Chakra : Sacré

Elle possède la même composition que l'acanthite, mais se forme à haute température au-dessus de 179°. Le mélange soufre-argent a un pouvoir bactéricide, anti-inflammatoire, antimycosique, cicatrisant et régénérateur. Comme l'argent natif dont elle partage les propriétés, elle diminue les migraines, les hallucinations, le somnambulisme, l'hypcrsensibilité et plus particulièrement l'influence des cycles lunaires.

Arsénopyrite

Sulfure de fer et arsenic
Chakra : Couronne, racine

Belle mais toxique à cause de l'arsenic qu'elle contient, il faudra se laver les mains après utilisation. On aura recours à cette pierre lors de troubles graves du sang ou de maladies réagissant mal aux traitements. Dans ce cas on la posera sur le pli de l'aine maximum une heure. Elle donnera une force immense et aidera à surmonter les peurs archaïques de la vieillesse, la maladie, la mort.

Astrophyllite

Silicate complexe, potassium, sodium, fer, manganèse, magnésium, titane
Chakra : Cœur

Pierre porteuse de la sagesse des étoiles, qui permet le voyage astral et le contact avec les guides de lumières si on la pose sur le 3e œil. Portée sur soi ou placée dans un endroit négatif, elle protège contre les radiations et les champs de torsions électromagnétiques. Elle a aussi la particularité de nous libérer des culpabilités, du sens exagéré du devoir et des problèmes inconscients. Elle permet de digérer, de dépasser les choses, de lâcher le superflu et tout ce qui nous alourdit. Elle aide à canaliser notre énergie dans ce qui nous convient vraiment, à accepter notre ombre et à reprendre notre pouvoir personnel. Au niveau physique, elle est fortement drainante et détoxifiante des organes. Elle sera utile pour les régimes amaigrissants car elle libère l'eau du tissu adipeux et donne le mental capable de lâcher. Elle fortifie le cerveau et l'ensemble du système nerveux, augmente la circulation énergétique et par là même la régénération cellulaire. Lorsque ses filaments cuivrés sont de couleur bleue, elle s'appelle antophyllite et possède les mêmes vertus.

Atacamite

Oxychlorure de cuivre
Chakra : Cœur

Très fragile, souvent associée à de la chrysocolle, elle a été découverte dans le désert d'Atacama au Chili, d'où son nom. Elle canalise puissamment l'énergie, purifie l'ensemble du corps éthérique tout en ouvrant le cœur. Elle dissout les blocages du champ électromagnétique et il est possible de la poser une dizaine de minutes sur une zone énergétiquement coincée, afin de dissoudre les cristallisations. Elle diminue également considérablement le stress, ce qui a pour effet de stimuler le thymus, le système immunitaire et de favoriser l'élimination.

Atlantisite

Combinaison de stichtite
et de serpentine
Chakra : Cœur

En plus de contenir les propriétés de la serpentine, elle apportera beaucoup de douceur. Elle régule l'humeur, aide à sortir de la victimisation et permet de se respecter en ne se faisant pas envahir par les autres. Elle est utile contre les spasmes musculaires, le diabète et maintient une peau souple et saine.

Augélite

Phosphate d'aluminium
Chakra : Cœur

Elle est excellente pour le sang, la circulation et l'équilibre du taux de globules. Elle stimule l'élimination des toxines et des liquides superflus et régule les troubles alimentaires. Ainsi, elle sera d'une grande aide dans les cas de boulimie, intolérance et addictions. Elle induit également un sommeil paisible. Au niveau spirituel, elle ouvre le cœur et connecte aux forces d'amour, ce qui a pour effet de nous donner un regard positif sur les évènements et une harmonisation des relations. Elle crée un champ protecteur autour de nous, qui repousse la malveillance et les vibrations du bas astral, surtout lors de séances de médiumnité.

Augite

Aluminosilicate de calcium, sodium, magnésium et fer
Chakra : Racine

Le mélange calcium-magnésium qui la compose, induit un calme profond et une détente musculaire. Ainsi, elle diminue la fatigue, les spasmes digestifs et les troubles de spasmophilie. Elle renforce efficacement l'immunité et l'absorption des sels minéraux dans l'organisme. Au niveau mental, elle favorise une bonne mémoire, la propension à l'étude, car elle apporte relaxation mentale clarté d'esprit.

Auralite 23

Variété d'améthyste contenant jusqu'à 23 minéraux différents
Chakra : Tous

Pierre hors norme datant de 1,2 milliard d'années et contenant au minimum 17 des minéraux suivants : titanite, cacoxénite, lépidocrosite, uranopilite, hématite, magnétite, pyrite, goethite, pyrolusite, or, argent, platine, nickel, cuivre, fer, limonite, sphalérite, covellite, gialite, chalchopyrite, épidote, bornite, rutile. Ses effets sont très puissants. Elle harmonise l'aura, aligne les chakras, facilite la circulation dans les deux sens des énergies ciel-terre et permet le dégagement des fréquences négatives. Elle purifie l'ensemble de l'organisme et possède un effet protecteur grâce à la restructuration générale qu'elle induit au niveau énergétique. Au niveau psychique et spirituel, elle agrandit le champ de conscience, permettant une facilité d'apprentissage et une adaptation fluide aux turbulences que la vie nous inflige.

Aurichalcite

Carbonate anhydre de zinc et cuivre
Chakra : Gorge

Son nom vient du grec « oreikhalos » signifiant « cuivre des montagnes ». Elle rend paisible et serein. Très harmonisante, elle permet de ne pas être trop touché par l'adversité, ce qui en fait une pierre protectrice. Elle apporte indépendance d'esprit et connecte à notre liberté intérieure. Au niveau physique, elle stimule le thymus ainsi que la glande pinéale. C'est donc le sommeil et tous les rythmes biologiques qui seront régulés.

Autunite

Phosphate hydraté d'uranyle
et calcium

Elle fait partie, comme la pechblende ou la torbénite, des minerais d'uranium toxiques. Ses ions uranyle lui donnent une magnifique fluorescence, mais ils dégagent du gaz radon radioactif. Le collectionneur prendra soin de la stocker dans un endroit très ventilé et on ne l'utilisera évidemment pas en lithothérapie. Il est cependant intéressant de noter que si une pierre peut être dangereuse pour la santé, elle doit automatiquement pouvoir être également bienfaisante. N'est-ce pas un début de preuve à l'attention des détracteurs de la lithothérapie ?

Aventurine bleue

Quartz microcristallin
Chakra : Gorge

Elle apaise l'émotionnel et ouvre le chakra de la gorge comme de nombreuses pierres bleues. Au niveau physique, elle décongestionne nez et sinus, diminue allergies, rhumes, toux et toxines.

Aventurine rouge

Quartz microcristallin
avec inclusions d'hématite
Chakra : Sacré

Ses propriétés sont proches de la cornaline. Elle induit joie, force et bonne humeur. Elle accélère l'ensemble du métabolisme, purifie les liquides et stimule la libido en douceur.

Aventurine verte

Quartz microcristallin avec
inclusions de chrome et fuchsite
Chakra : Coeur

Excellente pour la peau et les cheveux on pourra l'utiliser de plusieurs manières : déposer des petits morceaux d'aventurine dans les pots de crème de visage, les lotions ou encore le flacon de shampooing. Faire une eau de pierre en mettant une aventurine verte plusieurs heures dans un récipient d'eau, puis s'en servir en eau de rinçage ou en tamponnant les zones cutanées affectées. Pour ces traitements de la peau, on y ajoutera des saphirs bleus afin d'augmenter son efficacité. Au niveau psychologique, elle élargit l'horizon et ouvre à l'aventure de la vie. Elle sera donc un peu déconseillée pour les personnes dispersées. D'autre part, il paraît qu'elle porte chance aux jeux de hasards.

Axinite

Borosilicate complexe de calcium, aluminium, fer, manganèse, magnésium
Chakra : Racine, 3e œil

Stimule la circulation d'énergie du chakra de base au chakra coronal. Aide en cas de fracture, déchirure musculaire, blocages physiques. Au niveau relationnel, elle évite les luttes de pouvoirs, permet de résoudre les conflits et nous fait vibrer à une fréquence qui attirera les personnes aux vibrations similaires.

Azeztulite

Variété inhabituelle de quartz laiteux contenant des microbulles d'eau
Chakra : Coronal, 3e œil

Pierre de vibration très élevée qui connecte à la source spirituelle. Merveilleuse pour les guérisseurs, car elle permet de projeter les énergies supérieures vers les personnes ou les lieux même éloignés. Elle élimine tous les blocages émotionnels, réharmonise les chakras et déclenche ainsi les forces d'auto-guérison. En méditation, elle provoque une expansion de conscience, un état de détachement instantané ainsi qu'un halo vibratoire de forte protection. C'est une pierre de lumière éternellement chargée en énergie et qui ne nécessite aucune purification. Elle nous rend invulnérable, infiniment serein et nous permet de rayonner la lumière spirituelle tout autour de nous.

Azurite

Carbonate hydraté de cuivre
Chakra : 3e œil

Le cuivre qu'elle contient en fait une excellente pierre antiinflammatoire et anti infectieuse. On pourra l'utiliser contre les rhumatismes, les tendinites et les infections diverses. Elle oxygène fortement le sang, détoxifie l'organisme et permet une reprogrammation positive des cellules. Elle facilite la circulation énergétique du système nerveux, stimule la régénération cellulaire du cerveau et diminue vieillissement et troubles dégénératifs. Elle agit puissamment sur le 3e œil en affinant les perceptions intellectuelles, l'intuition, la clarté de pensée, la mémoire, la concentration et la force intérieure globale. Les Chinois disaient qu'elle ouvre les portes du ciel, les Égyptiens utilisaient ses pigments pour peindre l'œil protecteur d'Horus et on pourra observer que les ciels des tableaux anciens virent souvent à la couleur verte. Cela est dû au fait que l'azurite a la même composition que la malachite, mais avec un plus grand pourcentage d'eau ; avec le temps et la sécheresse ambiante, les pigments bleus deviennent doucement de la malachite verte.

Azurite malachite

Carbonate de cuivre, mélange de malachite et azurite
Chakra : 3e œil

Avec le temps, l'azurite bleue absorbe l'humidité de l'air et se transforme en malachite. C'est la raison pour laquelle les tableaux anciens ont parfois des ciels verts, car le pigment azurite utilisé pour la peinture a viré. Ces deux pierres sont gorgées de cuivre ce qui rend l'azurite-malachite spécialement antiinflammatoire. Elle atténue les rhumatismes, tendinites, crampes musculaires et détoxique le foie. Elle est très complète car l'azurite apporte une dimension spirituelle qui ouvre le 3e œil, stimule la visualisation et la vision de l'esprit. Elle calme le mental, diminue les angoisses et confère patience et endurance morale. Elle permet de s'attaquer à nos blocages les plus profonds et de sortir de nos schémas mentaux répétitifs.

Babingtonite

Silicate de fer, manganèse, calcium
Chakra : Sacré

Elle aura des propriétés plutôt psychologiques et spirituelles. Elle calme profondément et diminue le stress. Elle donne confiance en soi, rend extraverti, permet d'accéder à notre plein potentiel et de révéler les causes profondes de tout ce qui nous empêche d'être authentique. Au niveau physique, elle pourra être utile pour la thyroïde.

Baddeleyite

Oxyde de zirconium
Chakra : Racine

Ses cristaux sont toujours petits et le zirconium qu'elle contient donne beaucoup de force. Elle stimule l'ancrage et l'ensemble de la circulation énergétique entre les corps subtils. Elle diminue également les douleurs si on la pose sur la zone meurtrie. Au niveau psychologique, elle insuffle courage et détermination suffisants pour révéler notre vrai potentiel.

Barytine

Sulfate de baryum
Chakra : Plexus solaire

Également appelée Baryte, son nom vient du grec "barys" qui signifie lourd, car son poids est considérable. Le baryum qu'elle contient est un oligoélément antivieillissement. Elle freine la sclérose et la dégénérescence cellulaire, tout en stimulant la santé générale. Au niveau psychologique, elle freine la déperdition d'énergie, diminue l'éparpillement, la dispersion et protège des influences négatives. Elle redonne espoir, confère la maîtrise de soi, libère de l'emprise d'autrui et permet de se ménager en se respectant soi-même d'avantage.

Barytine bleue

Sulfate de baryum
avec traces de strontium
Chakra : Gorge

Elle possède les mêmes propriétés que la barytine avec une affinité particulière pour la gorge. Sa douceur permet de libérer les blocages et les émotions difficiles à évacuer. Elle aide à s'exprimer avec authenticité et à rester au plus proche de notre nature profonde pour parvenir à la traduire avec des mots. Elle stimule fortement la régénération de l'organisme et favorise la récupération après une chimio ou une radiothérapie.

Basanite

Autre nom du jaspe noir

Bastnaésite

Carbonate de fluor,
cérium et lanthane
Chakra : Racine

Elle clarifie fortement le mental, aide à dévoiler nos fonctionnements psychiques profonds et à atteindre une véritable maîtrise de nos antagonismes. Elle stimule l'enracinement et évacue vers la terre les souffrances refoulées et les souvenirs traumatiques. On dit également, qu'elle peut matérialiser les désirs car elle nous aligne, nous rend perspicace, atténue nos rêves stériles et replace notre énergie dans le concret et les projets viables. Elle rapproche des vibrations de la nature en nous facilitant la compréhension de ses secrets. Au niveau physique, elle apporte beaucoup de vitalité, régule l'intestin et relance une sexualité assoupie. Il faudra veiller à ne pas faire d'élixir, ni la nettoyer à l'eau.

Bazzite

Cyclosilicate de béryllium
et scandium
Chakra : Plexus solaire

Pierre extrêmement rare et petite, découverte au début du siècle par Alessandro Bazzi. Elle contient du scandium que l'on trouve surtout en Scandinavie. Il est utilisé dans l'industrie comme une des meilleures substances d'anti-recristallisation connue. Par extension, la Bazzite pourra être utile pour augmenter la circulation énergétique et dissoudre nos nœuds électromagnétiques. Au niveau psychologique, elle permettra de sortir des schémas répétitifs, des fixations mentales, des obsessions et des projections stériles. Au regard de sa rareté et de sa légère toxicité, on choisira plutôt de travailler avec des pierres plus accessibles.

Bénitoite

Silicate de baryum et titane
Chakra : 3ᵉ œil

Pierre de centrage, elle stabilise le mental, clarifie la pensée et atténue les émotions troublantes. Elle apporte beaucoup de confiance en soi et diminue les doutes qui abaissent les perceptions et les intuitions. Elle ouvre le 3ᵉ œil, développe la mémoire, connecte aux savoirs supérieurs et permet de s'aligner au niveau quantique sur la matérialisation de nos désirs. Elle atténue toutes formes d'impulsivité, permet de voir les choses clairement, aide à bien décider et à bien agir. Au niveau physique, elle soutient le cerveau et le système nerveux. Fortement reminéralisante, elle stimule la guérison générale, car elle libère les informations énergétiques stockées dans les tissus conjonctifs grâce au titane qu'elle contient. Elle améliore également la vision et tous les problèmes d'équilibre.

Bertrandite

Véritable nom de la *Tiffany stone*

Béryl incolore

Autre nom de la goshenite

Béryl rouge

Silicate d'aluminium et de béryllium
avec traces de manganèse
Chakra : Racine

Son autre nom est bixbite, mais il est de plus en plus abandonné parce que trop confondu avec la bixbyite. Malgré sa petite taille, il donne beaucoup de vitalité, d'endurance et il renforce l'aura, car il ancre puissamment l'énergie de la terre dans le corps. Il pousse à l'action, à oser, à agir même quand la situation est sans issue. Il donne l'intuition d'intervenir au moment approprié et il protège de l'influence d'autrui si on le porte sur soi. Au niveau physique, il maintient le taux d'énergie à son maximum et pousse ainsi l'organisme à se réparer tout seul. Il stimule particulièrement le foie, la moelle osseuse, les organes sexuels et diminue la majorité des maladies chroniques.

Béryl vert

Silicate d'aluminium et béryllium
avec trace d'oxyde d'uranium et fer
Chakra : Cœur

Ses propriétés sont proches de l'héliodore (béryl jaune). Il déplace le centre de gravité énergétique au niveau du cœur, ce qui a pour effet d'harmoniser l'ensemble des chakras. Il aide à révéler la pureté de l'Être véritable, il illumine le cœur et permet de mettre de l'amour dans chacun de nos actes et de nos pensées. Il rend intègre, invulnérable à l'influence d'autrui et représente une pierre de protection par le centrage qu'il procure. Physiquement, il booste l'élimination et la résistance aux toxines.

Beryllonite

Phosphate de béryllium et sodium
Chakra : Coronal

Pierre de lumière qui donne la force de se détacher de nos croyances, de nos souffrances, de nos maladies ou encore du sentiment de ne pas avoir de chance. Elle permet de ne se concentrer que sur la lumière qui descend d'en haut. Elle ouvre à la compassion, la sérénité, la véritable intelligence et peut dissiper illusions, peurs, limitations et émotions négatives. Au niveau physique, elle apporte beaucoup d'énergie et agit directement sur la cause des dysfonctionnements. Ainsi, elle diminue considérablement la fatigue et les somatisations.

Bétafite

Oxyde d'uranium, titanium
et niobium
Chakra : Racine

Cette pierre est radioactive car elle contient 35 % d'uranium, mais si son utilisation est épisodique, elle ne présente pas de véritable danger. Sa puissance est grande et elle rééquilibre l'ensemble du système endocrinien responsable du taux d'hormones. Au niveau psychique, elle agit comme un bouclier protecteur qui repousse les émotions négatives et les formes pensées inappropriées.

Bian Shi

Calcite cristalline riche de 47 minéraux différents dont strontium,
titane, chrome, manganèse, zinc, fer,
phosphore, potassium, sodium
Chakra : Tous

Nom chinois de la *stone needle* elle possède des vertus quasi magiques. On la trouve exclusivement dans la province chinoise de Shandong ou la chute d'une météorite il y plus de 550 millions d'années a enrichi le sol de minéraux rares. Elle est commercialisée depuis 2009, mais a été déjà découverte il y a 4 000 ans grâce à la spectaculaire longévité de l'empereur jaune Huangdi qui l'utilisait comme élément principal d'un instrument de musique. En chinois « Bian » signifie appuyer avec une aiguille pour guérir et « shi » signifie pierre. Depuis la nuit des temps elle guérit tout car au moins 20 des éléments qui la constituent ralentissent le processus de vieillissement. En particulier l'Iridium ultra rare sur terre, mais non moins puissant. Son simple contact avec la peau a un effet analgésique immédiat. Elle dynamise le métabolisme, fait recirculer le sang en boostant les échanges biochimiques, l'immunité, l'élimination et l'oxygénation générale. Elle semble carrément absorber les substances chimiques pour diminuer métaux lourds, toxines, impact des pollutions électromagnétiques, ainsi que fatigue et stress. Ses qualités sont absolument innombrables, ce qui a pour conséquence une sur-commercialisation qui épuise son lieu d'extraction et les fausses pierres Bian Shi qui inondent le marché. Attention donc aux bracelets en Bian stone qui semblent trop bon marché car il ne s'agit que de jade noir dans le meilleur des cas. Les véritables sont souvent vendues avec un certificat d'authenticité.

Biotite

Aluminosilicate de potassium, magnésium et fer
Chakra : Racine

De la famille des micas, on la trouve sous forme de lentilles plates et rondes. Elle enracine fortement et insuffle la force de la terre-matière. Ainsi elle fortifie l'ensemble du squelette et diminue les crampes musculaires. Posée sur le 2e chakra, elle régule l'eau du corps en favorisant l'élimination et en diminuant les transpirations excessives. Au niveau psychologique elle diminue angoisses, colères, ressentiments et stimule combativité et force d'adaptation.

Bismuth natif

Chakra : Racine, coronal

Presque impossible à trouver à l'état naturel, il est malheureusement remplacé par du bismuth de synthèse moins efficace. Il est très cicatrisant et adapté pour les problèmes cutanés mais aussi très puissant pour les troubles ORL, angines, laryngite, amygdalite. Il est immuno-stimulant, anti infectieux, agit contre les fatigues chroniques et les dégénérescences musculaires. Son pouvoir transformateur, donne joie, libération et permet de changer facilement de plan de conscience du physique à l'astral. Il fait circuler l'énergie du chakra racine au chakra coronal.

Bixbite

Ancien nom du béryl rouge
Abandonné par risque de confusion avec la bixbyite

Bixbyite

Oxyde de fer et manganèse
Chakra : Racine

Il faut se méfier à ne pas la confondre avec la bixbite qui est le béryl rouge. Sa taille étant très petite, son utilisation est plus délicate. Malgré cela, elle enracine et stimule la circulation sanguine ainsi que le système osseux. Si on la pose sur le 3e œil, elle équilibre les deux hémisphères cérébraux, ce qui a pour effet d'affiner l'intuition, de clarifier la pensée et d'ouvrir à la créativité.

Blende

Sulfure de zinc
Chakra : Plexus solaire

Appelée également sphalérite, bien qu'au niveau minéralogique elle soit plus foncée. Cette merveille de la nature est malheureusement de plus en plus difficile à trouver, car certaines mines principales ont été inondées. Elle nous connecte au monde astral et donne une ampleur inégalée à l'imaginaire. Elle stabilise le mental, permet de maintenir les images lors de visualisation et les sons lors de mantras. Elle aide également à mieux comprendre les messages que l'on reçoit par médiumnité, rêves ou divination. Au niveau physique, elle régule la métabolisation des sucres, stimule l'immunité et la thermorégulation de l'organisme.

Blende verte

Sulfure de zinc et fer
Plexus solaire, cœur

Appelée également cléophane, elle possède les mêmes propriétés que la blende avec une affinité pour le chakra du cœur. Elle donne une amplitude inégalée à la conscience d'amour et ouvre le cœur à la compassion. Elle unifie également tous les aspects de notre être, particulièrement le yin et le yang, le côté féminin et masculin en nous.

Blutstein

Variété d'hématite contenant
jaspe rouge et pyrite
Chakra : Racine

Elle dégage une force incroyable qui assure enracinement et endurance. Elle stimule l'immunité et relance la circulation sanguine et énergétique. Elle permet d'aller au bout de ce que l'on se fixe, redonne confiance, assurance et enthousiasme. Elle pourra servir de pierre de protection grâce à la grande force qu'elle procure.

Bois fossile de palmier

Silicate hydraté fossilisé
Chakra : Racine, sacré

Tel un palmier qui s'élance vers le soleil, il crée une colonne énergétique en nous qui relie le ciel et la terre. Il est très apaisant, donne solidité, courage et fortifie notre identité. Il dissout les mémoires négatives, les peurs enfouies et les souvenirs douloureux de ruptures ou de pertes. Au niveau physique, il est très reminéralisant, renforce os et cartilage, soutient les reins et diminue les inflammations. Porter une pierre dans chaque poche à droite et à gauche équilibrera les énergies yin-yang et harmonisera le psychisme.

Bois fossilisé,

bois silicifié
Autre nom du bois pétrifié

Bois pétrifié

Silicate hydraté
Chakra : Racine, sacré

Datant de plus de 200 millions d'années, il s'agit de bois qui est devenu pierre. Peu à peu la pluie et les intempéries ont remplacé la matière organique par des micro-cristallisations de silice. Il connecte ainsi à la force tellurique en donnant ancrage et reminéralisation. Il fortifie les os, réduit les excès de calcifications, aligne le squelette, diminue les pathologies spinales et soulage fractures et luxations. Il intensifie la production de globules de la moelle osseuse, soulage les maux de dos, purifie le foie ainsi que le sang et soutien le processus global de guérison en boostant l'immunité. Il diminue également toutes les maladies liées au vieillissement telles qu'arthrite, arthrose, artériosclérose et dégénérescence. Au niveau psychologique, il insuffle la sagesse et la solidité intérieure que seules les années apportent. On pourrait presque dire qu'il nous fait gagner du temps en sérénité. Il relie aux racines familiales, karmiques, connecte à la nature et aux sagesses anciennes et nous permet par-là même de nous libérer de nos fardeaux inutiles.

Bojis

Composition chimique mystérieuse.
Contient du fer. Peut-être de la catégorie fossile
Chakra : Tous

Pierre qui s'utilise par paire, la lisse étant de charge négative et la granuleuse positive. Elles équilibrent les énergies yin et yang, elles nettoient l'aura et colmatent les fuites énergétiques. On pourra les utiliser pour recharger et aligner l'ensemble de l'organisme. Pour ce faire on tiendra 20 minutes minimum une pierre dans chaque main. Les hommes tiendront la plus lisse dans la main gauche et celle qui présente des aspérités dans la main droite. Les femmes feront le contraire, lisse dans la main droite et granuleuse dans la main gauche. Elles agissent en profondeur sur le rééquilibrage global et on pourra recommencer l'opération environ tous les 15 jours, ou lorsque l'on se sent particulièrement sorti de son axe. Il est également possible de les poser côte à côte sur une douleur ou un chakra, de les fixer de chaque côté d'une articulation endommagée ou tout simplement dans le dos en s'allongeant dessus. Une autre idée étant de les placer sous les plantes des pieds en respectant la polarité et en les fixant avec des chaussettes. Dans tous les cas, ils auront une action de déchargement des énergies négatives et de rééquilibrage.

Boléite

Oxy-halogénure de cuivre, argent, potassium, plomb et chlore
Chakra : 3e œil

Elle se présente sous forme de petits cubes bleus et sa composition la rend très anti-inflammatoire. Cependant son utilisation sera plutôt au niveau du 3e œil, à cause de sa taille. Elle donne accès au plan causal et permet une recherche sur les secrets de notre inconscient familial ou de nos précédentes incarnations. Elle favorise la descente de la connaissance des mondes supérieurs jusque dans notre conscience humaine. Pierre d'élévation et d'introspection.

Bonamite

Autre nom de la smithsonite

Boracite

Oxyde de magnésium, bore et chlore
Chakra : Cœur

Magnifique minéral plus utilisé en bijouterie qu'en lithothérapie. Le bore qu'elle contient débloque et détend les organes. Elle sera utile contre les crampes, nausées, vomissements, diarrhées ainsi que pour le contrôle de nos émotions. Quant au chlore qui la compose également, il diminue le stress, l'irritabilité, les limitations et les peurs. Au niveau physique, elle agit contre la rétention d'eau, la tension artérielle, favorise l'élimination et la détoxication.

Bornite

Sulfure de cuivre et fer
Chakra : 3e œil

Proche de la chalcopyrite, elle est souvent confondue à tort avec elle. Ses effets chatoyants sont obtenus par un léger traitement qui n'altère pas ses propriétés. Elle stimule le renouvellement cellulaire et la circulation du sang. Au niveau psychologique, elle permet de lâcher tout ce qui encombre notre mental et qui nous empêche d'avancer. Elle redonne espoir, apporte le courage d'affronter ce qui nous effraie et écarte la tentation de fuir face aux difficultés.

Bournonite

Sulfure d'antimoine, plomb et cuivre
Chakra : Racine

Elle ancre et équilibre. Ses propriétés seront proches de la stibine qui protège des influences mauvaises et qui dissout les énergies les plus négatives. L'antimoine étant toxique, on ne fera pas d'élixir et on se lavera les mains après utilisation.

Bowenite

Silicate de magnésium

Variété de serpentine souvent vendue pour du jade et appelée "new jade". Elle possède les mêmes propriétés que la serpentine.

Braunite

Silicate et oxyde de manganèse
Chakra : Racine, cœur

Elle agit principalement sur les poumons en diminuant les gênes respiratoires. Elle ralentit le processus de vieillissement et particulièrement celui de la peau. Elle soutient efficacement les convalescences, donne la force de combattre la fatigue et toutes les affections qui affaiblissent. Au niveau moral, elle diminue les addictions, apporte solidité, persévérance et permet de renoncer aux tentations. Une braunite portée sur soi lors de négociation difficile, permet de rester calme, en pleine possession de ses moyens et surtout non influençable.

Brazilianite

Phosphate basique d'aluminium et sodium
Chakra : Cœur, plexus solaire

Très puissante et solaire elle revitalise l'ensemble du système nerveux, stimule l'énergie qui circule dans les méridiens et facilite digestion et élimination. Elle soutient le centre cœur et régule son rythme. Au niveau spirituel, elle ouvre le trajet entre le plexus solaire et le 3e œil. Elle augmente ainsi la concentration, la vivacité intellectuelle, l'endurance dans l'étude, le discernement et la répartie au niveau verbal. Elle permet aussi de trouver son chemin personnel, de développer son propre talent et sa créativité en se libérant de l'influence et de l'opinion des autres.

Brochantite

Sulfate de cuivre
Chakra : Cœur

Appelée ainsi en 1824 grâce à Brochant de Villiers. Elle est anti-inflammatoire, diminue les douleurs articulaires et les affections des muqueuses pulmonaires. Il paraît que posée sur la terre d'une plante, elle a des vertus antiparasitaires. Cependant son utilisation sera un peu réduite à cause de sa fragilité.

Bronzite

Silicate de magnésium et fer
Chakra : Plexus solaire

Très proche de l'hypersthène elle en partage les propriétés. Elle agit principalement sur le système digestif. Elle diminue l'acidité gastrique, stimule l'assimilation des nutriments et oligo-éléments, décuple les enzymes et l'activité du foie. Étant donné qu'elle agit sur l'acidité, elle apaise les douleurs rhumatismales ainsi que les inflammations, comme polyarthrite ou tendinite. Au niveau psychologique, elle donne la force d'aller au bout de ce que l'on s'est fixé, car elle insuffle courage et détermination.

Brookite

Dioxyde de titanium
Chakra : Racine

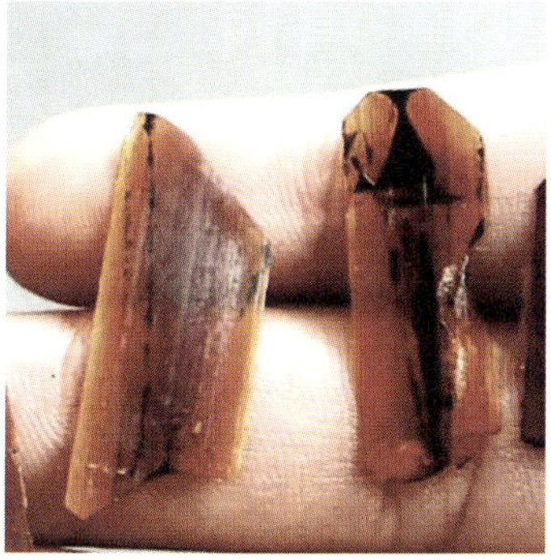

Pierre puissante malgré sa petite taille, qui augmente la fréquence vibratoire et enracine dans le présent. Elle soutient les efforts physiques en augmentant l'apport d'oxygène et stimule en cas de dépression, fatigue, asthénie. Elle permet un meilleur stockage et assimilation des minéraux, vitamines et nutriments. Au niveau spirituel, elle élargit la conscience, permet de moins s'agripper aux rêves stériles pour mieux s'incarner dans le présent.

Brucite

Hydroxyde de magnésium
Chakra : Plexus solaire

Souvent de couleur bleu-gris, on trouve depuis peu de magnifiques spécimens jaune vif qui présenteront les mêmes vertus. Elle agit comme un petit soleil qui redonne courage, ténacité et espoir à ceux qui n'y croient plus. Elle diminue le pessimisme, la négativité et la tendance à la dépression. Au niveau physique, elle apaise les crampes, les migraines et renforce les os. On pourra travailler en la posant sur une douleur, une inflammation ou une zone tendue et elle fera recirculer l'énergie jusqu'au déblocage du point névralgique.

Buddstone

Autre nom de la verdite
ou jade africain

Bustamite

Silicate de manganèse et calcium
Chakra : Cœur, 3e œil

Souvent associée à la sugilite ou à la rhodochrosite, cette pierre est très apaisante. Elle réaligne, harmonise, donne la force de se distancier des situations toxiques tout en ne coupant pas les liens. Sa grande douceur peut guérir et débloquer les douleurs émotionnelles. Elle permet également de se connecter au monde angélique ou de créer un cercle de protection lors de rituels. Physiquement, elle protège le cœur et la circulation sanguine ainsi que les problèmes de peau.

Bytownite

Autre nom de la labradorite gold

Cacochynite

Autre nom de la super 7

Cacoxénite

Phosphate d'aluminium hydraté et de fer

Chakra : Tous

Mini cristallisations fibreuses de couleur jaune que l'on trouve dans l'améthyste, le quartz, l'hématite ou la magnétite et particulièrement dans la super 7. Malgré sa taille, elle est puissante et galvanise les défenses de l'organisme. Elle combat les infections en tous genres et relance le circuit électromagnétique du corps. Elle a été baptisée « pierre aux 999 propriétés » car elle est efficace dans tous les domaines et représente une bonne pierre de protection. Malheureusement, elle est fragile et difficile à trouver. On préférera travailler avec la super 7 qui en contient et dont la puissance du quartz décuple les vertus de la cacoxénite.

Calcédoine bleue

Dioxyde de silicium avec traces de fer et aluminium

Chakra : Gorge

Pierre des orateurs qui agit puissamment sur le chakra de la gorge. Elle facilite la prise de parole en public, elle permet une meilleure élocution et elle est d'ailleurs bien connue des chanteurs qui la gardent en bouche avant d'entrer en scène. Elle adoucit tous les problèmes de gorge tels qu'inflammation, enrouement, extinction de voix, mais aussi bégaiement. Elle stimule la circulation de tous les liquides du corps et elle évacue en douceur le trop-plein de pression. Ste Hildegarde de Bingen dans son célèbre manuel de guérison du XIIe siècle, préconisait de poser une calcédoine sur une veine pour faire repartir le processus d'auto-guérison. Selon elle l'énergie pouvait redémarrer car la pierre court-circuitait les colères et les pensées négatives. Il est vrai que la calcédoine insuffle une paix, une sérénité et un calme incomparable. Elle peut venir à bout des pires tensions et saura apaiser anxiété, bouffée de chaleur, palpitations, tremblements et effets du stress en tous genres.

Calcédoine rose

Dioxyde de silicium
Chakra : Cœur

Aussi douce et délicate que la calcédoine bleue, elle apaise particulièrement le cœur. Elle dissout chagrins, souffrances, peurs et permet de lâcher tout ce qui nous inquiète. Elle apporte un immense réconfort, console les blessures affectives et redonne confiance en soi et créativité. L'apaisement qu'elle induit, permet de s'ouvrir aux autres et de retrouver la spontanéité de notre enfant intérieur. Elle est la pierre de l'acceptation tranquille de tout ce qui peut nous arriver, en faisant rayonner notre aura d'une harmonieuse lumière. Au niveau physique, elle purifie et fait recirculer tous les liquides du corps, ce qui entraîne une baisse de l'hypertension, mais également un ralentissement du processus de vieillissement et des rides cutanées.

Calcite

Carbonate de calcium

Toutes les calcites sont composées principalement de calcium et leurs propriétés seront nuancées en fonction de leur couleur. Elles sont toutes reminéralisantes, car elles augmentent l'assimilation du calcium. Ainsi elles renforcent les os et la musculature, diminuant l'ostéoporose, les troubles de la calcification et les tremblements. Au niveau psychique elles canalisent la pensée, aident la concentration et la mémoire.

Calcite bleue

Carbonate de calcium
Chakra : Gorge

En plus de véhiculer les propriétés de la calcite, elle est spécialement adaptée à la gorge. Elle ouvre la communication et la créativité car elle connecte à nos émotions profondes. Elle purifie et libère le négatif en nous et induit, calme et sérénité.

Calcite miel

Carbonate de calcium
avec traces de cadmium
Chakra : Plexus solaire

En plus de véhiculer les propriétés de la calcite, elle est excellente pour la digestion. Elle détoxifie les organes et facilite l'assimilation des nutriments au niveau de l'intestin. Psychologiquement, elle apporte chaleur, réconfort et permet de récupérer respect et bonne image de soi.

Calcite noire

Autre nom de la shamanite

Calcite optique

Carbonate de calcium présentant
une double réfraction
Chakra : 3e œil

Appelée aussi spath d'Islande, elle purifie et nettoie tous les chakras et l'ensemble de l'aura. Elle augmente la lumière du champ électromagnétique et a la particularité de doubler les images sur lesquelles on la pose. Cette biréfringence amplifie et décuple le processus mental. Ainsi elle facilite la captation des informations, augmente la clarté de vision, l'intuition, la mémoire et permet de saisir le double sens des situations. Au niveau physique, le calcium qu'elle contient recalcifie les os et les dents. Elle recharge en énergie l'ensemble de l'organisme, double l'effet des remèdes, résout les problèmes de visions et de migraine. Posée au-dessus de la tête en position allongée, elle diminuera tous les blocages et fera repartir le processus global d'auto-guérison.

Calcite rouge-orange

Carbonate de calcium
Chakra : Sacré

En plus de véhiculer les propriétés de la calcite, elle apporte beaucoup d'énergie et régule l'activité du foie, de l'intestin, des reins et des organes sexuels. Elle équilibre les troubles alimentaires tels que boulimie ou anorexie et diminue la fatigue chronique. Psychologiquement, elle donne enthousiasme, créativité, positivité et peut cicatriser les traumatismes ou blessures émotionnelles.

Calcite verte

Carbonate de calcium
Chakra : Cœur

En plus de véhiculer les propriétés de la calcite, elle renforce et nettoie le chakra du cœur. Elle régule le rythme cardiaque, relance l'immunité et les forces de rétablissements après une maladie ou une intervention chirurgicale. Au niveau psychique, elle stabilise les énergies, diminue l'hyperactivité et les troubles psychologiques. Elle emplit d'une énergie d'amour qui permet de surmonter les inquiétudes et de se libérer d'un passé pesant.

Cancrinite

Carbonate et silicate de sodium, calcium, aluminium
Chakra : Plexus solaire

Elle enracine tout en ouvrant aux plans supérieurs et créée ainsi un champ de lumière qui élargit et protège l'aura. La plénitude qu'elle procure permet une réconciliation avec les autres et avec soi-même. Elle répare les liens distendus et harmonise les relations. Au niveau physique, elle allège toutes les congestions, diminue les inflammations, élargit l'amplitude respiratoire et atténue toutes les inflammations pulmonaires.

Carborandite

Carbone et silice chauffés à 1 200 °

Ses reflets multicolores irisés la rendent spectaculaire et très appréciée des enfants, mais ce minéral est créé en laboratoire et n'a donc pas de valeur énergétique. La carborandite existe à l'état naturel dans certaines météorites, mais elle est pratiquement introuvable.

Cardite

Carbonate de calcium (marbre) et oxyde de silicium (jaspe, calcédoine)
Chakra : Racine

Pierre de redressement et de courage qui nous oblige à nous tenir droit tant sur le plan physique que moral. Elle déstructure les blocages et nous réaligne dans les énergies justes. Elle vide le trop-plein des organes comme les mucosités ou l'acidité et calme les douleurs. Au niveau psychologique elle renforce la volonté et l'endurance et sera très utile pour arrêter de fumer ou pour ne pas se décourager lors d'un régime amaigrissant. On pourra y ajouter améthyste et quartz fumé, qui sont des pierres spécifiques contre les dépendances de tous ordres.

Carlétonite

Carbonate de potassium, sodium, calcium, silicate
et hydroxyde de fluor hydraté
Chakra : 3e œil

Cette pierre de plus en plus rare agit sur le 3e œil en stimulant l'hypophyse et le système endocrinien. Elle stimule également les perceptions extrasensorielles car elle purifie les pensées, donne lucidité et idées claires. Au niveau psychologique, elle est apaisante et diminue inquiétude, stress et dépression.

Carmeltazite

Titane, aluminium, zirconium

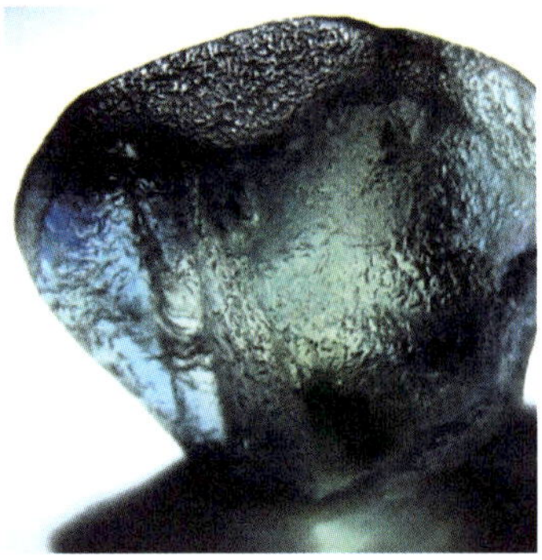

Pierre extraordinaire trouvée en 2014 sous le mont carmel au nord d'Israël. Elle s'est formée à l'époque crétacé, c'est-à-dire entre 66 à 100 millions d'années et elle se présente sous forme d'inclusion irisée dans un saphir. Rappelons que le Mont Carmel est le lieu du prophète Elie, puis des ermites contemplatifs qui donnèrent naissance à l'ordre des carmélites. La vierge serait également apparue au même endroit en 1251, ce qui en fait un lieu particulier au niveau spirituel. Il n'est pas possible de connaître ses vertus thérapeutiques pour l'instant, car elle pratiquement impossible à acquérir. En 2019, l'association internationale minéralogique (IMA) l'a officiellement validée et nous la verrons apparaître sur le marché sous l'appellation « saphir du carmel ». Malheureusement elle est plus rare que le diamant et risque de n'être vendue qu'à une poignée de collectionneurs ou investisseurs. À suivre…

Carrolite

Sulfure de cuivre, cobalt et nickel
Chakra : Sacré

Elle est chère et difficile à trouver, mais son action est puissante. Elle stimule la régénération cellulaire, intensifie la réparation des épithéliums et redonne force et énergie après une maladie ou une opération. Au niveau spirituel, elle crée une sphère protectrice autour de l'aura qui repousse la malveillance, les énergies toxiques mais aussi nos propres pensées négatives. Elle reconnecte aux meilleures parties de nous-mêmes et ouvre à l'expression de notre plein potentiel. Elle nous relie également à la source originelle qui n'est qu'amour et lumière, ce qui insuffle confiance en soi, créativité, imagination et repousse peurs et anxiété. Sa composition demande quelques précautions et on ne fera pas d'élixir.

Cassitérite

Oxyde d'étain
Chakra : Racine

Pierre d'enracinement qui connecte aux forces telluriques. Elle stabilise et donne la force et l'envie de réessayer même à la suite d'une trahison. Elle balaye nos peurs et dissipe les douleurs qui résultent du rejet, de l'éloignement ou des préjugés. Physiquement, elle régule les compulsions alimentaires, aide en cas de surpoids ou d'anorexie, équilibre les hormones et les organes sexuels. Elle protège également contre les dangers physiques et favorise tout travail intellectuel lié aux chiffres.

Catlinite

Argilite et oxyde de fer,
stéatite rouge
Chakra : Racine

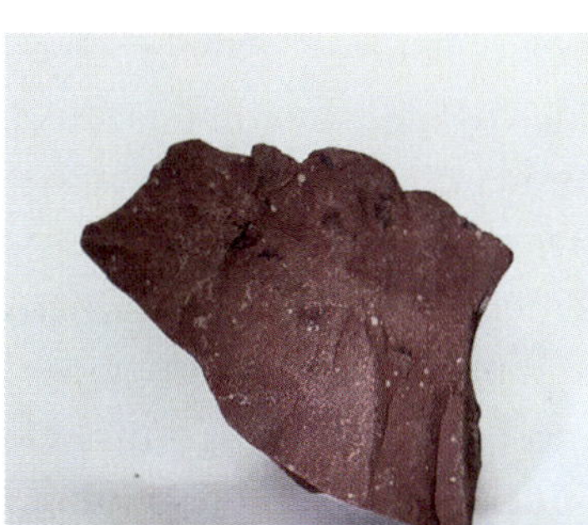

Pierre sacrée pour les Amérindiens sioux de la tribu Lakota. Ils sont désormais les seuls à avoir le droit de l'extraire dans le Minnesota pour en faire des pipes sacrées appelées « canunpa ». Selon leur légende, la catlinite serait le sang coagulé de leurs ancêtres et permettrait de mieux recevoir leur protection. Pour eux, fumer la pipe est un acte sacré qui établit un lien entre la terre mère et le magma en feu du centre de la terre. La fumée qui se dégage de la pipe, se charge d'élever les demandes de protections aux quatre vents. C'est encore la poudre de catlinite qui mélangée à de la graisse de bison, permet de teindre les visages et les peaux. Apposée sur le 3e œil, elle nous relie à nos ancêtres et nos maîtres ascensionnés. Portée sur soi ou en pendentif, elle nous ancre à la terre, nous connecte à la nature et aux mémoires ancestrales.

Cavansite

Silicate de calcium et vanadium
Chakra : 3e œil

Très puissante malgré sa petite taille, elle ouvre le 3e œil sans nuance. Pierre d'élévation spirituelle, elle stimule intuition, médiumnité et visions intérieures. Elle corrige les schémas mentaux destructeurs et remplis le psychisme de belles pensées positives, ce qui insuffle optimisme, sérénité, espoir, et bien être. Au niveau physique, elle booste la sécrétion d'endorphines et relance la guérison globale. Elle a également la particularité de diminuer les douleurs sur lesquelles on la pose. Si on parvient à en obtenir trois, l'efficacité en sera décuplée. Il est intéressant aussi d'en placer plusieurs sur la ligne médiane des chakras ce qui aura pour effet de rééquilibrer tout l'ensemble de l'organisme. Malheureusement, elle est de plus en plus difficile à trouver et trop souvent attachée à la gangue, ce qui rend son utilisation moins facile. Elle est légèrement toxique et on ne fera donc pas d'élixir.

Célestine

Sulfure de strontium
Chakra : Gorge

Appelée aussi célestite car elle connecte aux mondes célestes et permet la communication angélique. Elle est spiritualité, tendresse, consolation. Elle stimule l'imagination, donne de l'assurance aux timides et permet de trouver des solutions avec sérénité. Elle diminue le stress, les phobies, les peurs ou les tics et procure un sommeil réparateur. Au niveau physique, elle diminue les douleurs osseuses ou articulaires en la posant sur la zone affectée et elle amplifie la capacité respiratoire. Une petite géode élèvera le taux vibratoire d'un lieu dans lequel on la place. Il faudra la manier avec délicatesse car elle est très fragile.

Célestobaryte

Combinaison complexe de célestite et baryte
Chakra : Tous

Pierre qui ouvre le trajet racine-couronne et unifie en nous les dimensions obscures et lumineuses. Elle est utilisée par les chamanes pour les oracles. Elle aide à dévoiler le passé, le présent et le futur, mais protège aussi lors de voyage astral ou de transe chamanique. Elle permet de dépasser nos limites en toute sécurité. Elle donne également la vision multidimensionnelle d'une situation ou d'une personne et apporte une réponse globale aux questions que l'on se pose. Elle agit un peu comme si nous pouvions regarder toutes les facettes d'un problème en même temps. Ainsi elle assouplit l'esprit, affine l'intuition et permet d'intégrer le fait que tout change constamment. Son énergie est très apaisante, lente et profonde.

Cérusite

Carbonate de plomb
Chakra : Racine, coronal

Pierre d'alchimie intérieure qui permet d'opérer une mutation vers la lumière. Elle donne ancrage et protection et agit fortement sur le cerveau. Elle stimule les échanges électriques des neurones, équilibre les hémisphères cérébraux, réorganise et clarifie les pensées. Elle apporte également une grande concentration, un meilleur sommeil et une adaptation plus aisée à tous les lieux et toutes les situations. Elle diminue les phobies, les crises d'angoisses, l'hyperactivité, l'électrosensibilité et combat le perfectionnisme et le sentiment d'être submergé. Elle est aussi utile lors de régimes amaigrissants, si l'origine du surpoids vient de l'anxiété et du manque d'ancrage. On ne fera pas d'élixir à cause du plomb toxique qui la compose.

Ceylanite

Autre nom du spinelle vert

Chabazite

Aluminosilicate de calcium et sodium
Chakra : Sacré

Elle enracine et donne beaucoup de force. Elle permet de concrétiser les projets que l'on se fixe grâce à l'endurance qu'elle insuffle. Elle aide également à sortir des addictions et à maîtriser nos impulsions ou émotions négatives. Au niveau physique, elle régule les glandes endocrines et par conséquent la sécrétion d'hormones.

Chalcanthite

Sulfate de cuivre hydraté
Chakra : 3e œil

Appelée également fleur de cuivre elle diminue tous types d'inflammation. Elle apaise crise de goutte, arthrite, arthrose, si on la pose sur la zone douloureuse. Cependant, son utilisation est restreinte car elle est très fragile. Elle stimule tout particulièrement les chakras de la gorge et du 3e œil, permettant de mieux communiquer nos émotions. Attention, lorsque sa cristallisation est grande, bien formée et d'un bleu électrique, il s'agit le plus souvent de synthèse fabriquée en laboratoire que l'on appelle Arcanite. Même si la composition chimique est identique, l'énergie sera différente et on préférera toujours travailler avec des cristaux naturels. On évitera également de faire des élixirs.

Chalcocite

Sulfure de cuivre
Chakra : Racine

Pierre d'ancrage qui insuffle la force tellurique pour nous rendre positif et combatif. Elle aligne à notre axe intérieur en amenant notre inconscient et notre mental à s'ajuster sur la matérialisation de nos rêves. Elle agit sur l'ego et le dissout pour laisser place à une volonté qui se conforme aux lois supérieures. Au niveau physique, elle diminue les inflammations articulaires, pulmonaires et cutanées.

Chalcopyrite

Sulfure de cuivre et fer avec traces d'or, argent, indium, titane, sélénium et tellerium
Chakra : Racine

Appelée aussi pyrite de cuivre, sa richesse minérale lui confère beaucoup de qualités. Elle diminue toutes les inflammations, infections, douleurs chroniques et dégénérescences dues au vieillissement. Au niveau spirituel, elle donne joie, dynamisme, créativité. Si on la pose sur le 3e œil elle le stimule en apportant imagination, ampleur des idées et perspicacité. Elle connecte également au plan causal en permettant un travail efficace de clarification sur les vies antérieures et sur l'inconscient familial.

Chamanite

Autre nom de la shamanite
ou calcite noire

Charoïte

Silicate hydraté de potassium, calcium, sodium
Chakra : Coronal, 3e œil

Pierre extraordinaire qui relie le spirituel au matériel en faisant descendre la lumière d'en haut jusque dans le sang corporel. Cette adaptation aux plans élevés permet de se connecter à la guidance de notre mission ici-bas. Elle donne toutes les forces morales, induit un lâcher-prise face aux stress, aux obligations imposées et fluidifie nos positionnements ou réactions inappropriées. Elle diminue la négativité et donne le courage et l'espoir de repartir après des échecs traumatisants. Au niveau physique, elle atténue hypertension, crampe, migraine, insomnie, déficit de l'attention et détoxique le foie ou le pancréas si on la pose dessus. La charoïte donne accès au talent de guérisseur en nous, car elle nous connecte à la source. Elle accroît aussi nos pouvoirs télépathiques. Pour cela on la tiendra en main, dans un état de relaxation générale, et on se connectera à la personne à qui on veut faire passer un message.

Chevkinite

Oxyde de calcium, thorium, fer, magnésium, titane et terres rares
Chakra : Racine

Elle est souveraine pour les problèmes de vertiges et d'acouphènes. Elle donne un tel ancrage à la terre que le simple fait de la tenir en main, insuffle une force immédiate. Elle aligne puissamment les chakras, refait circuler l'énergie de l'ensemble du corps et apporte une grande vitalité. L'intensité tellurique qu'elle communique, repousse également toute sorte de mauvaises énergies et fait d'elle une excellente pierre de protection.

Chiastolite

Silicate d'aluminium
Chakra : Cœur

Son nom vient du grec « chiastos » qui signifie « crucifié » et elle est généralement associée au christianisme. La croix en son centre, qui la caractérise, donne un indice sur sa qualité principale : le centrage. Elle est un pont entre le plan horizontal terrestre et le plan vertical céleste. Ainsi, posée sur le cœur, elle rééquilibre l'ensemble des corps énergétiques et du corps physique. Elle donne la force de sortir de nos comportements destructeurs, d'aller à l'essentiel car elle est une pierre de désomatisation. Physiquement, elle diminue l'acidité gastrique et articulaire, les crampes nocturnes, les crispations musculaires, le bruxisme et toutes les pathologies chromosomiques, car elle remet de l'ordre dans les cellules. Dans l'ancien temps en France, elle était considérée comme talisman qui repousse les mauvaises influences paranormales.

Childrenite

Phosphate hydraté de fer
et aluminium
Chakra : Plexus solaire

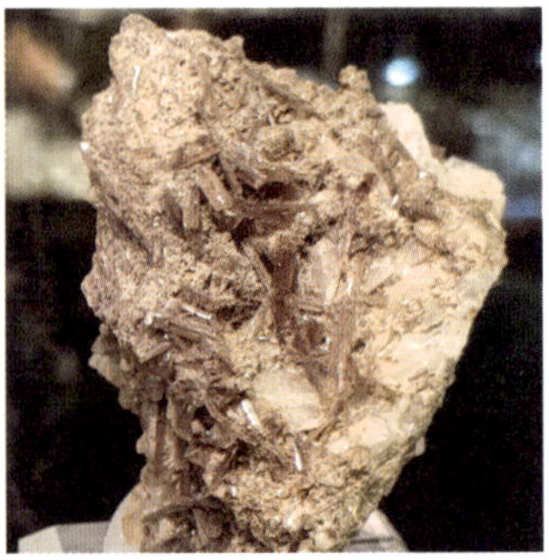

Elle agit sur le plexus solaire, siège de l'ego. Elle diminue l'orgueil pour laisser place à la volonté, au courage et à la vaillance sans prétention. Au niveau physique, elle soutient le système neurovégétatif responsable de l'innervation de tout ce que l'on ne maîtrise pas. Le métabolisme des sucres et des graisses, l'immunité et les hormones seront ainsi stimulées.

Chlorite

Aluminosilicate de magnésium
Chakra : Cœur

Se trouve sous forme d'inclusion dans le quartz, la chlorite est un puissant guérisseur qui nettoie et purifie l'aura tout en stimulant la circulation des méridiens. Elle élève le taux vibratoire de l'organisme et diffuse une énergie d'amour qui peut tout guérir. Elle donne calme, force émotionnelle et diminue douleur et hypersensibilité. Au niveau physique, elle permet une meilleure assimilation des vitamines A, E, des minéraux, fer, magnésium et calcium. Elle stimule l'immunité et réordonne l'ensemble des cellules.

Chloromélanite

Autre nom de la jadéite vert intense

Chondrite

Météorite pierreuse contenant moins de 35 % de métal
Chakra : Coronal, 3e œil

Elle possède les mêmes propriétés que la météorite.

Chromite

Oxyde de fer et chrome
Chakra : Racine

Elle apporte un fort enracinement qui fait partir vers la terre le trop-plein d'énergies, de colères ou d'impulsivités, tout en insufflant force mentale et détermination. Au niveau physique, elle soutient la circulation énergétique globale de l'organisme. Posée sur le plexus solaire, elle régule l'appétit, stimule l'activité pancréatique et diminue le cholestérol.

Chrysobéryl

Oxyde de béryllium et aluminium
Chakra : Cœur

Merveilleuse pierre qui aligne le cœur et l'esprit en donnant une inspiration dans chaque acte de la vie. Le chrysobéryl permet de mettre le cœur au centre de tout et de matérialiser ses désirs, car il nous aide à atteindre le point 0. Au niveau quantique, il s'agit de la fréquence psychique où l'on ne désire plus rien pour soi-même, ce qui ouvre à la vibration de pouvoir tout avoir. Il permet également de développer l'amour sous toutes ses formes, envers les autres, soi-même ou la vie. Il donne la force d'abandonner ses croyances, ses motivations égoïstes et de s'aligner à la fréquence divine. Au niveau physique, il nettoie le foie, la vésicule biliaire et les reins.

Chrysobéryl œil-de-chat

Oxyde de béryllium et aluminium
Chakra : Cœur

Chrysobéryl présentant une chatoyante en forme d'étoile. Au niveau physique, il décuple la fréquence énergétique et stimule tout le processus de régénération, ainsi que l'immunité. Mais il possède principalement une dimension spirituelle et apporte une paix profonde et un abandon à la volonté supérieure. Il élimine les scories de l'aura, protège contre le mauvais œil et permet également le contact avec les anges ou les êtres de lumière de la réalité parallèle. Il est mentionné dans la Bible comme pierre représentant la tribu de Asher car il aligne les énergies sur celles du cœur, ce qui en fait une pierre de manifestation de l'abondance.

Chrysocolle

Hydrosilicate de cuivre
avec traces d'aluminium
Chakra : Gorge, cœur

Son nom vient du grec « chrysos » qui veut dire or et « kolla » qui signifie colle, car les anciens l'utilisaient pour souder l'or. Elle contient du cuivre et soigne presque tout. Anti inflammatoire et antiinfectieuse, elle relance l'énergie des chakras sur lesquels on la pose. Pierre d'énergie Yin, elle régule les problèmes féminins tels que bouffées de chaleurs, troubles des menstruations et de la ménopause, grossesse, accouchement et développement du fœtus. Elle diminue également les spasmes, les brûlures, les douleurs, les rhumatismes et régule la thyroïde, ainsi que le taux glycémique. Au niveau spirituel, elle induit ouverture, apaisement en purifiant l'aura. Elle atténue la peur, la timidité, les programmations mentales négatives et permet d'assumer sa vulnérabilité en disant ce que l'on pense et en se plaçant au plus proche de sa nature profonde. Elle est idéale pour les artistes car elle stimule l'imaginaire, la créativité et la capacité d'aimer.

Chrysolite

Autre nom du péridot

Chrysopale

Opale commune des Andes
de couleur verte
Chakra : Cœur

Elle a la couleur de la chysoprase, mais possède les vertus de l'opale verte.

Chrysoprase

Dioxyde de silicium avec traces de nickel
Chakra : Cœur

Pierre de fraîcheur et de renouveau, elle équilibre le cœur et les pensées. Elle guérit les blessures affectives, les traumatismes, même les plus profonds et inconscients. Elle purifie de toute violence, rancune ou émotion négative et fait souffler un vent de légèreté sur le mental. Au niveau physique, elle représente un antibiotique naturel qui détoxifie, élimine les métaux lourds, diminue les rhumatismes, atténue les effets des fortes médications et renforce la peau et l'immunité. Sa particularité étant d'apporter une nouvelle bouffée d'énergie, elle donne un regard neuf sur l'existence et permet de faire surgir l'inattendu. C'est une des raisons pour laquelle on dit que la chrysoprase attire les nouvelles rencontres et donc les possibilités d'un nouvel amour.

Chrysoprase citron

Autre nom de la magnésite citron

Chrysotile

Silicate de magnésium

Variété de serpentine présentant des lignes et ayant les mêmes propriétés que la serpentine.

Cinabre

Sulfure de mercure avec traces d'oxyde de fer
Chakra : Racine

Il est très puissant, dégage beaucoup de chaleur et d'énergie, mais contient du mercure qui le rend toxique. On ne l'utilisera donc que peu de temps ou emballé dans un tissu fin en n'oubliant pas de se laver les mains après utilisation. Il fait recirculer tous les liquides stagnants du corps et augmente le taux de globules blancs. Très stimulant, il est aphrodisiaque et favorise la montée de kundalini. Au niveau spirituel, il affine la perception des énergies subtiles car il aligne les chakras et dissout les blocages. Il ouvre à l'esprit d'abondance et à l'acceptation que tout ce qui arrive est pour le bien. Le cinabre est la pierre des alchimistes, c'est-à-dire de la transmutation et de la possibilité de modifier le réel. Les chinois la considèrent comme la substance vitale par excellence et la jugent aussi sacrée que le jade et l'or. Ce n'est qu'en l'expérimentant (avec précaution à cause de sa toxicité) que chacun pourra en tirer la substantifique moelle et l'utiliser de façon originale. Le Feng shui prétend qu'il attire l'argent et rend le commerce florissant.

Cinabrite

Quartz à inclusion de cinabre
Chakra : Racine

Elle est moins toxique que le cinabre brut et en partage les propriétés avec cependant moins de puissance. Pierre de guérison globale, elle diminue tristesse et inquiétude, en redonnant la joie de vivre. Elle ouvre à l'amour et à la transformation douce de soi-même.

Cipolin

Marbre dérivé du calcaire, contenant de la calcite
Chakra : Cœur

Pierre d'une grande douceur qui active la circulation énergétique de tout l'organisme. Sa polarité yang attire la lumière du ciel et la fait descendre le long des méridiens pour agir en profondeur dans chaque organe. De même l'énergie yin de la terre mère remonte plus facilement et traverse l'ensemble du corps en apportant chaleur et dynamisme. Ainsi elle stimule la digestion et l'immunité et diminue les douleurs, inflammations et infections. Au niveau psychologique, elle dissout stress et blocage et apaise tous les nœuds électromagnétiques qu'elle traverse.

Citrine

Dioxyde de silicium avec traces de fer
Chakra : Plexus solaire

La citrine présente un jaune clair délicat créé par un réchauffement naturel car, de tous les quartz, elle est celui qui est le plus proche du magma. Dès que sa couleur vire au jaune foncé-orange, il s'agit d'améthyste chauffée dont la structure cristalline interne a été explosée. On évitera donc d'utiliser cette dernière. La citrine réchauffe en douceur tout l'organisme, le tonifie, le vivifie et stimule l'ensemble du système immunitaire. Ainsi elle atténue la fibromyalgie, les troubles endocriniens et les déséquilibres hormonaux. Mais sa qualité principale est la régulation de l'appareil digestif. Elle augmente les enzymes, active les fonctions hépatiques, stomacales et intestinales. Elle stimule l'insuline du pancréas et peut diminuer le diabète des personnes qui ne sont pas insulino-dépendantes. On pourra faire des eaux de pierres en déposant une citrine dans un verre avant de dormir et en le buvant le lendemain à jeun. Toutes les fonctions de drainage et d'élimination en seront augmentées. Au niveau psychologique, elle combat anxiété, dépression, apporte courage dans l'effort et donne une vision optimisme de la vie pour trouver des solutions positives. Elle nettoie le canal d'abondance, permettant ainsi de baigner dans la prospérité si on la garde sur soi ou dans son porte-monnaie. La citrine naturelle étant le quartz le

Citrine chauffée

Améthyste chauffée
entre 200 à 600°

plus rare et le plus cher, on trouve sur le marché de l'améthyste chauffée à haute température d'une couleur orangée. Sa structure intérieure a été littéralement explosée par la chaleur excessive et elle ne ressemble plus du tout à une citrine, mais elle est pourtant vendue comme telle. C'est une pierre qui ne vibre plus et qui n'aura qu'un intérêt décoratif pour ceux qui affectionnent sa couleur.

Cléophane

Autre nom de la blende verte

Clevelandite

Silicate, albite sous forme de lamelles
Chakra : Coronal

Pierre d'initiation qui aide à mieux assumer les changements et les étapes de l'existence. Crée un lien entre les phases de la vie pour éviter les crises de l'âge, permet de rester en connexion avec les autres même si l'on a choisi de vivre seul, apporte du renouveau dans une relation déjà existante. Lors de changement de vie, cette pierre nous aidera à voir les opportunités et outils qui pourraient nous être utile. Elle nous aide aussi à dépasser les peurs d'abandon et à voir le positif en tout. Utile pour les problèmes cérébraux tels que AVC, épilepsie, apoplexie, maladie de parkinson ou tout dysfonctionnement du cerveau.

Clinochlore

Aluminosilicate hydraté
Chakra : Cœur

De la famille des chlorites, elle ressemble au mica et possède à peu près les mêmes propriétés que la séraphinite, dont elle est souvent l'autre nom, bien que différente. Pierre de guérison, elle met de l'ordre dans les cellules, même dans les cas de cancer. Elle stimule le système circulatoire et pulmonaire en augmentant la vitalité et l'énergie globale. Au niveau spirituel, elle guérit le cœur, adoucit les relations et rend tendre et aimant. Elle ouvre à toutes les abondances et établit un lien lumineux avec les plans supérieurs.

Clinozoisite

Silicate d'aluminium et calcium avec traces de fer, titane, manganèse et magnésium
Chakra : Plexus solaire

Sa richesse minérale la rend très polyvalente. Elle stimule la circulation du sang, la vascularisation des organes, la microcirculation cutanée et diminue les allergies respiratoires. Au niveau psychologique, elle donne paix, sérénité, douceur, joie et désir d'avancer. Elle permet de passer au-dessus de nos peurs, d'éliminer les barrières que l'on s'est créées et de dissoudre nos programmations mentales toxiques.

Cobaltocalcite

Carbonate de cobalt
Chakra : Cœur

Appelée également cobaltite, elle est fortement vasodilatatrice et sera utile pour diminuer l'hypertension ou les effets secondaires de lourdes médications. Au niveau psychologique, elle ouvre le cœur et l'esprit, insuffle une force joyeuse et permet de dépasser les peurs et les retenues dans tous les domaines. Elle redonne l'espoir lors de découragements, permet l'amour de soi-même, pousse à l'action constructive et stimule la redécouverte de nos forces innées et de nos talents enfouis. On ne fera pas d'élixirs à cause de sa légère toxicité, cependant on pourra l'utiliser sans crainte surtout dans sa forme polie.

Colemanite

Borate hydraté de calcium
Chakra : Coronal

Elle ouvre le chakra coronal et connecte à la transcendance. Elle libère le canal de lumière qui nettoie tous les niveaux de l'Être. Au niveau physique, elle élimine les toxines du corps. Au niveau émotionnel, elle atténue les blessures qui bloquent notre cheminement. Au niveau spirituel, elle dissout les mémoires qui conditionnent nos comportements. Elle est une merveilleuse pierre lumineuse, mais malheureusement difficile à se procurer.

Columbotantalite

Oxyde de fer, manganèse, tantale et niobium
Chakra : Racine

Association de columbite et tantalite qui possèdent la même composition, mais en proportions différentes. Elle repousse tous les rayonnements négatifs, qu'ils soient électromagnétiques ou de type vampirisme qui aspirent l'énergie vitale. Elle équilibre les flux vibratoires en les faisant recirculer dans le corps. Tenue en main une dizaine de minute, elle décuplera l'effet d'un traitement médical ou naturel. Elle donne le courage de tout surmonter et elle insuffle vitalité, endurance et combativité. Elle sera précieuse lors de régimes car elle augmente la maîtrise de soi et la volonté de tenir ce que l'on a décidé.

Conichalcite

Arseniate de cuivre et calcium
Chakra : Cœur

L'arsenic qu'elle contient peut-être un poison mortel, mais paradoxalement elle donne une grande force de vie, selon le principe de naturothérapie. Elle nettoie les traumatismes et permet de combattre les émotions les plus douloureuses. Au niveau physique, elle régule le taux de globules sanguins. On prendra soin de se laver les mains après utilisation.

Copal

Résine semi-fossile

Appelée aussi ambre jeune, il n'a pas du tout la même polymérisation que l'ambre fossile. Certains copals de Colombie n'ont que 250 ans, alors que l'ambre de la Baltique a 50 millions d'années. Le copal est évidemment beaucoup moins cher, mais pas toujours facile à différencier. Il est moins dur que l'ambre, soluble dans l'alcool et dégage une odeur de plastic lorsqu'on le brûle, tandis que l'ambre exhale une délicieuse senteur de pinède. Il est important de ne pas confondre, car le copal n'a pas du tout l'efficacité unique de l'ambre et on préférera travailler avec ce dernier malgré son prix plus élevé.

Coquimbite

Composé de fer, soufre,
eau et oxygène
Chakra : Coronal

Relance le métabolisme général de l'organisme et dissous les blocages énergétiques. Détoxifie, stimule l'immunité, oxygène mieux le sang, équilibre la digestion et les reins, purifie la peau. Au niveau spirituel, elle ouvre la conscience, connecte aux plus hauts plans et permet de contacter les entités spirituelles. Pas d'eau pour cette pierre fragile.

Corail bleu

Squelette organique calcifié
de créatures marines
Chakra : Gorge

Énergie pure et douce de la mer. Équilibre les minéraux du corps et ainsi accélère la guérison des fractures et des éruptions cutanées. Il purifie le chakra de la gorge en favorisant la communication, la créativité et la sérénité.

Corail fossile

Autre nom de la Petoskey stone

Corail rouge

Squelette calcaire de créature marine
Chakra : Racine

Le corail naturel est friable et donc souvent renforcé par de la résine, puis teinté. Cependant ces traitements n'altèrent pas ses propriétés. Il véhicule les énergies protectrices de la mer. Il apporte joie, confiance, vitalité et repousse les énergies malsaines. Au niveau physique, il régule la circulation sanguine et renforce os et cartilages. La loi actuelle interdit le ramassage du corail vivant, raison pour laquelle il est nécessaire de le stabiliser par des traitements. Cependant certains coraux sont protégés car de plus en plus rares. C'est le cas du corail bleu qui sera plus doux que le rouge, mais avec les mêmes propriétés.

Cordiérite

Aluminosilicate de magnésium
avec traces de fer
Chakra : 3e œil

Appelée aussi iolite ou saphir d'eau, elle est une des meilleures pierres pour ouvrir le 3e œil en douceur. Idéale pour les débutants qui s'ouvrent à la médiumnité, elle édulcore les sensations extrasensorielles et évite ainsi que l'aspirant soit trop impressionné. Elle accroît la mémoire, la clarté mentale et permet des prises de décision rapides et efficaces. Elle équilibre harmonieusement l'ancrage, l'intuition et les connaissances acquises. Au niveau physique, elle renforce les nerfs grâce au magnésium qu'elle contient et diminue les migraines qui ont pour origine trop de réflexion mentale. Elle stimule également l'élimination des graisses et du cholestérol (la porter sur soi ou boire de l'eau de pierre).

Corindon

Oxyde d'aluminium avec fer, titane, chrome, magnésium, nickel, vanadium et silicium

Il désigne la toute petite famille minérale des saphirs et des rubis. Le corindon est extrêmement résistant, car la roche dont il est extrait est l'émeri que l'on utilise comme abrasif et sa dureté est de 9 sur l'échelle de Mohs. Lorsqu'il est rouge il est appelé rubis et contient du chrome, lorsqu'il est bleu il est appelé saphir et contient du titane et du fer. L'entre-deux violacé, est appelé Bliss. En joaillerie, il est difficile de différencier un saphir rose d'un rubis clair et seul un appareil de mesure de gemmologie pourra le définir, afin d'en connaître la valeur marchande. Bien que le rubis et le saphir aient des propriétés lithothérapeutiques quasiment contraires, ils font tous deux partie des pierres précieuses, nobles et puissantes et seront indispensables pour les thérapeutes qui soignent avec les minéraux.

Corkite

Phosphate hydroxyde de plomb et fer
Chakra : Cœur

Elle enracine fortement, nous replace dans l'axe de notre lumière personnelle et établit un lien vibratoire entre le chakra racine et le chakra du cœur. Au niveau physique, elle régule l'ensemble du système circulatoire. Posée vers l'oreille, elle réharmonise les problèmes d'équilibre et d'oreille interne. Étant donné qu'elle contient du plomb qui est toxique, on la manipulera avec précaution en prenant soin de se laver les mains après utilisation.

Cornaline

Dioxyde de silicium et fer
Chakra : Sacré

Sa première qualité est de purifier les liquides du corps avec des effets à tous les niveaux de l'organisme. Elle facilite la cicatrisation, l'assimilation des nutriments au niveau de l'intestin, l'élimination des toxines. Elle améliore le sang et la circulation, et tous les problèmes génitaux ou sexuels. Elle est bien adaptée aux problèmes féminins en diminuant les douleurs de ventre, les troubles de la fécondité ou de la ménopause. Elle est une des seules pierre rouge orangé qui apaise au lieu de stimuler. Elle stabilise l'énergie, vitalise, donne force et courage. L'Égypte ancienne la surnommait « soleil couchant » ce qui laisse imaginer la puissance de ses vertus.

Covelline

Sulfure de cuivre
Chakra : Plexus solaire, 3e œil

Fortement antiinflammatoire grâce au cuivre qu'elle contient. Elle augmente la circulation d'énergie au travers des cellules ce qui détoxifie et débloque les énergies stagnantes. Elle libère les peurs, stimule la logique et l'intuition, ce qui a pour effet d'augmenter la puissance psychique. Elle nous aide ainsi à transformer nos rêves en réalité en gardant l'espoir malgré les apparences et en nous connectant efficacement à la source métaphysique.

Creedite

Sulfate hydraté de fluor, calcium
et aluminium
Chakra : Coronal

Son nom provient de son lieu de découverte à Creede au Colorado. Elle élargit la conscience, connecte aux vibrations les plus élevées et ouvre le canal de la médiumnité. Elle illumine et intensifie les corps subtils. L'alignement qu'elle apporte aide à sortir des schémas émotionnels destructeurs et stimule la visualisation créatrice. Au niveau physique, elle agit directement sur le cœur en régulant son rythme, en stabilisant le pouls et en diminuant les palpitations. Elle renforce l'immunité, diminue les maladies neurologiques et augmente l'assimilation des vitamines A, B et E.

Cristal de roche

Dioxyde de silicium
Chakra : Tous

Appellation du quartz lorsqu'il est sans inclusion, transparent comme de l'eau de roche. Le plus pur des cristaux, il régénère, purifie et vitalise tous les niveaux de l'Être.

Crocoite

Chromate anhydre de plomb
Chakra : Racine

Elle donne joie, optimisme, rayonnement et expansion positive. Elle soutient la sphère sexuelle et stimule le désir et la fécondité. Elle facilite également l'absorption des minéraux et des vitamines A, B et E. Sa grande fragilité et sa toxicité invite cependant à travailler avec d'autres minéraux.

Cropolithe

Excrément fossile de 50 000 ans
Chakra : Racine

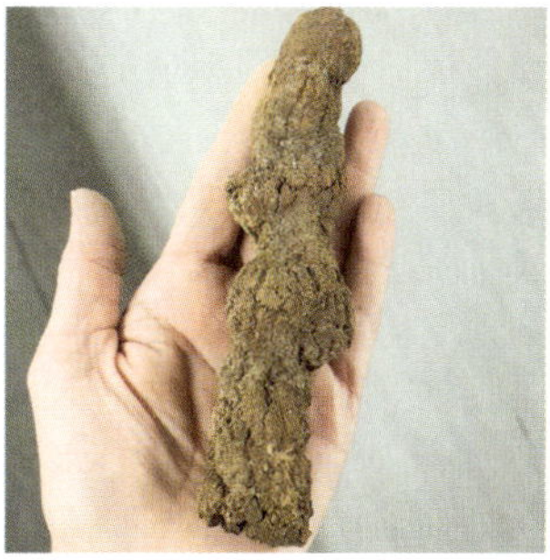

Ce fossile a la particularité d'induire un lâcher-prise en profondeur. Il peut provoquer un état régressif qui connecte aux forces créatrices de l'inconscient. Pierre de simplicité et d'authenticité.

Cryolite

Fluorure de sodium et aluminium
Chakra : Coronal

Elle provient de la côte ouest du Groenland, mais son gisement est presque épuisé car elle a été utilisée comme fondant pour la fusion de l'aluminium. Elle stimule les forces de l'esprit, renforce le courage et la détermination et libère des croyances obsolètes. Elle connecte fortement au monde spirituel en nous alignant à la volonté supérieure et en attirant à nous les maîtres et guides utiles à notre élévation. C'est une pierre qui fait émerger nos ressources intérieures et qui nous pousse à toujours aller de l'avant. Au niveau du corps, elle stimule particulièrement les fonctions cérébrales et cognitives.

Csarite

Autre nom du diaspore

Cubanite

Sulfure de fer et cuivre
Chakra : Racine

Elle enracine et renforce l'ensemble du champ électromagnétique. Le mélange fer-cuivre vitalise, réchauffe et stimule la circulation sanguine. Elle diminue également les inflammations pulmonaires et articulaires. Au niveau spirituel, il connecte au plan astral et favorise le travail de visualisation créatrice.

Cuivre natif

Métal Cu N° 29 du tableau des éléments
Chakra : Plexus solaire

Hautement antiinflammatoire, anti-infectieux, antiviral et antifongique, il soigne depuis toujours les rhumatismes, les crampes et les douleurs. Il est bon pour pratiquement tous les organes, il freine le vieillissement, il relance la circulation sanguine et lymphatique, il booste le métabolisme du fer, du phosphore, du calcium et de la vitamine C. Placé sur le cœur, il purifie les émotions et il équilibre et redynamise n'importe quel chakra sur lequel on le pose. Il peut également renforcer et assouplir l'ensemble du dos si on le place le long de la colonne vertébrale. Le cuivre est un des meilleurs conducteurs électriques, il attire et transmet merveilleusement bien les énergies. Tenu dans la main non dominante, il décharge le trop-plein vibratoire et tenu dans l'autre il recharge l'organisme. Ces dernières années, le prix du cuivre a décuplé car il est de plus en plus recherché pour ses qualités de conduction. La malachite et l'azurite dont il est le principal composant ont également renchéri car elles sont fondues afin d'en extraire le métal. En ce qui concerne les bracelets en cuivre que l'on trouve sur le marché pour diminuer les rhumatismes, ils ne sont malheureusement pas en cuivre natif, c'est-à-dire sans alliage, et c'est la raison pour laquelle ils laissent des traces vertes sur la peau.

Cumberlandite

Roche ignée porphyrique
Chakra : Gorge, 3e œil

Expulsée d'un volcan il y a 1,5 milliards, on ne la trouve qu'à Rhode Island. Elle est riche de 24 minéraux différents et légèrement magnétique. Elle stimule la thyroïde, le système nerveux central et l'ensemble du cerveau. Au niveau psychologique, elle diminue les troubles de l'attention et permet de mener à bout les projets que l'on se fixe car elle décuple la concentration mentale.

Cuprite

Oxyde de cuivre
Chakra : Racine

Elle enracine fortement à la terre et canalise les énergies telluriques dans le corps. Fortement antiinflammatoire, elle diminue les rhumatismes et les crampes. Elle donne de la vigueur à toutes les cellules, réénergétise le sang et les muscles et soutient rein et vessie. Elle régule également tous les problèmes féminins tels que troubles des hormones, des menstruations ou de la ménopause. Au niveau psychologique, elle représente l'archétype féminin et guérit les problèmes que l'on peut avoir avec la femme, la mère, la fille ou avec le féminin en soi. Elle atténuera aussi les inquiétudes dans toutes les situations sur lesquelles on ne peut pas avoir de contrôle.

Cuprite malachite

Oxyde de cuivre
Chakra : Cœur

Mélange de cuprite et de malachite elle est très antiinflammatoire, particulièrement pour les problèmes articulaires et pulmonaires. Elle a également la particularité de relier fortement le chakra racine au chakra du cœur et de stabiliser ainsi les émotions.

Cyanite

Silicate d'aluminium
Chakra : Gorge, 3e œil

Appelée aussi disthène, elle est souveraine pour pallier tous les problèmes d'ordre psychique. Les comportements dysfonctionnant, les complexes, les retards psychologiques, les dyslexies et tout ce qui entrave le mental. Elle établit des nouvelles connexions entre les hémisphères cérébraux et ouvre ainsi de nouvelles consciences. Elle permet de moins mentaliser et de relâcher le cerveau en alignant les chakras pour un lâcher prise en profondeur. Pierre de tranquillité, elle purifie toute l'aura, elle diminue l'effet des traumatismes en induisant calme mental et sommeil paisible. Au niveau physique elle soutient le système neurologique, augmente la conduction électrique des nerfs et débloque ainsi les zones coincées du corps.

Cyanite noire

Silicate d'aluminium
Chakra : Coronal, 3e œil

En plus de véhiculer les qualités de la cyanite, elle atténue fortement les angoisses, les paniques et le cycle infernal de la dévalorisation. Malgré sa couleur noire, elle apporte une vibration cosmique et donne une énergie globale plus vaste. Passée en balayage à quelques centimètres du corps, elle purifiera l'aura et les chakras en fixant l'énergie à la suite d'un soin. Il est aussi très intéressant de l'utiliser en méditation.

Cyanite orange

Silicate d'aluminium avec traces de fer et manganèse
Chakra : Plexus solaire

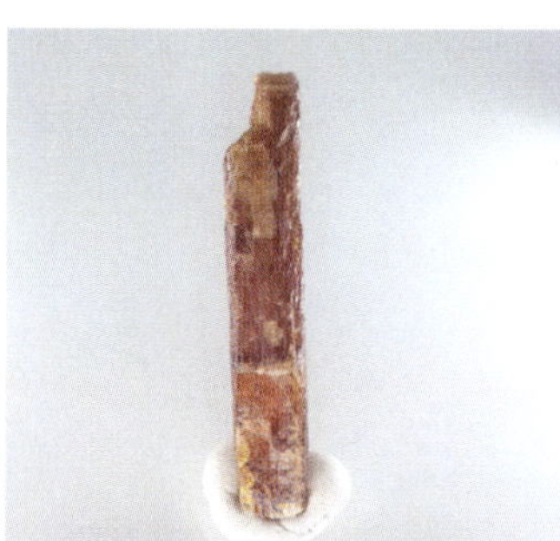

En plus de véhiculer les propriétés de la cyanite, elle donne une grande adaptation aux situations les plus diverses. Elle permet de s'accepter et d'ajuster notre comportement au plus proche de notre nature profonde.

Cyanite verte

Silicate d'aluminium
avec traces de fer
Chakra : Cœur

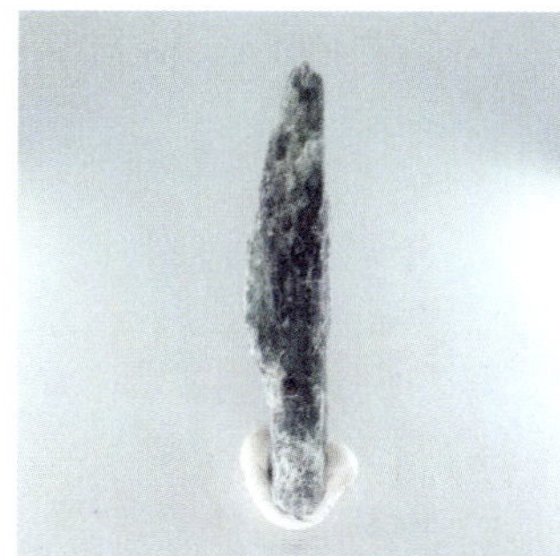

En plus d'avoir les vertus de la cyanite, elle agit plus spécifiquement sur le cœur en insufflant un comportement plus fluide dans les relations.

Cyanotrichtite

Sulfate hydraté de cuivre
et aluminium
Chakra : Gorge

Malgré sa beauté elle est extrêmement fragile ce qui rend son utilisation délicate. Elle donne une grande faculté d'adaptation et permet de s'aligner à nos désirs en rectifiant nos comportements jusqu'à faciliter leur matérialisation. Au niveau physique, elle diminue les inflammations.

Cyclolithe

Fossile de corail, ère cénozoique
60 millions d'années
Chakra : Racine

Apporte apaisement, sérénité et force tranquille. Permet de se connecter aux annales akashiques et de voyager vers la connaissance perdue.

Cymophane

Autre nom du
chrysobéryl œil-de-chat

Danburite

Borosilicate de calcium
Chakra : Coronal

Malgré une anomalie orthographique, danburite s'écrit bien avec un « n » car elle a été découverte à Danbury dans le Connecticut. Sa vibration est extrêmement pure et élevée. Elle dégage une fréquence incomparable de douceur, de réconfort et aligne le cœur dans l'axe de la lumière spirituelle qui vient d'en haut. Cristal angélique, elle infuse de l'amour dans les situations ou les relations, même les plus négatives, et les inonde de pureté. Elle atténue les angoisses, les peurs, les ressentiments en permettant de s'ouvrir à l'amour de soi et des autres, ce qui décuple notre charisme personnel. Elle aide à systématiquement ne voir que le positif en toutes choses et à trouver des solutions dans l'amour. Elle est un merveilleux allié des guérisseurs car elle maintient le thérapeute dans un alignement et une connexion à la lumière lui permettant facilement de le retransmettre. Au niveau physique, elle dissout tous les blocages énergétiques, élimine les toxines, soulage les douleurs inopérables et redonne optimisme et espoirs aux personnes gravement malades.

Datolite

Borosilicate hydraté de calcium
Chakra : Cœur

Elle apaise profondément le système nerveux et libère le cœur des angoisses et inquiétudes. Elle dissout le chagrin, le découragement, la léthargie en redonnant de l'espoir. Son énergie étonnante agit également sur les mémoires qui nous freinent, les peurs du futur ou les scories du passé. Elle ouvre le 3e œil et nous facilite la perception des auras, des esprits angéliques ou des fréquences subtiles. C'est principalement l'hémisphère cérébral gauche qu'elle stimule, avec une plus grande acuité mentale, une facilité dans les domaines des langues, des mathématiques et de la mémoire. Au niveau physique, elle clarifie et équilibre tous les problèmes cérébraux tels que maladies dégénératives, démence, maladie d'Alzheimer ou encore apoplexie.

Dent de megalodon

Fossile datant de
18 millions d'années
Chakra : Racine, sacré

Fossile d'animal marin disparu, ancêtre du requin blanc, qui pesait 50 tonnes et mesurait plus de 18 mètres de long. Elle véhicule la mémoire des océans et apporte symboliquement beaucoup de force. On l'utilise habituellement comme talisman de protection contre les forces occultes.

Dent de requin

Fossile datant de
50 à 100 millions d'années
Chakra : Racine, sacré

Symbole de longévité, de santé et de force, elle permet de déchirer symboliquement les erreurs et les doutes pour ne plus les reproduire. On l'utilise habituellement comme talisman de protection contre les mauvais sorts.

Descloizite

Vanadanate de cuivre, zinc et plomb
Chakra : Racine

Elle diminue les inflammations de la peau, relance la circulation du sang et l'oxygénation des muscles. Au niveau psychologique, elle donne confiance en soi, permet de se projeter positivement dans l'avenir et apporte une expansion de la conscience. Elle affute également toutes les perceptions de nos 5 sens ainsi que l'intuition, la perspicacité et la sensibilité.

Devilline

Sulfate de cuivre et calcium
Chakra : Cœur

Cette pierre est rare et pas très facile à utiliser. Cependant, le cuivre qu'elle contient, augmente l'absorption du fer et le processus antiinflammatoire et son calcium stimule la consolidation osseuse et l'influx nerveux. Au niveau psychologique elle agit principalement sur le plan affectif en apportant beaucoup de douceur et d'apaisement. Posée sur le cœur un moment, elle stabilisera les émotions en les purifiant en profondeur.

Dialogite

Autre nom de la rhodochrosite

Diamant

Carbone
Chakra : Coronal

Il suffit de regarder un diamant au microscope pour comprendre la raison de son succès. Il n'est que perfection, lumière et beauté. Sa vibration est si puissante que même de petite taille, il sera efficace. Il attire la lumière et l'amour et nous aide à rayonner notre vrai potentiel. Il équilibre les hémisphères cérébraux et amplifie nos formes pensées. Il faut donc veiller à ce que nos pensées soient positives, car il crée un lien puissant entre le corps éthérique et une personne ou un projet. On pourra le poser sur un chakra pour en renforcer son activité, ou confectionner des élixirs afin de pouvoir utiliser plus facilement la puissance magique du diamant.

Diamant d'Herkimer

Dioxyde de silicium
Chakra : Coronal

Appellation commerciale pour désigner un petit quartz bi terminé très pur que l'on trouve dans la mine de Herkimer aux USA. Il se forme dans la boue et insuffle la force de toujours aller vers la lumière et la beauté. Il stimule les processus d'auto-guérison, détend, défatigue et atténue les problèmes génétiques. Il a également la particularité de susciter des rêves à messages et pour ce faire, on prendra soin d'en placer un dans un petit sachet sous l'oreiller avant de dormir. Posée sur le 3e œil, il sensibilise aux perceptions extra sensorielles. D'autre part, il soigne tous les problèmes oculaires et on pourra faire des compresses d'eau de pierre, auxquelles on associera une émeraude, qui est également excellente pour les yeux.

Dianite

Silicate de potassium, calcium, magnésium et fer
Chakra : Gorge

Découverte en Sibérie russe en 1997, année du décès de la princesse Diana, elle fut baptisée du même nom pour lui rendre honneur. Elle est rare et fait partie du groupe des jades. Elle est très apaisante et permet de prendre des décisions de vie en fonction de ce qui est le meilleur pour notre évolution personnelle. Au niveau physique, elle régule les échanges cellulaires et la thyroïde. Elle diminue aussi les problèmes digestifs, l'hypertension et l'hyperglycémie, car elle régule particulièrement le métabolisme des sucres.

Diaspore

Oxyde hydroxyde d'aluminium
Chakra : 3e œil

Il présente un bi-chromisme, c'est-à-dire qu'il est vert à la lumière naturelle et rougeâtre à la lumière électrique. Il favorise les échanges électriques au niveau du cerveau et diminue les maladies dégénératives tels que Alzeihmer ou Parkinson. Il clarifie l'esprit, ravive les souvenirs, augmente la concentration et diminue la confusion mentale. Il sera particulièrement intéressant en tant que pierre de méditation, car il apaise l'émotionnel et permet une recherche intérieure sans parasitage.

Diopside

Silicate de calcium et magnésium
Chakra : Cœur

Pierre de guérison générale elle apporte un magnifique pouvoir de régénération et de reminéralisation. Elle soutient le cœur et les poumons, diminue asthme, allergies, spasmophilie, insomnie, migraine, arthrose, ostéoporose et hypertension. En fait elle soutient et revitalise presque tous les organes, particulièrement l'estomac, le foie, le pancréas et les intestins. Au niveau spirituel, elle équilibre et aligne l'Être dans le présent en permettant un élargissement de la conscience, une intensité du présent et donc une libération du passé. Le diopside détend profondément, réconforte, calme, apaise le stress et le chagrin et permet de s'ouvrir au véritable pardon. Il possède également un impact important sur le psychisme en favorisant la concentration, l'étude, la mémoire, les facultés d'apprentissages et en diminuant toutes sortes d'addictions ou d'obsessions.

Diopside chromifère

Silicate de calcium et magnésium
avec traces d'oxyde de chrome
Chakra : Cœur

Elle aura les mêmes propriétés que le diopside, mais elles seront décuplées par le chrome.

Diopside étoilée

Silicate de calcium et magnésium
avec traces de rutile
Chakra : Cœur

Appelé également étoile polaire en Inde, il présente les mêmes propriétés que le diopside, mais décuplées par le rutile. Il débloque les fluides et les douleurs chroniques et augmente l'oxygénation des muscles. Au niveau psychologique, il redonne un nouveau souffle, il libère et débloque en diminuant chagrins et traumatismes. Pour éviter une possible confusion avec le saphir noir étoilé, il suffira de compter le nombre de branches de l'étoile. Le diopside en aura quatre et le saphir six.

Diopside violette

Autre nom de la violane

Dioptase

Silicate hydraté de cuivre
Chakra : Cœur

Proche du diopside, elle guérit les blessures affectives et permet de se dégager des lourdes émotions enfouies. Elle ouvre à l'acceptation de l'autre avec ses faiblesses et ses manques et pousse à se tourner vers l'avenir sans peur. La fraîcheur et l'ouverture d'esprit qu'elle insuffle favorise la rencontre amoureuse. Il suffira pour cela de porter la pierre sur soi. Au niveau physique, elle est particulièrement régénérante et anti inflammatoire. Elle diminue également les infections, l'hypertension et toutes les douleurs d'origine rhumatismales.

Diorite

Plagioclase, amphibole et mica
Chakra : Cœur

Pierre de santé générale qui augmente l'immunité et la circulation énergétique. Il suffit d'en tenir une dans la main une vingtaine de minutes pour relancer les forces d'auto-guérison. Elle va également particulièrement stimuler la digestion, diminuer l'acidité gastrique et réguler constipations et diarrhées. Elle soigne les problèmes de peau si on la pose sur les zones cutanées affectées. Au niveau psychologique, elle augmente l'ouverture aux autres et diminue inquiétude et manque de confiance en soi. Il est aussi intéressant de l'utiliser pour vitaliser l'eau ou les aliments.

Disthène

Autre nom de la cyanite

Dolérite

Autre nom de la pierre de Stonehenge

Dolomite

Carbonate de calcium et magnésium
Chakra : Plexus solaire

Découverte en Suisse en 1790 par

M. Dolomieu qui lui donna son nom, on raconte qu'elle est le trésor oublié des lutins. Pierre de sagesse, elle soigne les blessures émotionnelles, donne l'acceptation des choses telles qu'elles sont et permet d'aller vers l'autre sans crainte d'être trahi. Elle apporte la sérénité d'apprivoiser la solitude et induit un état de méditation profond. Posée sur le ventre, elle peut attirer à nous ce que l'on désire car elle aide à rectifier nos comportements conformément aux lois cosmiques. Au niveau physique, elle stimule les échanges cellulaires, fortifie les os, les cheveux, la peau et régule la digestion en renforçant foie, pancréas et rein. Il est conseillé de faire des eaux de pierres avec la dolomite, car le calcium et le magnésium qu'elle contient seront très reminéralisants.

Dragon stone

Aluminosilicate de calcium, fer et manganèse
Chakra : Cœur

Appellation commerciale qui désigne un mélange de piémontite et d'épidote. Elle apporte une grande force vitale car elle relie au sang de la terre. Elle nous aide à entendre la petite voix qui vient du cœur, qui donne courage, patience, joie authentique et qui nous reconnecte aux plaisirs simples de l'existence. Elle atténue également la dépression, l'épuisement mental et la tendance à l'ennui. Posée sur le chakra sacré, elle évacue les anciennes émotions toxiques et éveille en douceur l'énergie de la kundalini. Au niveau physique, elle stimule la circulation du sang et atténue toutes les maladies qui peuvent y être liées.

Dravite

Autre nom de la Tourmaline brune

Dream stone

Autre nom du quartz chamane ou quartz à inclusions de lodolite

Druse

Amas cristallin

Se trouve la plupart du temps en améthyste ou en quartz. Elle décuple l'énergie, purifie et harmonise l'environnement dans lequel on la place.

Elle sera surtout utilisée pour redynamiser les cristaux que l'on pourra déposer dessus.

Dumortiérite

Borosilicate d'aluminium
Chakra : Gorge, 3e œil

Découverte par le français Eugène Dumortier en 1800, elle contient 7 atomes d'aluminium qui apaisent le système nerveux. Elle diminue le stress, la peur, la colère, l'anxiété, la timidité, l'impatience, mais n'élimine pas les causes de ces troubles. Elle sera donc stabilisante, si l'on privilégie un travail de nettoyage émotionnel et que l'on est prêt à accepter les révélations de notre inconscient. Elle peut soulager tous les troubles nerveux et neurologiques comme les névralgies, migraines, phobies, épilepsie, crampes ou syndrome de Tourette par exemple. Elle va fortement stimuler la mémoire, la concentration, la compréhension, l'élocution et donner une grande clarté mentale. Elle est une des seules pierres bleues qui calme profondément sans diminuer le niveau d'énergie.

Dyscrasite

Antimoine d'argent
Chakra : Plexus solaire

Son nom provient du grec « dyscrasos » qui signifie « mauvais alliage » car elle est composée d'antimoine et d'argent. Elle est antiseptique et repousse les énergies négatives, mais sa qualité principale est celle d'atténuer les pathologies gastriques et intestinales. Elle diminue diarrhées, spasmes, acidité gastrique, flatulence et rétablit la flore intestinale. On ne fera toutefois pas d'eau de pierre car l'antimoine est toxique. On préférera carrément se procurer le médicament homéopathique du même nom que la pierre qui ne présente aucune nocivité, mais qui conserve ses propriétés.

Ebonite

Autre nom de la vulcanite

Eclogite

Pyroxène à inclusions
de grenat hessonite
Chakra : Sacré

Les inclusions de grenat catalysent sa puissance, en lui conférant vitalité et pouvoir de régénération. Elle aide les énergies à circuler et apporte une bouffée d'oxygène qui stimule les forces d'auto-guérison. Elle favorise l'activité des reins, des glandes surrénales, de l'intestin pour une meilleure assimilation et un renforcement de l'immunité générale. Au niveau spirituel, elle élargit notre conscience, relativise les peurs et magnétise toute notre aura.

Edenite

Silicate hydraté d'aluminium,
sodium, calcium et magnésium
Chakra : Cœur

Elle agit directement sur les muscles en les décontractant. Elle diminue spasme, crispations et troubles du rythme cardiaque. Au niveau spirituel, elle ouvre un portail vers les plans supérieurs facilitant une connexion médiumnique. Elle clarifie les relations en favorisant l'honnêteté vis-à-vis des autres, mais aussi de soi-même. Elle diminue également les conflits, l'opacité et les dissimulations dans les rapports, car elle suscite la confiance et les confidences.

Elbaite

Autre nom de la tourmaline
multicolore

Eldarite

Autre nom de jaspe kambaba

Émeraude

Silicate d'aluminium et de béryllium
avec traces de chrome
Chakra : Cœur

Depuis la nuit des temps elle a presque tout soigné. Il y a 5 000 ans, en Égypte, on la réduisait déjà en poudre pour en faire des médicaments. Dans l'antiquité, on la portait au bras gauche pour protéger les voyageurs et repousser les démons. Elle véhicule la force de la jeunesse et régénère tant sur le plan physique que spirituel. Elle sera souveraine pour la convalescence et les rétablissements rapides. Elle diminue les rhumatismes, les douleurs, la fièvre, elle détoxique le sang, renforce le foie et le pancréas. Elle booste l'immunité et la mémoire, car elle accroît les échanges cellulaires et l'électricité du cerveau. Tout a été écrit sur l'émeraude, mais une qualité revient constamment, celle de soigner les yeux. Elle diminuera tous problèmes oculaires si on la pose sur les yeux ou si l'on fait des compresses d'eau de pierre. Pour plus d'efficacité on pourra y ajouter des diamants d'Herkimer. Au niveau spirituel, elle ouvre le cœur avec noblesse. Elle est la pierre du Graal et des papes et elle insuffle une énergie de non-jugement, de loyauté, d'intégrité en ouvrant à l'amour universel. Portée près du cœur, il paraît qu'elle attire l'amour. Sa puissance est telle, que l'on prendra la précaution de ne pas la mélanger aux autres pierres.

Énargite

Sulfure d'arsenic et de cuivre
Chakra : Sacré

Pierre toxique qu'il faudra manipuler avec précaution en se lavant les mains après usage. Elle harmonise les hémisphères cérébraux, ce qui induit une clarté mentale, ainsi que discernement et intuition. Elle augmente l'énergie vitale dans sa globalité et aiguise l'envie de vivre. Au niveau physique, elle est très antiinflammatoire et nettoie l'ensemble du système sanguin.

Enstatite

Autre nom de la bronzite
Contient plus de fer que la bronzite

Éosphorite

Phosphate hydroxyde hydraté d'aluminium et manganèse
Chakra : Plexus solaire

Elle permet l'acceptation sereine de qui nous sommes ainsi que la connaissance de nos forces et de nos faiblesses, afin d'établir de meilleures stratégies de vie. Physiquement, elle stimule l'immunité et augmente l'absorption des minéraux au niveau de l'intestin.

Éphésite

Aluminosilicate de sodium et lithium
Chakra : Cœur

Très apaisante, elle lisse les à-coups émotionnels et ouvre à l'amour dans la sérénité. Au niveau physique, elle régule la circulation du sang et le rythme cardiaque.

Épidote

Aluminosilicate de fer et calcium
Chakra : Cœur

Appelée également pistacite, elle est une merveilleuse pierre de guérison, car elle libère les émotions. Elle délivre des colères, rancœurs, victimisation, dépression et de tout ce qui oppresse et fait souffrir. Elle fait prendre conscience de nos forces et de nos faiblesses, diminue les phobies et modifie notre structure psychologique. L'épidote peut agir efficacement et très vite, mais il faut être prêt à abandonner sincèrement nos schémas mentaux limitatifs. Au niveau physique, elle diminue l'acidité générale, stimule la digestion, l'élimination et ainsi renforce tous les organes tels foie, vésicule, pancréas, intestin. Elle réhydrate l'ensemble de l'organisme, aide à récupérer après une maladie ou une opération et adoucit la peau si on l'utilise comme élixir.

Érythrite

Arséniate hydraté de cobalt avec traces de calcium, fer, magnésium et zinc
Chakra : Racine

Très puissante, elle replace tous les chakras dans l'alignement de l'axe médian. Elle stimule la circulation générale des énergies et relance ainsi le processus d'auto-guérison. Posée sur le pli de l'aine, minimum une vingtaine de minutes, elle diminue infection et carence en fer. Prendre soin de se laver les mains après utilisation, à cause de l'arsenic qu'elle contient.

Étain

Métal Sn N° 50 du tableau des éléments
Chakra : Racine

Fortement enracinante, elle insuffle la puissance tellurique qui vitalise et stabilise. Elle donne l'élan d'avancer malgré les blessures, équilibre les hormones et assure le bon fonctionnement des organes sexuels. Les pierres composées d'étain sont rares, celle qui en possède le plus est la cassitérite. On évitera cependant de la garder trop longtemps sur la peau par crainte d'une légère toxicité.

Ettringite

Sulfate de calcium et d'aluminium hydraté
Chakra : Plexus solaire

Elle assure une grande vitalité, augmente l'énergie générale et aide à l'élimination des toxines. Psychologiquement, elle pousse à l'action en garantissant une grande confiance en soi et permet de mener à bout nos projets sans parasitage émotionnel.

Euclase

Silicate basique d'aluminium
et béryllium
Chakra : 3e œil

Pierre petite, rare, mais très puissante. Elle ouvre à l'infinité des possibles car elle connecte les deux hémisphères cérébraux et permet de canaliser la lumière spirituelle. Nous aurons ainsi accès à la force infinie de guérison et à la possibilité de comprendre nos schémas mentaux et nos conditionnements karmiques. Elle agit un peu comme un éclair qui ferait descendre la puissance du ciel en nous pour y faire circuler toutes les énergies. Au niveau mental, elle apporte paix infinie, espoir, joie et confiance. Au niveau physique, elle stimulera l'immunité, les fonctions cérébrales et atténuera les douleurs.

Eudialyte

Cyclosilicate de sodium, calcium,
cérium, fer, manganèse,
zirconium, yttrium
Chakra : Racine, cœur

Elle peut contenir jusqu'à 46 éléments différents dont 11 principaux qui sont la plupart du temps récurrents. Cette grande complexité minérale la rend très revitalisante et stimulante. Elle permet à l'énergie de circuler du chakra de base jusqu'au chakra coronal en harmonisant les deux hémisphères cérébraux. Elle booste ainsi l'immunité, stabilise les nerfs et peut considérablement réduire des maladies d'origine neurologiques telles que Parkinson, Charcot, Alzheimer ou la sclérose en plaques. Au niveau psychologique, sa puissance réparatrice apaise les blessures émotionnelles et permet de surmonter les doutes, les peurs et la sensation de manque. Elle nous aide à être plus présent à nous-même et à mieux définir nos talents et nos forces. L'eudialyte est une merveilleuse pierre qui ouvre le cœur, permet de se donner de l'amour, de le diffuser aux autres et de mieux le recevoir des plans supérieurs.

Fei Cui jade

Appellation moderne de la jadeite. Souvent mélangée avec omphacite ou kosmochlor

Ferbérite

Oxyde de tungstène et fer
Chakra : Racine

Elle enracine puissamment et donne beaucoup d'endurance physique. Elle donne aussi la force de se libérer des attachements anciens, les comportements compulsifs, des tendances à vouloir tout contrôler. Au niveau physique, elle diminue les douleurs et raideurs musculaires tout en libérant la circulation du sang et la lymphe.

Ferrierite

Aluminosilicate de magnésium, calcium, sodium, strontium et potassium
Chakra : Sacré

Elle possède beaucoup d'ions alcalins qui diminuent l'acidité intracellulaire et luttent contre les maladies invasives tels que les cancers ou les pathologies dégénératives. Elle permet de surmonter le passé douloureux et les idées négatives résurgentes. Elle ouvre également à la joie authentique et à l'intensité de l'instant présent.

Ferro-actinolite

Silicate de calcium et fer
Chakra : Cœur

Proche de l'actinolite, elle dégage beaucoup d'énergie. Elle ouvre le cœur avec délicatesse et accroît la confiance que l'on peut faire à l'autre. Au niveau physique, elle stimule la digestion et l'assimilation des sels minéraux.

Fibrolite

Autre nom de la sillimanite

Fluorapatite

Phosphate de calcium et fluor
Chakra : Plexus solaire

Elle possède les mêmes propriétés que l'apatite et elle se différencie de l'apatite jaune en étant plus brillante. Elle stabilise le caractère, diminue la colère, l'emportement ou la réaction à tout ce qui nous agace. Elle permet de se fier à notre intuition, à exprimer notre plein potentiel et à éliminer ce qui freine notre élan vers l'autre. Au niveau physique, elle renforce l'ossature, les cartilages, les dents et les gencives. Elle régule la digestion en diminuant l'acidité gastrique, les spasmes du colon et en favorisant l'élimination des toxines.

Fluorite

Fluorure de calcium
Chakra : Tous

Également appelée fluorine, elle possède deux atouts qui la rendent très efficace : le fluor et sa structure cristalline cubique. Elle est évidemment souveraine contre l'ostéoporose et les fractures, car elle augmente l'assimilation des minéraux et la reminéralisation des os et des dents. D'autre part, elle favorise la régénération cellulaire et les échanges électriques des neurones. Elle stimule l'élimination des impuretés du corps et renforce le flux énergétique dans le cerveau et la colonne vertébrale. Elle sera la pierre à privilégier pour tous les troubles cérébraux tels que la maladie d'Alzheimer ou les désordres neurologiques. Au niveau psychologique, elle réorganise notre chaos intérieur. Elle stimule l'intelligence, la réflexion positive, la concentration, elle débloque le mental en apportant une ouverture d'esprit et une perception plus large. Elle structure l'imaginaire, clarifie le mental, dissout toutes nos résistances intérieures et permet une stabilité dans un travail spirituel ou méditatif. Toutes les fluorites auront ces caractéristiques en commun, avec quelques petites nuances supplémentaires en fonction de leur couleur. La verte agira plus particulièrement sur le cœur, la jaune sur le système digestif, la bleue sur la communication et l'arc-en-ciel ou violette sur le chakra coronal. La cristallisation en forme octaèdre sera également plus puissante. Son mélange calcium-fluor sera fortement recalcifiant et très efficace en eau de pierre.

Fluoro richtérite

Silicate de magnésium,
calcium et sodium fluoré
Chakra : Racine

Elle induit un grand calme et une force tranquille. Physiquement, elle peut atténuer les douleurs des zones sur lesquelles on la pose et elle régule et renforce le système osseux et hormonal.

Fordite

Résidu de peinture
de carrosserie automobile

Voilà encore une pierre qui n'en est pas une, mais qui ne s'en cache pas, malgré sa seconde appellation d'agate de Détroit. Il s'agit de résidu de grattage des cuves de peinture de l'usine automobile Ford. Les couches successives forment un mille-feuille multicolore qui est utilisé en décoration et en bijouterie. Les usines Ford n'existent plus, et seuls quelques collectionneurs la recherchent actuellement. On peut trouver l'équivalant sous le nom de surfite, fabriqué avec la résine qui couvre les planches de surf. Aucune valeur lithothérapeutique, bien sûr.

Franckeite

Sulfure d'antimoine, étain,
plomb et fer
Chakra : Sacré

Elle ouvre l'esprit, le discernement et

permet d'acquérir une vision globale des situations. Elle induit une grande patience, une harmonie relationnelle et facilite les décisions intelligentes et les choix justes. Au niveau physique, elle stimule l'oxygénation musculaire et donne puissance et endurance.

Franklinite

Oxyde de zinc et de fer
Chakra : Racine

Forte énergie d'ancrage qui permet de mieux nous centrer. Stimule les émergences de l'inconscient, la révélation de messages émotionnels cachés et le discernement entre vérité et illusion. Elle sera utile pour les problèmes de peau, de cheveux, de résistance à la grippe et au rhume ainsi que pour les troubles du système reproducteur masculin. Sa faible charge magnétique lui permet d'être programmée pour un vœu si on la garde dans la main et que l'on imagine de tout son cœur le résultat souhaité.

Fuchsite

Phyllosilicate de chrome
et aluminium
Chakra : Cœur

Comme tous les micas, elle a une action calmante et myorelaxante. Ainsi elle détend l'ensemble de la musculature et régule le taux de globules rouges et blancs du sang. Elle est également très équilibrante au niveau émotionnel et nous connecte aux forces telluriques. Elle est merveilleuse pour les guérisseurs, car elle permet de canaliser l'énergie bienfaisante de la nature. Elle accroît les connaissances sur les secrets des végétaux et permet de soigner facilement avec les plantes, la phytothérapie, les essences florales et l'aromathérapie.

Fuchsite cyanite

Phyllosilicate de chrome
et aluminium
Chakra : Cœur

Elle possède les mêmes propriétés que la fuchsite, mais sera particulièrement calmante. Comme la cyanite, elle augmente la capacité d'adaptation et permet d'adopter le comportement optimal dans chaque situation.

Fuchsite rubis

Phyllosilicate de chrome
et aluminium
Chakra : Cœur

Elle possède les mêmes propriétés que la fuchsite, mais décuplées par le rubis. Elle agit principalement sur le cœur en guérissant tous ses différents niveaux. Le cœur physique, le cœur lié à l'émotionnel mais aussi le cœur spirituel qui permet l'amour inconditionnel. Elle décontracte également les muscles et peut atténuer les maladies psychosomatiques et la fibromyalgie.

Fulgurite

Sable fondu par la foudre
formant un tube de verre
Chakra : Racine

Sa formation instantanée faite d'énergie cosmique lui confère le pouvoir de décharger le trop-plein d'électricité statique tout en harmonisant le champ électromagnétique. Elle rééquilibre les problèmes de vertiges, d'oreille interne et tous les troubles liés à l'influx nerveux. Sa caractéristique dynamique apporte courage, créativité et passion.

Gabbro

Mélange de pyroxène et de feldspath proche du basalte
Chakra : Racine

Il est le constituant principal de la croûte océanique ainsi qu'une partie des roches lunaires. Ses propriétés sont un mélange d'enracinement et d'ouverture aux plans supérieurs. Elle permet de se libérer des pensées négatives, de l'anxiété et de ce qui pèse sur notre cœur, comme si la lourdeur qui nous habite s'évacuait par la terre. Au niveau mental, elle donne clarté d'esprit, sens de l'organisation et libération des obsessions et idées fixes. Physiquement, elle apporte beaucoup de force et de vitalité. Elle renforce le système osseux, l'immunité et l'ensemble de la circulation énergétique.

Gagate

Autre nom du jais

Gahnite

Oxyde d'aluminium et zinc
Chakra : Gorge

Minéral rare qui est généralement bleu et de forme octaédrique. Ses propriétés seront proches du spinelle bleu.

Galaxite

Aluminosilicate de calcium et sodium
Chakra : Cœur

Cette jolie pierre est un assemblage de micro-cristallisations de labradorite ressemblant à la voie lactée. Elle présente les mêmes propriétés que la labradorite.

Galène

Sulfure de plomb
Chakra : Racine

Pierre stabilisante qui enracine et capte les ondes nocives pour les recanaliser vers la terre. Elle bloque complétement les radiations et constitue une barrière infranchissable aux champs électromagnétiques négatifs si on la pose sur les sources polluantes. Au niveau psychique, elle est un véritable bouclier contre les énergies indésirables. Elle redonne confiance et stoppe les limitations mentales que l'on s'est imposées par peur ou ignorance. Elle favorise l'absorption des minéraux dans le corps, particulièrement le zinc et le sélénium. Elle équilibre l'ensemble de l'aura et harmonise corps physique, éthérique et spirituel. Le plomb qu'elle contient la rend toutefois toxique et on prendra soin de bien se laver les mains après usage.

Garniérite

Silicate de nickel et magnésium
Chakra : Cœur

Découverte par jules Garnier en 1876, elle fut nommée Pimélite, puis Népouite et aujourd'hui encore appelée à tort pierre de lune verte. Elle possède une énergie très féminine qui induit douceur, sérénité et apaisement. Elle diminue le stress, la mentalisation excessive, les idées négatives et stimule l'imagination et l'intuition. Au niveau physique, elle calme l'ensemble du système nerveux, purifie et régénère foie et pancréas.

Gaspeite

Carbonate de nickel, magnésium et fer
Chakra : Cœur

Découvert en 1966 et nommé d'après la péninsule de Gaspé au Canada. Les aborigènes d'Australie l'utilisaient pour avoir des visions. Elle nous aide à accepter ce que l'on ne peut pas changer, à opérer les transitions de vie en douceur, à lâcher notre attachement aux choses et notre habitude d'accumuler. Physiquement, elle régule l'insuline et le taux de sucre du sang. Elle sera donc d'une grande aide pour les régimes amaigrissants et le diabète. Elle sensibilise au travail de guérison avec les cristaux et les plantes.

Gehlénite

Sorolicate, variante alumineuse de mélite
Chakra : Cœur

Elle renforce les os et augmente les connexions cérébrales en équilibrant l'électricité et les échanges chimiques dans le cerveau. Au niveau psychologique, elle offre patience, endurance, elle permet d'oser être soi, d'être plus bienveillant envers soi-même et elle renforce notre identité et les priorités que l'on s'accorde.

Gem silica

Chrysocolle agatisée dans du quartz avec inclusions de calcédoine
Chakra : Cœur

Appellation commerciale, on ne la trouve pratiquement que pour les articles de bijouterie. Elle aura les mêmes propriétés que la chrysocolle.

Géode

Roche arrondie et creuse tapissée de cristaux

Les plus belles sont en améthyste. Elles sont idéales à placer chez un thérapeute, car en plus d'être décoratives, elles élèvent considérablement le taux vibratoire d'un lieu. On peut les utiliser pour recharger des cristaux en les posant à l'intérieur ou en y mettant ses mains quelques minutes avant un massage ou un soin reiki par exemple. Une géode moyenne, pèse facilement 5 kg et l'on en trouve de très grandes qui peuvent dépasser la taille d'un homme. Les autres géodes que l'on trouve sont moins puissantes. Ce sont celles en agates, petites et trop souvent teintées et celles du Maroc en cristal ou en calcite, qui seront surtout décoratives. Le cristal se trouve plutôt sous forme de druse et en aucun cas de taille similaire.

Gillespite

Silicate de fer et baryum
Chakra : Racine

Pierre très rare mais assez particulière grâce au baryum qu'elle contient. Son pouvoir enracinant aligne les corps subtils dans la verticalité et favorise ainsi une unification intérieure. La clarté spirituelle qui en découle décuple l'intuition, permet de mieux saisir notre mission personnelle, sensibilise aux signes subtils du destin et peut même favoriser les hasards positifs. Au niveau physique, elle équilibre toute la circulation sanguine, renforce les vaisseaux et par là même l'homéostasie de l'ensemble de l'organisme.

Girasol

Autre nom du quartz laiteux

Glaucophane

Silicate d'alu, sodium, magnésium
Chakra : Sacré

Elle contient aussi des traces de lithium, titane, chrome, calcium, manganèse, potassium, fer et chlore. Elle procure un grand calme et induit créativité, amplitude d'esprit et confiance. Au niveau physique, elle augmente l'assimilation des minéraux, au niveau de l'intestin, élimine les toxines et booste l'immunité.

Glendonite

Carbonate de calcium,
pseudomorphose de calcite
Chakra : Chakra coronal, 3e œil

Elle ralentit le mental, les idées fixes, les projections en tous genres et augmente l'activité cérébrale de l'hémisphère droit. C'est donc la sensibilité émotionnelle qui sera développée avec cette pierre. Elle ouvre les capacités paranormales, la conscience des réalités spirituelles, l'intuition et l'accès à notre vérité intérieure. Elle nous permet de rester maître de nous-même en toutes circonstances, d'aller au bout de ce que l'on se fixe, de demeurer centré et d'agir en priorité avec son intelligence émotionnelle. Elle a la particularité d'ouvrir et d'harmoniser n'importe quel chakra sur lequel on la pose. Au niveau physique elle renforcera les os, détendra les muscles et calmera migraines et insomnies.

Goethite

Hydroxyde de fer
Chakra : Racine

Elle est un minerai de fer qui oxygène le sang, stimule les globules rouges et la moelle osseuse, renforce les vaisseaux sanguins. Elle est souveraine pour se rétablir à la suite d'une opération ou d'un traumatisme physique. Elle équilibre également les émotions et donne la force de les contrôler. Posée sur le 3e œil, elle ouvre aux facultés paranormales telles que clairvoyance, prémonitions, contact avec les entités angéliques. Elle a aussi la particularité de pouvoir être programmée. Il suffira de prendre la goethite dans la main ou de la poser sur son cœur et d'y insuffler par l'imagination une intension, un vœu ou une prière. Sa force d'ancrage aidera le souhait à se matérialiser dans la réalité.

Gogotte

Autre nom de la ménalite
ou pierre de fées blanches

Goldstone

Fabrication en laboratoire, verre
contenant sels de cuivre et feldspath

On trouve cette appellation commerciale en deux teintes. Une orangée, vendue malhonnêtement pour de la pierre de soleil et une bleue foncée surnommée pierre de nuit. Elles ne présentent évidemment aucun intérêt lithothérapeutique et ne sont répandues sur le marché que dans un but mercantile. On pourra toutefois en acquérir une pour son attrait pailleté, mais en gardant à l'esprit que la nature nous offre des minéraux naturels tout aussi attractifs et d'une efficacité incomparable.

Gomme de Kauri

Résine fossile de Kauri
Chakra : Plexus solaire

Arbre de nouvelle Zélande le plus ancien du monde, 40 millions d'années. Vénérée par les Maoris, ses vertus sont proches de l'ambre.

Gormanite

Phosphate hydroxyde d'aluminium et fer hydraté
Chakra : Cœur

Pierre très fragile qui possède des propriétés plus morales et spirituelle que physique. Elle replace le cœur en tant que centre de gravité de l'être, elle le renforce et le stabilise. Elle apporte sérénité, force tranquille, confiance et permet d'assumer avec compassion nos défauts et nos faiblesses. À cause de sa friabilité, on préférera l'utiliser en méditation.

Goshénite

Silicate d'aluminium et de béryllium
Chakra : Coronal

Équilibre la sécrétion des hormones, booste le système immunitaire, diminue les allergies en tous genres. Au niveau émotionnel, elle empêche les sautes d'humeur et les pensées négatives. Elle ouvre le chakra coronal à la lumière multidimensionnelle et permet d'entrer en contact avec son ange ou son double de lumière.

Grandidiérite

Borosilicate d'aluminium,
fer et magnésium
Chakra : Gorge

Elle atténue tous les problèmes de gorge et apaise l'ensemble de l'organisme. Elle fluidifie la parole, la communication et les relations aux autres. Elle permet de s'approcher de l'expression de la vérité en se sentant au plus proche de notre véritable nature profonde. Elle relie et aligne le cœur aux plans supérieurs et harmonise l'émotionnel au mental.

Graphite

Carbone pur
Chakra : Racine

Elle se forme à la suite de la carbonisation de substances organiques et lorsqu'elle est longuement compressée et chauffée, elle devient du diamant. Elle enracine à la terre, atténue les énergies négatives et neutralise les points pathogènes en géobiologie. Au niveau psychologique, elle stabilise l'émotionnel et donne beaucoup d'assurance.

Grenat almandin

Silicate de fer et aluminium
Chakra : Racine

Il est connecté à la puissance du magma terrestre et donne force, chaleur, énergie. Il galvanise, redonne confiance, décuple l'instinct de vie, permet de se dépasser avec courage et d'aller au-delà des peurs. Hyperstimulant, il est toutefois déconseillé pour les colériques et les personnes souffrant d'hypertension. Placé sur le nombril, il risque de faire sortir des colères non traitées. Il faudra les accepter et faire circuler cette énergie, car elle se transformera en créativité. Sa puissance de régénération est telle qu'elle donnera la force de surmonter des situations traumatisantes et sans issues. Au niveau physique, il stimule la circulation sanguine, augmente le plasma et l'hémoglobine, booste la fertilité, la passion et la vigueur sexuelle. Jadis, on le portait comme amulette de chance qui repoussait fantômes et démons.

Grenat andradite

Silicate de calcium et fer
Chakra : Cœur

Habituellement de couleur verte, il se nomme "mélanite" s'il est noir. Il connecte aux forces de la nature et ouvre le cœur à la puissance de l'amour. Il apporte le calme et l'assurance de ceux qui restent reliés à leur cœur. Au niveau physique, il atténue les problèmes de sang et permet une meilleure assimilation du fer, calcium et magnésium.

Grenat démantoïde

Silicate de calcium et fer
avec traces de chrome
Chakra : Cœur

Souvent petit, il est la variété gemme de l'andradite. Il unifie et harmonise le cœur avec le mental. Au niveau physique, il renforce principalement l'organe cœur, stimule la circulation sanguine et diminue l'hypertension.

Grenat grossulaire

Silicate de calcium et aluminium
Chakra : Cœur

Il peut varier de la couleur verte à rouge. Il soutient principalement le cœur tant au niveau émotionnel qu'organique. Il diminue le stress et redonne joie, espoir et énergie physique. Il lave littéralement le cœur des émotions trop lourdes et permet de digérer les traumatismes anciens. Il diminue la rigidité générale et induit un grand calme émotionnel.

Grenat hessonite

Silicate de calcium et aluminium avec traces de fer et manganèse
Chakra : Sacré

De couleur orange, il est la variété gemme du grenat grossulaire. Il enracine tout en douceur et soutien les problèmes d'intimité et de sexualité. Il insuffle courage, chaleur, créativité et fantaisie. Au niveau physique elle renforce les organes reproducteurs et purifie le sang.

Grenat noir mélanite

Silicate de calcium et fer avec traces de titane, chrome, aluminium et magnésium
Chakra : Racine

Variété noire du grenat andradite qui connecte fortement à la terre mère. Il transmet au corps les forces telluriques qui augmentent l'immunité et maintiennent le bon fonctionnement du métabolisme. Au niveau psychologique, il induit un lâcher-prise en confiance qui permet la déconstruction des habitudes et programmations mentales, afin de reconstruire sur des bases plus saines. Il rend lucide, libère du négatif, qu'il soit réel ou imaginaire, et favorise la concrétisation des idées.

Grenat pyrope

Silicate d'aluminium et de fer
Chakra : Racine

Très proche du grenat almandin, il connecte aux forces magmatiques de la terre. Il relance l'auto-guérison, galvanise l'énergie sexuelle et la fertilité. Il diminue la peur, la dépression et donne le courage de se dépasser. Il est très puissant et donc déconseillé aux colériques et hypertendus.

Grenat rhodolite

Silicate d'aluminium et de fer
Chakra : Racine

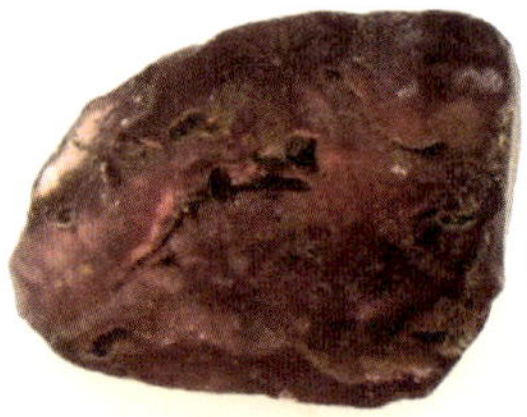

Mélange de grenat almandin et grenat pyrope, il possède les qualités des deux pierres.

Grenat spessartite

Silicate de manganèse et aluminium
Chakra : Sacré

Proche du grenat almandin, il est de couleur orange. Il stimule le système endocrinien, la perte de poids, la fertilité et le fonctionnement sexuel. Au niveau psychologique, il diminue le risque de dépression car il donne audace, créativité et pousse à l'action.

Grenat tsavorite

Silicate de calcium et aluminium
avec traces de vanadium
Chakra : Cœur

Appellation du grenat grossulaire lorsqu'il est vert. Il ouvre à l'amour inconditionnel, il purifie complètement le cœur et dissout toutes les blessures émotionnelles.

Grenat uvarovite

Silicate de calcium et chrome avec
traces de fer,
aluminium et magnésium
Chakra : Cœur

De couleur verte, il fortifie le cœur et l'ensemble du système cardio vasculaire. Au niveau psychologique, il diminue les blessures émotionnelles et permet de soigner un passé douloureux ou le sentiment de manque. Il est le grenat qui matérialise l'abondance en ouvrant le canal de la prospérité.

Gypse fibreux

Sulfate de calcium hydraté
Chakra : Cœur

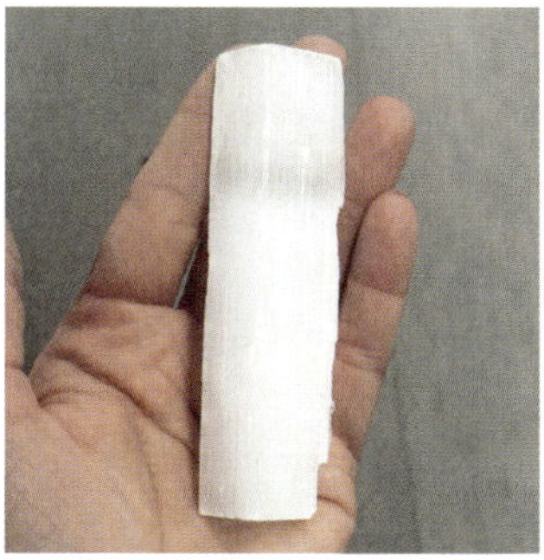

Très reminéralisante, elle renforce les os et diminue l'acidité générale du corps. Sous l'effet des souffrances et du stress psychologique, l'organisme est obligé de puiser dans ses réserves minérales pour apaise le système nerveux. Le gypse freine ce processus en calmant les nerfs et en reminéralisant les systèmes osseux. Au niveau spirituel, il apporte une solidité morale, une résistance aux agressions extérieures, une envie de passer à l'action et il engendre apaisement et sérénité.

Gyrolite

Phyllosilicate
Chakra : Racine

Elle équilibre le corps et le mental. Elle donne la force de garder son calme en toutes circonstances, de ne pas s'inquiéter outre mesure et de refuser ce qui ne nous convient pas. Elle est la pierre qui pousse à exprimer ses vrais besoins et diminue le risque d'introspection excessive. Au niveau physique, elle renforce et aligne la colonne vertébrale.

Hackmanite

Silicate chloré d'aluminium, sodium et soufre, rare variété de sodalite
Chakra : Cœur

Elle possède 2 particularités rares : elle devient fluorescente à la lumière UV et elle est ténébrescente, c'est-à-dire qu'elle devient violette au soleil et conserve sa couleur pendant plusieurs heures même à l'ombre. Cet effet caméléon permet une adaptation aux circonstances les plus paradoxales. Elle calme l'exubérance, affine le discernement et permet de relever les défis en s'ajustant harmonieusement aux situations. Elle nous aide également à dévoiler les profondeurs de notre cœur et de notre inconscient. Au niveau physique, elle atténue les bouffées de chaleur, les palpitations cardiaques et stimule l'immunité.

Halite bleue

Chlorure de sodium
riche en silvinite,
Chakra : Gorge, 3e œil

Ce sel bleuté par des dépôts de sylvinite se trouve principalement en Iran et résulte de milliers d'années de fossilisations des mers préhistoriques. Il purifie, apaise et nettoie l'ensemble du champ électromagnétique. Il dissout les blocages émotionnels, libère des liens ou programmations caduques et augmente sensiblement les capacités extras sensorielles. Au niveau physique, la halite nettoie le système lymphatique, purifie tous les liquides ainsi que le sang et élimine les toxines et métaux lourds. Ce sel est spécialement apprécié dans la gastronomie et il se trouve facilement dans les épiceries fines. Attention, il est évidemment soluble dans l'eau.

Halite/sel gemme

Chlorure de sodium riche en potassium, magnésium, zinc, manganèse, calcium, sélénium
Chakra : Plexus solaire, cœur

L'halite n'est autre que du sel dont le plus connu est celui de l'Himalaya, qui est rose. Il est particulièrement pur, car il est extrait à 700 mètres sous terre dans des roches salines de 250 millions d'années et possède l'énergie du sommet du monde, exempt de pollution. Il est un puissant purificateur qui élimine les toxines, les métaux lourds, nettoie les liquides intracellulaires et augmente l'absorption des minéraux. Il diminue également la rétention d'eau, les allergies et les migraines. Au niveau psychologique, il purifie les chakras du cœur et du plexus solaire, dissout les émotions négatives et permet de se libérer des relations toxiques et des attachements malsains. L'halite blanche et rose se trouve chez tous les marchands de pierres, mais également dans les épiceries fines. Demander une pierre de sel rose pour la cuisson, qui aura l'avantage d'être bon marché, non friable et d'une belle dimension.

Hambergite

Borate hydroxyde de béryllium
Chakra : Coronal

Souvent de petite taille, elle est cependant très puissante et connecte à la source spirituelle. Elle permet d'augmenter la capacité intuitive et d'acquérir les connaissances des plans supérieurs par infusion. Posée sur le 3e œil, elle illumine et purifie l'aura. Au niveau physique, elle régule le rythme cardiaque.

Hanksite

Carbonate sulfaté de chlore, potassium et sodium
Chakra : Tous

Le sel qu'elle contient lui confère un grand pouvoir de purification et d'assainissement. Elle permet d'éliminer les toxines, de dissoudre les blocages et les impuretés tout en élargissant la lumière de notre champ électro-magnétique. Son pouvoir nettoyant s'élargit également à notre environnement et nous pourrons l'utiliser pour purifier nos cristaux ou l'énergie stagnante d'une pièce. Au niveau mental, elle purge de l'illusion, du mensonge ou de tout ce que l'on a du mal à admettre. Physiquement, elle sera utile pour l'élimination des toxines et de la rétention d'eau.

Hastingite

Aluminosilicate de fer, calcium et sodium
Chakra : Racine

Fortement enracinante, elle apporte force, confiance et élan pour avancer dans la vie. Elle diminue la tristesse, le découragement et permet d'assumer nos épreuves même lorsque l'on n'en comprend pas le sens. Au niveau physique, elle régule la circulation sanguine et atténue le stress oxydatif que peuvent subir les cellules.

Hausmanite

Oxyde de manganèse
Chakra : Racine

Le manganèse qu'elle contient réduit stress, angoisse, irritation et fatigue. Elle connecte également à l'énergie tellurique, apporte beaucoup de force et permet d'atteindre un état paradoxal de non-être, sans risques de déconnection à la réalité. Au niveau physique, elle renforce les os, les cheveux, la peau, ainsi que les vaisseaux et les capillaires sanguins.

Hauyne

Aluminosilicate de calcium et sodium
Chakra : 3e œil

Relativement rare, elle est très apaisante, diminue l'hypertension et régule le rythme cardiaque. Son utilisation est intéressante au niveau spirituel et psychologique car elle n'est que douceur, générosité et donne un cœur tranquille. Elle calme le mental, clarifie les idées, apporte une grande maîtrise émotionnelle ainsi qu'un accès au non-jugement.

Hélénite

Autre nom de la pierre de Gaïa

Héliodore

Silicate de béryllium et aluminium
Chakra : Plexus solaire

Étymologiquement signifie « cadeau du soleil », cette pierre inonde de chaleur et de lumière. Elle régule tout le système digestif, foie, vésicule biliaire, rate, pancréas, mais aussi une partie des intestins et le système reins-vessie. Elle apporte amour, énergie de réparation et santé à tout l'organisme. Au niveau mental, elle donne confiance en soi, bonne humeur, ouverture aux autres et permet de faire rayonner le plein potentiel de notre lumière particulière.

Héliotrope

Autre nom du jaspe sanguin

Héliolite

Autre nom de la pierre de soleil

Hématite

Oxyde de fer
Chakra : Racine

Souveraine pour tous les problèmes circulatoires, elle diminue les hématomes, varices, crampes, jambes gonflées et même les hémorroïdes en la fixant sur la fesse. Sa teneur en fer augmente les échanges métaboliques ainsi que l'absorption du fer et des minéraux au niveau de l'intestin. Elle diminue la fatigue, les douleurs et les saignements. Au niveau psychologique, elle donne courage, confiance en soi, force intérieure, dynamisme. Elle diminue les peurs en tous genres et attire la réussite.

Hématite aimantée

Sesquioxyde de fer

Fabrication chinoise à l'appellation commerciale « Hematite power magnet ». Il s'agit d'hématite reconstituée, chauffée et soumise à un puissant champ magnétique pour qu'elle devienne un aimant. Son utilisation au niveau lithothérapeutique n'aura pas grand intérêt.

Hématite rutile

Oxyde de fer et titane
Chakra : Racine

L'hématite est une des meilleures pierres pour la circulation sanguine et le rutile sur-oxygène, ce qui rend l'hématite rutile hyper détoxifiante pour le sang et très anti-inflammatoire. Elle décuple également le tonus musculaire. Au niveau psychologique, elle permet de garder notre axe intérieur sans se laisser influencer. Elle renforce l'ensemble de la personnalité et forme une barrière de protection contre le négatif.

Hématite spéculaire

Oxyde de fer avec traces de titane
Chakra : Racine

Également appelée spécularite, elle possède les qualités de l'hématite avec une dimension spirituelle supplémentaire. Elle stabilise l'aura, élargit la conscience, magnétise l'ensemble du champ électromagnétique et permet à l'hémoglobine du sang de capter la lumière cosmique. Physiquement, elle augmente l'oxygénation musculaire et diminue considérablement les crampes.

Hémimorphite

Silicate hydraté de zinc
Chakra : 3e œil, cœur

Pierre de tendresse et d'apaisement qui diminue la colère, la rancune, le ressentiment et qui atténue les attentes stériles ou le goût des amours impossibles. Elle augmente les forces de guérison, car elle connecte à l'amour. Elle agit en nettoyant les chakras supérieurs et en faisant descendre la lumière d'en haut dans le centre cardiaque. Au niveau physique, elle équilibre le taux des hormones, elle purifie le sang, assainit la peau et diminue douleurs, allergies et asthme.

Herdérite

Phosphate de calcium et béryllium
Chakra : 3e œil

Sa vibration est très élevée et elle agit principalement sur le cerveau. Elle augmente ses échanges électriques, équilibre ses hémisphères et stimule ses fonctions dans leur ensemble. Elle atténue les migraines et sera précieuse lors des rééducations après un AVC ou un choc. Au niveau psychique, elle élève le niveau de conscience en apportant objectivité et détachement. Elle stimule également les capacités paranormales, car elle développe les parties cérébrales qui captent les fréquences les plus hautes.

Hermanover kugel

Noyau de phlogopite
entouré d'antophyllite
Chakra : Racine, couronne

Son nom provient du village de Hermanov en Tchéquie. Proche du mica il est particulièrement riche en minéraux comme le potassium, magnésium, aluminium et silice. Il agit fortement sur le système nerveux en augmentant la circulation énergétique, ce qui a pour effet de diminuer les douleurs articulaires et d'apporter une décontraction générale. Tenu dans la main, il semble recharger efficacement le magnétisme des mains. Au niveau spirituel, il purifie les émotions négatives, libère les peurs et permet de permuter la conscience vers une dimension supérieure. Si on a la chance de trouver une paire, on pourra les utiliser comme les moquis ou les bojis. Les femmes prendront le plus plat et lisse dans la main droite et les hommes feront le contraire. On se détendra ainsi une quinzaine de minutes et cela rééquilibrera les polarités en recentrant chakras et corps subtils.

Hétérogénite

Oxyde de cobalt
Chakra : Gorge

Souvent associée à la chrysocolle, elle apaise les problèmes de gorge et de thyroïde. Grâce au cobalt qu'elle contient, elle diminue hypertension, migraines et spasmes nerveux. Au niveau psychologique, elle diminue les fatigues, les angoisses, les palpitations et la nervosité. Elle apporte également un grand équilibre émotionnel qui ouvre à une belle créativité.

Heulandite

Aluminosilicate hydraté
de sodium et calcium
Chakra : Cœur, coronal

Elle nous donne accès aux espaces inter dimensionnels afin de comprendre et nettoyer notre karma. Nous pourrons ainsi nous libérer du passé avec sa charge émotionnelle négative, sortir des addictions et des comportements ancrés. Elle permet aussi de connecter les deux hémisphères cérébraux en mêlant logique et intuition, afin de mieux avancer. Au niveau physique, elle aide la perte de poids, la mobilité articulaire et le système nerveux.

Héxagonite

Silicate de magnésium, calcium
avec traces de manganèse
Chakra : Cœur

Il s'agit d'une trémolite rose qui est assez rare. Elle stabilise et calme le cœur en ouvrant à l'authenticité, au naturel et à la vérité. Au niveau physique, elle stimule l'immunité, régule le rythme cardiaque et relaxe l'ensemble de la musculature.

Hiddénite

Silicate de lithium et aluminium
avec traces de chrome
Chakra : Cœur

De la famille des spodumènes elle contient du lithium qui agit directement sur l'émotionnel. Elle diminue la dépression, les angoisses, la tendance à l'autodestruction ou au masochisme et tout ce qui est de nature trop excessif. Elle libère des liens toxiques, des culpabilités, des regrets et de toutes les cristallisations malsaines. Elle ouvre le cœur à la gratitude et connecte à l'amour pur et inconditionnel que nous avons au fond de nous. Au niveau physique, elle agit sur le cœur et régule les cycles hormonaux. Elle renforce les coronaires, régule le rythme cardiaque et induit un souffle de guérison générale.

Hollandite

Oxyde de manganèse et baryum
Chakra : Cœur

Elle se présente la plupart du temps sous forme de petites étoiles en inclusion dans le quartz, ce qui amplifie sa puissance. Son énergie est essentiellement spirituelle et elle développe les capacités extra sensorielles. Posée sur le 3e œil, elle dissout les formes pensées et les croyances ou programmations qui nous empêchent d'évoluer. Elle insuffle l'intuition d'être au bon endroit au bon moment, elle nous rapproche de notre mission de vie, elle nous réaligne correctement pour mieux nous faire saisir les synchronicités et elle connecte à nos guides spirituels. Posée sur le cœur, elle permet de s'emplir d'amour et de lumière.

Howlite

Silicate de calcium et bore
Chakra : Sacré

Elle agit principalement sur les liquides du corps en les régulant. Ainsi elle diminue œdèmes, vergetures, douleurs articulaires et elle sera très précieuse lors de régimes amaigrissants, car elle favorise l'élimination des liquides stagnants. Elle stimule la lactation et maintient la peau élastique. Elle reminéralise également le squelette, les dents et les articulations. Au niveau psychologique, elle calme le stress, stabilise le mental, apporte paix et repos émotionnel et diminue les insomnies. Elle atténue considérablement les émotions violentes de toutes sortes et lisse les réactions excessives. La howlite est malheureusement trop souvent teintée en bleue pour imiter la turquoise.

Huebnerite

Oxyde de tungstène et manganèse
Chakra : Racine

Souvent associée au quartz, elle induit un ancrage très puissant en apportant énergie et vitalité. Elle équilibre le mental, donne de l'assurance et nous replace dans l'ici et maintenant. Au niveau physique, elle augmente l'élimination et booste l'assimilation des glucides et lipides. Placée sur le chakra sacré, elle préviendra la constipation.

Hyalite

Autre nom de l'opale hydreuse.
Toujours transparente,
voir opale hyalite

Hydroboracite

Borate hydraté de calcium
et magnésium
Chakra : Coronal

Pierre rare qui est connectée aux plus hauts plans spirituels. Elle fait descendre une lumière purificatrice dans le corps physique et métaphysique. Elle purifie l'ensemble de l'aura et nettoie les chakras sur lesquels on la pose. Elle permet de décristalliser les formes pensées ainsi que les constructions mentales négatives que l'on se crée. Au niveau physique, elle favorise l'élimination des toxines. Attention elle est soluble dans l'eau.

Hypersthène

Silicate de fer et magnésium
Chakra : Tous

Pierre d'une incroyable efficacité, proche de la bronzite. Elle diminue l'acidité générale de l'organisme et atténue les douleurs inflammatoires des tendons ou articulations sur lesquels on la pose. Placée sur le chakra coronal ou sur le 3e œil, elle ouvre à la clairvoyance et à la médiumnité tout en régulant la glande pituitaire. Posée sur le chakra du cœur, elle alchimise la tristesse en amour et nous transforme en guerrier de lumière. Posée sur l'estomac, elle diminue l'acidité gastrique et empêche les remontées acides dans l'œsophage. Placée sur le plexus solaire, elle apaise tensions et anxiété en aidant à faire rayonner notre vrai potentiel. Sur le chakra sacré, elle freine les spasmes intestinaux et placée sur le chakra racine, elle enracine et évacue l'énergie négative vers la terre.

Idocrase

Autre nom de la vésuvianite

Ilménite

Oxyde de titane et fer
Chakra : Racine

Elle a la même composition et donc les mêmes propriétés que l'hématite rutile. Elle diminue tous les problèmes sanguins, détoxifie l'organisme, suroxygène le sang et les muscles. Psychologiquement, elle donne détermination et force de caractère, tout en protégeant des influences extérieures.

Ilvaite

Silicate de calcium et fer
Chakra : Racine

Fortement enracinante, elle donne ténacité, patience et endurance. Elle diffuse une belle vitalité dans l'ensemble du corps, équilibre les énergies yin-yang, ainsi que le pH sanguin et l'assimilation des sels minéraux.

Indicolite

Autre nom de la tourmaline bleue

Inésite

Silicate de calcium et manganèse
Chakra : Cœur

Pierre décontractante qui diminue spasmes et douleurs musculaires. Psychologiquement, elle équilibre, apaise et diminue tristesse et traumatismes émotionnels.

Inyoite

Borate hydraté de calcium
Chakra : Coronal

Elle nettoie les chakras sur lesquels on la pose et purifie l'aura de ses cristallisations négatives. Posée sur le plexus solaire, elle décuple l'éliminations des toxines. Attention soluble à l'eau.

Iolite

Autre nom de la cordiérite
et du saphir d'eau

Iordargyrite

Iodure d'argent
Chakra : Gorge

Pierre rare faisant partie des micro minéraux difficile à utiliser. Son mélange d'iode et d'argent la rend efficace dans le traitement de l'hypothyroïdie, qui crée en particulier l'obésité. Il sera intéressant de travailler avec le médicament homéopathique du même nom que la pierre, car plus disponible, mais il ne sera efficace que si l'origine de la surcharge pondérale provient d'un dérèglement de la thyroïde.

Iowaite chromée

Hydroxyde hydraté de chlore,
chrome, fer et magnésium
Chakra : Coronal

Elle agit principalement sur les deux derniers chakras supérieurs. Elle permet à la lumière spirituelle de mieux pénétrer jusqu'à la conscience et de devenir canal des énergies d'en haut. Elle dissout peurs, inquiétudes, idées noires, car elle nous ouvre à la certitude d'une protection qui nous dépasse. Elle stabilise également l'humeur, réduit les migraines et les troubles de bi polarité. Elle dissout les blocages, refait circuler l'énergie générale et insuffle une foi en l'avenir et en nos capacités.

Jade

Silicate de sodium + magnésium
ou calcium + magnésium + fer
Chakra : Sacré, cœur

L'appellation « jade » provient de l'époque des conquistadors d'Amérique latine et du mot « piedra de ijada » qui signifie « pierre des reins ». Depuis la nuit des temps, toutes les cultures ont en effet, utilisé le jade pour soigner le système urinaire, les reins, les glandes surrénales, les incontinences, calculs rénaux, coliques néphrétiques, cystites et toutes les affections qui y sont liées. Le jade n'est pas une pierre spécifique mais la désignation de trois minéraux distincts : la néphrite, la jadéite et le kosmochlor. La néphrite est une variété d'actinote et d'amphibole, la jadéite plus dure une variété de pyroxène et le kosmochlor plus complexe que l'on trouve dans les météorites ou le jade de Birmanie. Sans entrer dans trop de subtilités minéralogiques, il est important de retenir que le jade n'est pas une pierre spécifique mais un ensemble de pierres qui ont toutes un point commun, celui de soigner le système urinaire. Attention aux nombreuses contrefaçons et aux pierres colorées artificiellement. La serpentine et l'antigorite ne sont pas des jades.

Jade africain

Autre nom du buddstone
ou de la verdite

Jade blanc

Silicate de calcium et magnésium, le plus pur des jades
Chakra : 3e œil

Comme tous les jades il augmente l'énergie du rein et donc la vitalité générale de l'organisme. Il harmonise les équilibres acido-basiques et sel-eau du corps, tout en stimulant l'élimination. Au niveau mental et psychologique, il aide à faire le vide en soi, apaise le cerveau et diminue les foisonnements intempestifs d'idées. Il procure un sommeil paisible et assure longévité et indépendance d'esprit.

Jade impérial

Silicate de sodium et aluminium, vert émeraude translucide
Chakra : Cœur

Variété de la jadéite la plus belle, la plus chère et la préférée des Empereurs chinois. Il est le plus puissant des jades. Il stimule bien évidemment le système urinaire mais aussi l'immunité, la purification du sang et la santé de la peau et des cheveux. Il contrecarre les effets du vieillissement, des pertes de mémoires ou des conséquences d'une chirurgie. Il est le symbole de l'immortalité, de la longévité, de la prospérité et de la santé. Il permet de récupérer son honneur et sa dignité car il nous pousse toujours vers la hauteur et la noblesse. On lui attribue le pouvoir de matérialiser nos rêves. Un simple petit morceau porté sur soi avec cœur et conviction attirera ce que nous désirons ou concrétisera un cadeau spirituel encore plus précieux.

Jade Jaune

Silicate de calcium et magnésium
Chakra : Plexus solaire

Comme tous les jades il équilibre le PH sanguin ainsi que les énergies yin-yang. Il stimule le système digestif, les fonctions biliaires et rénales, ainsi que l'élimination. Au niveau psychique, il stabilise la personnalité car il dégage une douceur et une joie qui rendent positif.

Jade jaune d'Australie

Autre nom de la préhnite

Jade lavande

Silicate de sodium, aluminium et sels de fer et manganèse
Chakra : Cœur

Comme tous les jades elle renforce l'énergie des reins, du système urinaire et de l'équilibre acido-basique. Sa couleur qui peut aller de rose à violet, dégage une grande paix qui purifie et cicatrise les blessures émotionnelles. Elle ouvre à la subtilité, à l'authenticité, aide à se respecter soi-même en posant des limites en douceur. Cette connexion à notre véritable nature engendrera une satisfaction, un profond bien-être et le sentiment d'être parfaitement à sa place.

Jade lémurien

Mélange de jade, pyrite et quartz
Chakra : Racine, 3e œil

Pierre en forte affinité avec tout ce qui est concret. Elle apporte clarté intérieure et permet de sortir de la victimisation et des souffrances impossibles à dépasser. Elle améliore concrètement nos comportements et nous aide à reprendre notre vie en main. Au niveau physique, elle rétablit la guérison, stabilise les corps subtils, stimule l'immunité et la vitalité générale. Il est rapporté qu'elle a aidé des personnes à passer au travers du cancer et du VIH.

Jade magnétite

Silicate d'aluminium et oxyde de fer
Chakra : Racine

Appellation commerciale d'un jade noir à inclusion de magnétite que l'on a doré en laboratoire par galvanoplastie. Il est fortement connecté a tout ce qui est matériel. Il ramène au concret ceux qui ont tendance à trop rêver. Il dénoue les tensions musculaires et assouplit les articulations. Les amateurs de jeux d'argent et les commerciaux l'utilisent comme talisman car il est censé attirer la fortune et le succès.

Jade néphrite

Silicate de calcium et magnésium
Chakra : Sacré

Appelé jade du Canada, il régule les reins, le système urinaire, les glandes surrénales et favorise l'élimination. Les calculs rénaux, colites néphrétiques, cystites, incontinences peuvent être soulagés. Il équilibre également, le rapport eau-sel et acide-base de l'organisme. Il relance la circulation du sang et combat les infections. Au niveau mental, il apporte la sérénité, clarifie l'esprit, équilibre les énergies yin-yang et stabilise la personnalité. Placé sous l'oreiller durant le sommeil, il aide à se souvenir de ses rêves ou faire des rêves prémonitoires.

Jade noir

Silicate de sodium et aluminium
et sels de titane
Chakra : Racine

Pierre magique pour les Incas, elle reconnecte à tout ce qui nous entoure, que ce soit la nature, les autres ou la vie. Elle est une des pierres noires qui soignent le mieux. Elle stimule les reins et l'élimination, la circulation du sang, les intestins et augmente considérablement la vitalité générale de l'organisme. Elle est une pierre de vie qui nous permet de continuer de croire en nos rêves. Elle nous sensibilise à la perception de l'invisible de la vérité sous toutes ses formes.

Jadéite

Silicate de sodium et aluminium

Type de jade plus précieux et plus dur que le jade néphrite, pouvant être de couleurs très variées. Ses propriétés sont celles des jades. Le jade impérial est le plus précieux des jadéites.

Jais

Charbon fossilisé transformé en lignite
Chakra : Racine, cœur

Cette résine carbonisée est vieille de 144 à 208 millions d'années et elle est considérée comme pierre de protection depuis la nuit des temps. On en a retrouvé dans les chambres funéraires préhistoriques, les femmes de Vikings et de marins en cousaient des morceaux dans les ourlets des vêtements ou les brûlaient pour repousser les mauvais esprits, les croix en jais protégeaient de la sorcellerie et la reine victoria a lancé la mode des bijoux en jais pour surmonter les deuils. Il a toujours anéanti et repoussé magie noire et maléfices. Le jais aide au recentrage qui permet de revenir à l'essentiel, à ce qui est simple et authentique, à diminuer la dispersion et un rythme effréné de vie. Il absorbe tout, tant sur le plan physique que psychologique. Il diminue les douleurs, les excès d'acidité, l'épilepsie, les migraines, les névralgies, tous types de radiations et assouplit les articulations. Il absorbe également les pires chagrins, la tristesse, la souffrance et les peurs. Il faudra prendre soin de le décharger à l'eau, car il absorbe mais ne dissout pas. On l'utilise également pour stabiliser les finances et éviter des dépenses imprévues. Pour cela on le placera à l'endroit où l'on garde son argent ou simplement sur les factures.

Jarosite

Sulfate hydraté de fer et potassium
Chakra : Sacré

Pierre de lucidité qui permet de faire la part entre ce qui est vraiment bon pour nous et ce qui semble positif, mais qui n'est en fait que le fruit de nos projections. Elle donne discernement, idées claires et facilite la prise de décision. Au niveau physique, sa teneur en fer tonifie les muscles et freine l'action des bactéries. On l'utilisera ainsi lors de crampes ou d'anémie et on la posera sur le pli de l'aine une petite demi-heure pour un effet anti bactérien.

Jaspe

Dioxyde de silicium

Il fait partie du groupe des quartz microcristallins proches des agates. Il existe une variété impressionnante de jaspes aux couleurs variées et plus d'une cinquantaine de noms différents, dont la plupart sont des appellations commerciales. Généralement, il purifie les énergies négatives et harmonise le champ électromagnétique. Cependant la nature nous offre une telle quantité impressionnante d'autres minéraux très efficaces et puissants, que le travail avec le jaspe en devient moins intéressant. Quel que soit son nom, il agira très en douceur et il sera nécessaire de le porter constamment sur soi pour commencer à sentir son effet. On l'utilisera surtout pour les enfants, les personnes hypersensibles ou tout simplement pour sa beauté dans le cas où elle nous touche particulièrement.

Jaspe bourdon

Autre nom du jaspe bumbble bee

Jaspe brèche

Autre nom du jaspe bréchiforme

Jaspe bréchiforme

Dioxyde de silicium, oxyde de fer
Chakra : Racine, sacré

Proche du jaspe rouge, il stimule en douceur la circulation du sang et le taux de globules rouges. Il ouvre les trois premiers chakras, enracine et développe l'initiative et le sens pratique. Il équilibre le taux de minéraux du corps, stimule les organes digestifs et sexuels et stabilise l'aura.

Jaspe bumble bee

Soufre, gypse, aragonite, orpiment, manganèse, oxyde de fer et sulfure d'arsenic
Chakra : Plexus solaire

Appelé également jaspe bourdon ou jaspe éclipse, il se rapproche de la famille du jaspe car il est également de type sédimentaire, mais n'en fait tout de même pas vraiment parti. Il est une pierre volcanique de l'ile de Java que l'on trouve vers les gisements de soufre de Papandayan. Il relance la circulation énergétique du corps et représente une bonne pierre de guérison. Il nettoie les chakras et diminue les douleurs. Au niveau mental, il donne confiance en soi, force, endurance, calme le stress et la peur et permet de se défocaliser du négatif. Il contient de l'arsenic mais il reçoit une imprégnation de stabilisation avant sa commercialisation, ce qui le rend inoffensif. On évitera toutefois de l'utiliser en élixir.

Jaspe cappuccino

Dioxyde de silicium
Chakra : Sacré

Appelé également jaspe brun ou marbre égyptien, car il était utilisé pour des amulettes et des vases rituels en Égypte ancienne. Les Amérindiens l'ont aussi beaucoup utilisé comme talisman de protection ou pour tailler des pointes de flèche. Il aide au lâcher prise et à la possibilité d'abandonner les vieux schémas, croyances, peurs et émotions destructrices. Il aide à se placer dans un état de confiance douce et à comprendre que la panique et la négativité ne font jamais avancer les choses. Comme le jaspe dalmatien, il est efficace contre les problèmes intestinaux tels que côlon irritable, maladie de Crohn, gastro entérite, constipation, diarrhées, allergies au lactose, ballonnements. Il aide à soulager les migraines et addictions car il allège la tête.

Jaspe coquille

Dioxyde de silicium
Chakra : Racine

Il reminéralise en douceur les os, les dents, la colonne vertébrale. Tenue dans les mains, il procure une sensation rassurante qui détend le mental autant que les muscles. Pierre de bienveillance et de lâcher prise qui déstresse et peut préparer à un sommeil réparateur.

Jaspe dalmatien

Dioxyde de silicium
Chakra : Sacré

Il présente une alternance parfaite de beige et de noir. Il est à la fois tonique et calmant, équilibrant les énergies yin et yang. Il apaise les blessures émotionnelles tout en poussant à l'action en douceur. Il peut atténuer les cauchemars et aider à surmonter les peurs irrationnelles. Au niveau physique, il calme les maux de ventre en particulier les problèmes de côlon irritable et tous les dysfonctionnements intestinaux. En régulant l'intestin, il va favoriser l'élimination, l'absorption des nutriments essentiels et le système immunitaire en général.

Jaspe écaille de poisson

Dioxyde de silicium
Chakra : Racine

Il permet la reminéralisation douce des os et la fortification des articulations et tendons. Il semble porter la fluidité des océans et aide le drainage, la circulation énergétique et la diminution des douleurs. Au niveau psychologique, il apporte le calme, la paix et élimine en douceur nos écailles émotionnelles. Celles dont on s'est entouré pour se protéger des agressions extérieures. Cette défragmentation ne se fera cependant que très progressivement car les jaspes ont besoin de temps pour agir.

Jaspe feuille d'argent

Dioxyde de silicium
Chakra : Sacré

Il reconnecte aux origines de notre être, à la partie innocente et non blessée d'avant les épreuves que la vie nous impose. Il permet de nettoyer en profondeur les émotions liées aux mauvais souvenirs et aux peurs irrationnelles. Il induit un sommeil réparateur et la possibilité de rêves symboliques. Au niveau physique, Il régule les troubles liés à l'activité cérébrale tels que les migraines, les troubles neurologiques, la sclérose en plaques, la maladie de parkinson, l'autisme, la bipolarité.

Jaspe hématoïde

Autre nom de l'œil de fer

Jaspe impérial

Dioxyde de silicium
Chakra : Tous

Appelé également multicolore ou polychrome, il présente des larges bandes de couleur aux motifs parfois étonnants. Ses couleurs sont pastel allant du rouge-brun-beige au bleu-gris-vert. Il cumule les différentes vertus de tous les jaspes, sachant que leur action se fait en douceur et sur la longueur. Il ouvre et équilibre toutes les parties de nous-même et favorise la circulation énergétique. Il apporte la fluidité tant sur le plan physique que mental et débloque ce qui nous entrave. Son pouvoir harmonisateur donne un sentiment à la fois de complétude, mais aussi de liberté.

Jaspe jaune

Dioxyde de silicium
Chakra : Plexus solaire

Il régule le système digestif, l'acidité,

les indigestions, les ballonnements, les nausées, les intolérances, les encombrements du foie et de la vésicule ainsi que le pancréas. Au niveau psychologique, il véhicule une belle énergie lumineuse qui dissout les émotions sombres et tout ce que l'on n'arrive pas à digérer moralement. Il apaise les inquiétudes sourdes, la négativité chronique et l'hypersensibilité à l'opinion des autres.

Jaspe Kalahari

autre nom du jaspe paysage
lorsqu'il ressemble particulièrement
au désert du Kalahari

Jaspe kambaba

Dioxyde de silicium, jaspe vert
à inclusions de fossiles
Chakra : Cœur

Appelé également jaspe à stromatolithe. Il renferme la trace de microorganismes marins et algues fossilisées. Il nous relie aux forces originelles de la nature, et apporte équilibre énergétique et régénération. Il agit également puissamment sur le cœur, le revitalise, apaise ses blessures et sensibilise à l'intelligence émotionnelle. Il connecte le cœur à la puissance de la terre mère et à la purification des océans. Au niveau physique il stimule l'immunité, aide l'assimilation des minéraux et détoxifie en douceur.

Jaspe léopard /pop

Dioxyde de silicium
Chakra : Racine

Il nous rend tonique, instinctif, réactif car il stimule notre vitalité animale. Il renforce l'acuité de notre vision du monde et élimine toute forme de suppositions en nous faisant accueillir ce que la vie nous apporte sans questionnements. Très utile pour les personnes qui pratiquent le chamanisme, il nous connecte à notre animal totem et sera également très puissant pour soigner nos animaux de compagnie. Au niveau physique il permet une meilleure coordination du système nerveux, tout en sachant que son énergie se répartit lentement dans le corps, ce qui est la particularité de tous les jaspes.

Jaspe Marianne

Dioxyde de silicium et limonite
Chakra : Racine

Appelé également jaspe peau d'éléphant. Elle permet d'apprivoiser la solitude, d'accéder à la sagesse et au lâcher prise. Elle est excellente contre les problèmes digestifs et intestinaux. Elle fait circuler l'énergie dans la vésicule biliaire et libère le ressentiment, la rancune et l'indécision. Elle dénoue et atténue les problèmes psychosomatiques et les affections cutanées.

Jaspe mokaïte

Dioxyde de silicium
Chakra : 3e œil, racine

Jaspe aux couleurs rouge, blanc, jaune et toutes leurs nuances. Il stimule la circulation sanguine et mélange harmonieusement les fluides du corps. Il provoque une sorte de brassage des différentes parties de notre être. Il oblige à lâcher les blocages, à abandonner les illusions, à assouplir nos rigidités et à s'ouvrir aux expériences nouvelles. Il permet de rester calme face aux tempêtes de l'existence et d'adapter un comportement plus conforme à ce que nous sommes au fond de nous. Il ouvre notre esprit à la multitude de possibilités qui existent pour chaque situation et nous incite à faire les meilleurs choix. Cette souplesse et cette adaptabilité entraînent un ralentissement du vieillissement et une élévation du taux vibratoire.

Jaspe noir

Dioxyde de silicium
Chakra : Racine

Un des jaspes les plus rares qui charge puissamment en énergie. Il donne la force de poser les limites nécessaires, de sortir des conditionnements et des rôles sociaux que l'on s'impose. Il dissout les mémoires émotionnelles et rééquilibre l'ensemble des chakras. Au niveau physique, il atténue les douleurs et permet des rétablissements et convalescences rapides après des maladies ou interventions chirurgicales. Dans un autre domaine, on le retrouve dans l'orfèvrerie en tant que pierre de touche sur lequel on va frotter l'or pour l'identifier.

Jaspe océan

Dioxyde de silicium
Chakra : Cœur, plexus solaire

Le jaspe océan est ramassé sur les plages de Madagascar à marée basse. Il agit sur nos rythmes biologiques, la respiration, les échanges cellulaires en les équilibrant. Il soutient la vie au fond de nous, la santé générale et diminue en douceur les blocages émotionnels.

Jaspe orbiculaire

Dioxyde de silicium
Chakra : Cœur, plexus solaire

Variété de jaspe océan qui présente de nombreux cercles colorés. Il possède les mêmes vertus que le jaspe océan en plus concentré. Il paraît qu'il accroît également le magnétisme de celui qui la garde en main.

Jaspe pavot

Dioxyde de silicium
Chakra : Sacré

Jaspe de couleur rouge-rosé tacheté de brun et noir. Il est un mélange de jaspe rouge et jaspe dalmatien et cumulera leurs propriétés.

Jaspe paysage

Dioxyde de silicium
Chakra : Racine

Variété aux tonalités beiges ressemblant à des paysages désertiques. La contempler ouvre au repos, à la créativité et à la paix intérieure. Elle aide à supporter le stress, les contrariétés et permet de se poser au milieu de la tourmente.

Jaspe peau d'éléphant

Autre nom du jaspe Marianne

Jaspe Picasso

Dioxyde de silicium
Chakra : Racine, sacré

Qualité de jaspe présentant des motifs abstraits de couleur noirs, bruns, gris, crème et orangé. Il vitalise en douceur le système nerveux et active les connexions cérébrales, entraînant vivacité d'esprit, créativité, intuition et idées nouvelles. Le jaspe Picasso est une pierre joyeuse qui engendre bonne humeur, positivité et dissolution de la tristesse.

Jaspe porcelaine

autre nom de l'agate dendritique

Il est trop souvent vendu pour de la porcelanite, qui est une pierre plus rare ayant une composition différente.

Jaspe rouge

Dioxyde de silicium et oxyde de fer
Chakra : Racine

Les Amérindiens et Égyptiens anciens l'ont utilisé pour son lien à la terre mère, sa force et sa fertilité. Il stimule la circulation sanguine, réchauffe et nettoie le sang. Il détoxifie le foie, stimule les enzymes digestifs et régule les menstruations. Il enracine et connecte aux esprits de la terre, en procurant force tranquille, bienveillance et confiance en soi. Il sera utile en élixir ou en eau de pierre pour favoriser l'élimination lors de régime. Pour cela on pourra y ajouter de la citrine, howlite, magnésite qui activera le drainage.

Jaspe sanguin

Dioxyde de silicium
et oxyde ferrique
Chakra : Cœur

Appelée également héliotrope ou pierre de sang du Christ. Au Moyen Âge, les premiers chrétiens croyaient que les taches rouges étaient celles du sang de Jésus, ce qui lui conféra tous les pouvoirs. Elle fut réduite en poudre et mélangée à du miel et des œufs pour soigner les plaies, saignements ou piqûres de serpent. Aujourd'hui, elle peut être utilisée pour tous les problèmes circulatoires et particulièrement le retour veineux. On pourra masser doucement les varices, scotcher un morceau sur le haut de la fesse contre les hémorroïdes ou poser sur les saignements pour les stopper. Il aide l'élimination des toxines, optimise les fonctions du foie, vésicule biliaire, rate. Il relie aux forces de la nature par un ancrage en douceur et renforce immunité et adaptation au climat. Elle permet de dégager les énergies négatives du sang avant qu'elles n'assombrissent le cœur. Sainte Hildegarde au XIIe siècle conseillait de dormir avec un jaspe sanguin sur l'orifice de l'oreille pour soigner les troubles auditifs.

Jaspe star galaxy

Autre nom du jaspe kambaba

Jaspe vert

Dioxyde de silicium, fer et
parfois inclusions organiques
Chakra : Cœur

Il a été utilisé depuis des millénaires dans plusieurs civilisations différentes en tant qu'outils, sceaux, bijoux et talismans de fécondité. Il a une affinité avec le cœur qu'il va nettoyer des peurs, souffrances, tristesses et blocages. Sa couleur vert sombre permet aux énergies d'amour de pénétrer dans les profondeurs de nous-mêmes, entraînant une guérison en douceur. Au niveau physique, il agit sur les fonctions biliaires, la constipation et les problèmes cutanés.

Jaspe zébré

Dioxyde de silicium et calcite
Chakra : Racine

Jaspe foncé zébré de blanc ou rose. Il nous suggère symboliquement de repousser le noir pour laisser la place au blanc, autrement dit il nous donne la force de repousser le doute et le négatif pour laisser place à l'optimisme et l'endurance. Il élargit notre énergie personnelle, nous ouvre à l'espoir et à l'acceptation joyeuse de ce que nous sommes. Au niveau physique, il régule les arythmies cardiaques et diminue les spasmes musculaires. On le différencie de l'agate zèbre car il est plus opaque.

Jeremjévite

Borate d'aluminium et fluor
Chakra : Gorge

Pierre rare dont les cristaux sont généralement très petits, mais très puissants. Ses propriétés ressemblent à celles de l'aigue-marine. Elle permet de lâcher prise en douceur, d'avoir une élocution fluide et une communication au plus proche de notre être profond. Posé sur le 3e œil, elle ouvre à l'authenticité et offre une vision multidimensionnelle. Au niveau physique, elle stimule l'immunité et envoie un message d'ordre aux cellules si on la pose sur le thymus.

Johachidolite

Borate d'aluminium et calcium
Chakra : Plexus solaire

Malheureusement toujours petite et chère, il n'est pas facile de s'en procurer. Elle fortifie les os et régule la fabrication de nouvelles cellules. Au niveau spirituel, elle insuffle beaucoup de confiance en nous replaçant dans le « bon » égo, celui qui nous fait avancer avec courage et sans prétention. Elle nous fait prendre conscience de notre potentiel et nous aide à l'exprimer sans crainte du regard des autres.

K2 (Kétonite)

Granit et azurite
Chakra : 3e œil

Appelée ainsi car elle provient de la montagne Himalayenne nommée Kétu ou K2, 2e plus haut sommet du monde après l'Everest. La mine se trouve au pied de la montagne, côté pakistanais, mais elle contient l'énergie fabuleuse de ce mont de 8 611 mètres de haut. Elle connecte au ciel, renforce l'axe vertical, aligne les chakras et diffuse le courant énergétique de la tête aux pieds. Pierre de recentrage et d'ancrage elle accélère tous processus de guérison.

Elle ouvre également le cœur, permet de communiquer avec confiance et pousse à oser agir sans peurs. Physiquement elle renforce la colonne vertébrale ainsi que les nerfs. Les taches bleues de la kétonite sont de l'azurite qui se transforme avec le temps en malachite, raison pour laquelle certains K2 sont verdâtres. L'azurite naturelle étant friable et petite, cette pierre aura l'avantage de permettre son utilisation plus aisément.

Kaersutite

Aluminosilicate de titanium, magnésium, calcium et sodium
Chakra : Racine

Elle ancre fortement à la terre et communique sa puissance tellurique. Elle apporte ainsi une grande énergie vitale qui relance l'immunité, soutient la circulation sanguine et renforce le couple rein-vessie. Au niveau psychologique, l'ancrage qu'elle procure assure un grand calme intérieur, une sérénité face aux aléas et une confiance pour aller de l'avant. Elle sera également très utile contre les insomnies en procurant un sommeil profond et réparateur.

Kakortokite

Mélange d'arfvedsonite, d'eudialyte et de néphéline
Chakra : Coronal

Elle fait partie de ces nouvelles pierres qui émergent au sud du Groenland à Illimaussaq. Elle est rare car on ne la trouve qu'à Qaqortoq, petite localité inuite. Elle renforce le système circulatoire et nettoie le sang et le foie. Au niveau spirituel elle capte la lumière cosmique pour la faire entrer par le sommet de la tête jusqu'au chakra racine. Elle dissout les blocages, fait recirculer l'énergie et entraîne une auto-guérison dans tous les niveaux de l'Être. Elle nous offre une vision aiguisée et globale de notre potentiel véritable, afin de donner une meilleure direction à notre vie.

Kammererite

Aluminosilicate de magnésium et chrome
Chakra : Coronal

Elle ouvre délicatement le chakra coronal pour permettre à la lumière de la source de descendre en nous. Elle purifie les émotions négatives, les cristallisations mentales et tout ce qui freine l'élévation spirituelle. Elle est excellente pour la méditation et sa beauté scintillante sacralise toute pratique. Au niveau physique, elle favorise l'élimination des toxines en harmonisant l'ensemble du système endocrinien, c'est-à-dire l'équilibre hormonal et immunitaire.

Kernite

Borate de sodium hydraté
Chakra : Coronal

Au niveau physique, elle renforce la moelle osseuse et la formation des globules rouges. Cependant ses vertus sont principalement spirituelles. Elle ouvre et purifie les chakras supérieurs, stimule les capacités extra sensorielles et permet ainsi un accès aux profondeurs de notre inconscient.

Kimberlite

Roche volcanique
Chakra : Tous

Il s'agit de la roche mère du diamant qui donne beaucoup d'originalité d'esprit. Elle permet d'accepter les choses telles qu'elles sont, elle donne flexibilité, adaptation, mais aussi discernement et intelligence de relier les opposés. Elle diminue les résistances psychiques et ouvre à un vrai lâcher prise. Au niveau du corps, les minéraux qu'elle contient, stimule la digestion, la calcification osseuse et la reminéralisation générale.

Kinoïte

Silicate de cuivre et calcium, souvent associé à la dioptase ou l'apophyllite
Chakra : Gorge

Elle permet de s'élever, de se dépasser, de voir plus grand et de sortir de ses limitations. Elle connecte à la pure lumière spirituelle, tout en ouvrant le cœur à la plus haute compassion. Elle permet de mieux aimer l'humanité même après des déceptions car elle nous hisse à un plan de conscience proche du sublime. Elle sera un précieux support lors de séance de channeling ou de contact angélique. Physiquement, elle soigne tous les problèmes de gorge, mais aide également à s'exprimer au plus proche de sa nature profonde avec vérité et authenticité. Elle diminue les inflammations et ecchymoses en la posant sur la zone atteinte.

Kornérupine

Borosilicate de magnésium et aluminium
Chakra : Cœur

Elle a la particularité de présenter un pléochroïsme, c'est-à-dire qu'elle change de couleur selon l'angle de la lumière qu'elle reçoit. Elle a le pouvoir de restaurer l'équilibre du corps et de l'esprit. Même en cas de virus résistant, elle apporte la vitalité nécessaire pour que les cellules se remettent en ordre. Au niveau émotionnel, elle procure le même apaisement et permet de retrouver l'amour et le respect de soi nécessaire à toute guérison. Elle développe l'intuition, l'intelligence et la confiance en soi nécessaire pour vivre l'instant présent sans peurs de l'avenir, ni blocages dus au passé.

Kulanite

Phosphate de baryum
Chakra : Cœur

Minéral assez cher, dont les cristaux sont très petits. Posée sur le cœur, elle fait repartir les flux électromagnétiques du corps, ce qui a pour effet d'élever le champ vibratoire, en donnant beaucoup de vitalité. Moralement, elle redonne confiance et élan vers l'avenir. Physiquement, elle accélère le processus d'élimination et renforce les reins.

Kunzite

Silicate de lithium et aluminium
Chakra : Cœur

Elle connecte et canalise l'amour, le pardon et la paix. Le lithium qu'elle contient fait d'elle un calmant naturel qui guérit les blocages, dissout les résistances et évacue le négatif. Elle peut apaiser les pires traumatismes, car elle éloigne le mal de notre aura et dissout absolument tout ce qui est contraire à l'amour. Elle soigne la dépression, les angoisses, la souffrance psychologique et même les tourments psychiatriques. Elle atténue toutes les exagérations comportementales, fusionnelles ou empathiques et affine l'intuition, par le simple fait qu'elle connecte à l'amour authentique de la source. Au niveau physique, elle réaligne les chakras sur le cœur et induit une guérison globale. Elle relance le système parasympathique responsable du métabolisme, elle équilibre le taux hormonal et renforce les coronaires. Elle envoie également de la lumière dans le système nerveux et diminue névralgies, migraines, douleurs et insomnies. La kunzite est un des plus beaux cadeaux de la nature.

Kupletskite

Silicate de potassium, sodium, manganèse, fer, titane avec traces de fluor
Chakra : Sacré

Souvent associée à d'autres minéraux,

elle est assez rare. Elle nous replace dans l'axe de notre Être et nous permet de nous alléger des pensées parasites, ainsi que de tout ce qui n'est pas essentiel dans notre existence. Elle nous rapproche de notre mission et nous fait entrer dans la juste vibration qui nous permet de la réaliser. Au niveau physique, elle renforce les organes sexuels, la libido et atténue tous types d'allergie.

Kutnohorite

Carbonate de calcium, manganèse, magnésium et fer
Chakra : Cœur

Elle rend positif, joyeux et nous permet de ne voir que le meilleur d'une situation. Au niveau physique, elle oxygène le sang et stimule ainsi l'ensemble des échanges cellulaires. Elle maintient la bonne santé des tissus, accélère la cicatrisation, augmente l'assimilation des nutriments et diminue les crampes musculaires.

Labradorite

Aluminosilicate de calcium et sodium
Chakra : Cœur

Elle renforce et purifie toutes les couches de l'aura, mais spécialement le corps éthérique. Elle protège tel un bouclier de lumière, qui absorbe les projections et les énergies négatives des autres. Elle dissout les peurs, les scories négatives dues aux déceptions, les formes pensées accrochées aux corps subtils et elle maintient ainsi notre champ électromagnétique propre et lumineux. Elle sera idéale pour les thérapeutes car elle évitera la fatigue et la déperdition d'énergie due à une trop grande empathie. Elle permet une grande indépendance tout en conservant une connexion aux autres. Posée sur le plexus solaire ou le thymus, elle stimule l'auto-guérison. Posée sur une douleur, elle peut l'atténuer. Posée sur le cœur, elle le calme et l'ouvre à l'abondance lumineuse. Tenue dans les mains, elle accroît fortement le magnétisme. Il faudra la passer régulièrement sous l'eau, car elle absorbe le négatif.

Labradorite blanche

Composé d'albite et oligoclase,
famille des feldspaths
Chakra : Sacré

Trop souvent vendue malhonnêtement pour de la pierre de lune, bien qu'elle soit de la même famille, elle est plus commune et nettement moins chère. La pierre de lune sera d'apparence laiteuse et irisée, contrairement à la labradorite blanche qui présente des lignes de fractures souvent bleutées. Elle possède les mêmes propriétés que la labradorite, en plus douce. Elle protégera d'un entourage négatif en absorbant les énergies malsaines, chassera la fatigue et relancera le système lymphatique. Elle renforcera l'aura, assurera un bon sommeil et donnera paix intérieure et délicatesse.

Labradorite gold

Aluminosilicate de calcium
et sodium
Chakra : Plexus solaire

Assez rare, souvent de petite taille, elle ressemble énormément à la citrine mais présente des reflets plus dorés. Elle possède les mêmes propriétés que la labradorite avec une dimension encore plus élevée. Elle nettoie et vitalise l'aura, élargit le corps mental et suscite ainsi la créativité, la visualisation et la clairvoyance. Elle permet d'être plus détaché, plus objectif et moins influençable dans le domaine relationnel. Au niveau physique, elle stimule l'immunité, la digestion et la bonne répartition de l'énergie métabolique.

Lapis lazuli

Silicate de soufre, sodium,
calcium et aluminium
Chakra : 3e œil

On l'extrait principalement en Afghanistan depuis 6 000 ans et son utilisation se retrouve dans les plus grandes civilisations. Il ouvre principalement le 3e œil en donnant accès à des capacités extrasensorielles accrues. Il permet de recevoir des informations venant du cosmos, il augmente la voyance, la médiumnité et les visions mentales. En fait, il fait bien plus que stimuler le 3e œil, il affine l'esprit et l'intelligence, il donne noblesse et élévation de la pensée et il place l'homme dans sa verticalité et sa vérité. En méditation, il peut même donner l'intuition de l'origine d'une maladie. Au niveau physique, il stimule l'immunité, apaise le système nerveux général et atténue névralgies, migraines et fièvres. On peut le considérer comme un « coupe-feu » naturel, car il diminue fortement tous types de brûlures ou piqûres d'insectes. Depuis la nuit des temps, son bleu profond parsemé de paillettes dorées nous fait un peu respirer les étoiles du ciel.

Larimar

Silicate de sodium et calcium
Chakra : Gorge

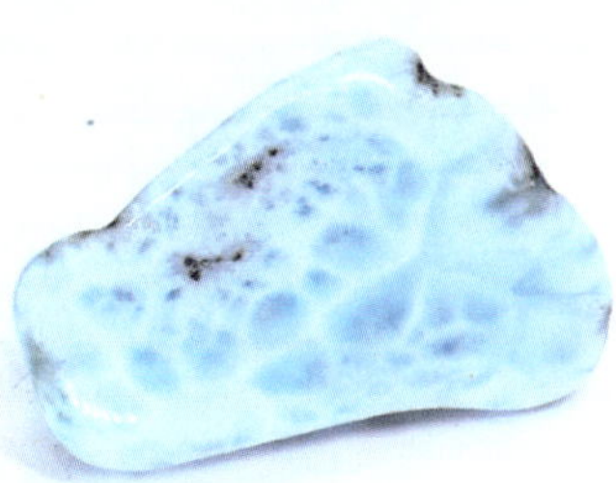

Elle reconnecte à la pureté de l'océan et au flux et reflux de nos marées intérieures. Elle lave le système nerveux, stimule la circulation énergétique et dissout stress, nervosité, autodestruction, peurs diffuses. Elle purifie tous les méridiens permettant de se dégager de nos formes pensées négatives. Elle apporte calme, sérénité, équilibre, pour se guérir soi-même physiquement, psychologiquement ou d'une situation.

Larvikite

Feldspath contenant aluminium et sodium,
Chakra : 3e œil

Proche de la labradorite, elle provient de Larvik en Norvège et nous permet de ne pas absorber la négativité de l'entourage. Elle neutralise également toutes les malédictions et les énergies vampirisantes qui pourraient stagner dans notre champ électromagnétique. Elle nous donne le discernement et la faculté de prendre des décisions sans être influencé par nos émotions. Elle nous connecte à la nature et neutralise la surexposition technologique. Au niveau physique, elle équilibre le cerveau et les hormones.

Lavulite

Autre nom de la sugilite

Lazulite

Phosphate de magnésium, fer et aluminium
Chakra : 3e œil

Elle est souvent appelée « pierre du ciel » car elle connecte aux forces cosmiques. Elle permet à notre esprit de s'aligner aux plus hautes fréquences et de percevoir la réalité sous un autre angle dimensionnel. Elle ouvre à des solutions intuitives, synchronise les deux hémisphères cérébraux et accroît l'impact des affirmations positives. Au niveau physique, elle apaise les migraines, défatigue les yeux trop sollicités par les écrans, soulage les brûlures et tous les syndromes liés au cerveau comme Asperger, Tourette, hyperactivité ou déficit d'attention.

Lazurite

Tectosilicate de calcium et sodium
Chakra : 3e œil

Représente 25 % à 40 % de la composition du lapis lazuli et détermine sa couleur bleu vif. On la trouve difficilement à l'état pur, mais elle existe sous forme de petite cristallisation sur gangue. Elle aura les mêmes propriétés que le lapis lazuli en démultiplié.

Legrandite

Arséniate hydraté de cuivre
Chakra : Plexus solaire

Petite pierre d'un jaune merveilleux qui est malheureusement rare. L'arsenic qu'elle contient donne paradoxalement, joie, optimisme, envie de vivre et enthousiasme. Elle fait entrer la lumière dans les chakras sur lesquels on la pose et elle revitalise l'ensemble de l'organisme. Elle réchauffe le plexus solaire, donne ambition et grande confiance sans risque d'hypertrophie de l'ego. Prendre bien soin de se laver les mains après usage.

Leland blue stone

Mélange de verre
et impuretés chimiques

Verre bleu que l'on trouve uniquement sur les plages de Leland dans la région des lacs du Michigan. Entre 1870 et 1885, il existait une usine de fonte de minerai de fer qui déversa ses déchets et produits chimiques dans les eaux du lac. Les impuretés se sont réamalgamées pour donner ce qui ressemble à une pierre et qui est aujourd'hui encore utilisé en bijouterie. Aucun intérêt lithothérapeutique bien évidemment.

Lépidocrosite

Hydroxyde de fer avec parfois traces
de manganèse
Chakra : Racine

Pierre de la stabilisation que l'on trouve la plupart du temps sous forme de petites inclusions rouges dans le quartz. Elle équilibre le système endocrinien et le travail des hormones, oxygène mieux le sang, les poumons, les cellules et booste la fertilité. C'est tout l'ensemble du métabolisme qu'elle stabilise. Elle possède également la particularité de favoriser le transfert d'énergie vers les endroits rebelles à la guérison. Les thérapeutes ou praticiens Reiki l'affectionnent particulièrement pour cette raison. Au niveau psychologique, elle permet une meilleure acceptation de soi-même et de la vie en général. Elle ouvre à la noblesse du cœur, à la franchise et à une sorte de soumission aux évènements dans un lâcher-prise serein.

Lépidolite

Silicate complexe de lithium,
potassium, aluminium
Chakra : Cœur

Elle contient du lithium, régulateur naturel de l'humeur, qui détend le système nerveux et calme les émotions. Elle est indispensable dans les cas de dépression, anxiété, surmenage, bipolarité, insomnie, troubles de la personnalité, maladie psychosomatique. Elle atténue tous les troubles liés au système nerveux, tels qu'épilepsie, névralgie, tension musculaire, maladie d'Alzheimer. Elle stimule également l'immunité et détoxifie la peau et le tissu conjonctif. Ses reflets sont magnifiques et elle est nettement meilleur marché que les autres pierres contenant du lithium, comme la kunzite, pétalite, sugilite ou amblygonite.

Libérite

Autre nom de la vulcanite contenant un plus grand pourcentage de bromellite

Libethenite

Phosphate de cuivre
Chakra : Cœur

Le cuivre qu'elle contient la rend anti-inflammatoire. Elle atténue les douleurs sur lesquelles on la pose, diminue rhumatismes et problèmes de cartilages. Elle agit également fortement sur le chakra du cœur, en nous ouvrant à notre véritable potentiel d'amour. Elle permet de se connecter à la source et de rayonner une énergie de compassion et de bienveillance autour de nous. Elle renforce et vitalise les plantes si on la dépose sur la terre.

Limonite

Oxyde de fer hydraté
avec traces de manganèse
Chakra : Racine

Principalement composée de goethite, elle en partage les propriétés, comme également l'hématite qui contient juste moins d'eau. Elle apporte calme, ancrage et force tranquille. La médecine chinoise l'utilise pour soigner les problèmes digestifs, car elle agit sur l'estomac, l'intestin et apaise diarrhée, acidité et côlon irritable. Elle augmente l'assimilation du fer et du calcium, atténue les troubles sanguins et musculaires. Posée sur le chakra sacré, elle lutte contre la déshydratation. Au niveau psychologique, elle décuple nos forces intérieures en diminuant découragement, confusion et indécision, car elle contient en elle le pouvoir de la terre et peut nous transmettre sa puissance. Elle nous donne le courage de sortir de notre boue intérieure, de nos confusions et paradoxes. De plus, le centrage qu'elle apporte, fait d'elle une pierre de protection métaphysique contre les attaques psychiques.

Linarite

Sulfate de cuivre et de plomb
Chakra : Gorge

Elle agit principalement sur le chakra laryngé qu'elle réharmonise. Ce centre gère la communication, la faculté de s'exprimer, mais aussi le lien que nous établissons avec nos émotions profondes. La linarite permet d'extérioriser notre vrai moi et de se libérer par la parole des émotions trop lourdes. Ce contact qu'elle établit avec nos profondeurs, fait émerger notre véritable potentiel et permet une plus grande confiance en soi.

Lingam de Shiva

Jaspe poli par l'eau des torrents
Chakra : 3e œil

Il a été roulé naturellement par la force de l'eau du fleuve béni de l'Inde Narmada et les hindous le considèrent comme sacré car ils l'associent à la divinité masculine Shiva. Il agit comme un talisman curatif qui active le chakra sacré, source de vitalité globale. Il stimule les organes génitaux, pallie les dysfonctionnements sexuels et il est propice à la fertilité, la libido, la montée de Kundalini ou encore la sexualité tantrique. Au niveau émotionnel, il équilibre les énergies masculin-féminin, harmonise nos paradoxes et défait les connexions énergétiques sexuelles obsolètes. Il recharge fortement le chakra racine et permet de réaborder de nouvelles relations avec la fraîcheur des premières rencontres.

Lizardite

Silicate de magnésium
Chakra : Plexus solaire

Elle fait partie du groupe de la serpentine, possède la même composition et sensiblement les mêmes propriétés. Le magnésium qu'elle contient est un puissant antispasmodique qui atténue fatigue, stress et dépression. Elle favorise également l'élimination des toxines et stimule l'assimilation des sels minéraux et oligoéléments. Au niveau psychologique, elle permet d'évacuer les pensées négatives et freine la cristallisation des peurs.

Llanite

Autre nom de la vulcanite,
ou libérite

Lorenzénite

Silicate de titane et sodium
Chakra : Sacré

Elle agit physiquement sur les poumons et les bronches en atténuant asthme, inflammations et gênes respiratoires. Au niveau spirituel, elle élève le taux vibratoire du champ électromagnétique et créée une protection contre les agressions énergétiques extérieures. Elle insuffle de la joie, de l'espoir, de la force et de l'optimisme, qui préviennent tout risque d'être influencé ou entamé par le négatif.

Ludlamite

Phosphate hydraté de fer,
manganèse et magnésium
Chakra : Cœur

Pierre assez couteuse, mais souveraine pour purifier le cœur des émotions lourdes. Elle dissout les cristallisations mentales et les programmations qui freinent notre évolution. Elle allège les inquiétudes et redonne confiance, positivité et optimisme. Elle possède également la particularité de repousser les rayonnements électromagnétiques car elle a des propriétés diamagnétiques. Cela signifie qu'elle émet une faible aimantation opposée lorsqu'elle subit un champ magnétique.

Lussatite

Silicate hydraté

Ce nom est le terme français d'une des 4 variétés de l'opale et elle en possède les mêmes propriétés. Elle se trouve particulièrement au puy de dôme dans la plaine de la Limagne.

Luvulite

Autre nom pour la sugilite

Luxullianite

Roche granitique avec mica,
tourmaline, cassitérite, quartz
Chakra : Cœur

Elle active la circulation sanguine, l'immunité et résout de nombreux problèmes cutanés. Elle opère un ancrage en douceur qui facilite la montée d'énergie de la terre mère vers le cœur. Cette ouverture à l'amour apporte confiance en soi, optimisme, vision positive des situations qui diminue nos limitations mentales. Elle nous protège également des énergies négatives environnantes.

Lydienne

Autre nom du jaspe noir
ou quartz lydien

Magnésite

Carbonate de magnésium
Chakra : Sacré, coronal

Elle diminue tout ce qui est tendu ou stagnant dans l'organisme. Son magnésium va calmer le système nerveux qui aura pour effet de réguler la température du corps, de diminuer les spasmes musculaires, l'acidité générale, de diminuer la transpiration et les odeurs corporelles et d'atténuer la constipation. Elle possède également la vertu de déshydrater et d'évacuer les liquides superflus. Ainsi, elle accélère l'élimination des graisses telles que surcharges pondérales, cholestérol ou cellulite. Elle agit encore sur la qualité des tissus et peut réparer des irritations de peau, des fibromes et des lésions des fascias ou des tissus musculaires. Au niveau psychologique, elle insuffle un sentiment de libération, de détente et de lâcher prise, qui permet de sortir des rancœurs et de reprendre un contrôle émotionnel. Elle ouvre également aux capacités extrasensorielles avec la particularité de recevoir des informations claires. Elle permet encore de se connecter aux guides de lumières et à la conscience de l'âme collective.

Magnésite citron

Carbonate de magnésium
avec traces de nickel
Chakra : Plexus solaire

Appelée trop souvent à tort chrysoprase citron, elle est extrêmement douce. Comme la magnésite, elle atténue les crampes, stabilise la thermorégulation du corps, équilibre le taux d'hormone et permet détox et élimination. Au niveau psychologique, elle augmente la confiance, la bienveillance, l'estime de soi et diminue par-là même, tout risque de se faire manipuler.

Magnétite

Oxyde de fer
Chakra : Tous

Elle est un aimant naturel qui

connecte au magnétisme de la terre et qui réaligne au pôle Nord. Elle aide l'énergie à remonter dans le corps par les méridiens pour mieux réorganiser, dénouer et fluidifier l'organisme. Au niveau physique, elle diminue les troubles de la circulation, les crampes, l'anémie et toutes sortes de blocages. Ainsi on pourra l'utiliser sur tous les chakras, car elle va les libérer et les harmoniser. On pourra également masser légèrement une douleur ou un muscle noué et ensuite passer la magnétite sous l'eau, car elle peut littéralement tirer la source du mal hors du corps. Posée sur les chakras du haut, elle allège l'esprit, stimule la glande pinéale et connecte aux plans supérieurs. Posée vers le bas, elle enracine et détoxique. Elle peut aussi réaligner et rééquilibrer les polarités, si on en tient une dans chaque main pendant une vingtaine de minutes. Les cristaux naturels de forme octaèdre seront encore plus efficaces.

Malachite

Carbonate de cuivre
Chakra : Cœur

Une des meilleures pierres anti-inflammatoire et anti-infectieuse, grâce au cuivre qui la compose. Elle absorbe l'énergie négative et peut être appliquée sur toutes les zones douloureuses du corps. Bonne pour l'arthrose, l'arthrite, les tendinites, les enflures, les fractures, les tumeurs et tout endroit rempli d'énergie négative. Il est nécessaire de passer la pierre sous l'eau après le soin, car elle se charge fortement. Elle extirpe également les émotions retenues et les tensions du diaphragme si on la pose sur le plexus solaire. Placée sur le cœur, elle libère les blocages et réorganise les énergies de l'ensemble de l'organisme. Sa grande qualité est de pouvoir éliminer les polluants corporels, produits toxiques et brouillard électromagnétique. D'ailleurs, on remarquera souvent que les urines sont foncées après son utilisation, à cause de l'excès d'urée. On pourra la placer sur tous les chakras qu'elle a le pouvoir de nettoyer et réguler.

Malachite chrysocolle

Mélange de malachite
et de chrysocolle
Chakra : Cœur, gorge

La malachite est du carbonate de

cuivre et la chrysocolle du silicate de cuivre. L'association naturelle des deux, décuple l'efficacité de cette pierre. Elle possède les propriétés des deux minéraux, en absorbant l'énergie négative et en diminuant tout type d'inflammation. Elle adoucit les problèmes de gorge et facilite l'expression et l'évacuation des émotions par la parole. Elle induit également une ouverture aux autres et à la vie, elle stimule la créativité, et l'inspiration. Elle donne un sentiment général de complétude, car elle harmonise profondément l'émotionnel.

Manganite

Oxyde hydroxyde de manganèse
Chakra : Cœur

Elle aide à la régénération des tissus, renforce les cartilages et les muqueuses et peut atténuer les douleurs. Au niveau psychologique, le manganèse qu'elle contient à une affinité particulière avec le chakra du cœur. Elle ouvre à l'amour, apaise l'émotionnel et apporte une autonomie affective.

Manganocalcite

Carbonate de manganèse et calcium
Chakra : Cœur

Son extrême douceur ouvre au pardon et à l'amour inconditionnel. Elle peut combler notre besoin de tendresse et d'amour et apporter le réconfort suffisant qui permet d'être en paix. Elle est si délicate qu'elle peut rassurer les angoisses d'un nourrisson ou calmer les pires traumatismes de maltraitance. Le manganèse, qui lui donne sa couleur rose, est antioxydant et diminue les allergies tant cutanées que digestives ou respiratoires. Elle absorbe les douleurs, stimule l'élimination et parvient à stopper somatisations et résistances en tous genres.

Manganotantalite

Oxyde de manganèse et tantale
Chakra : Racine

Elle possède un peu les mêmes propriétés que la tantalite qui diminue l'appétit, ce qui en fait un excellent auxiliaire lors de régimes amaigrissants. Elle atténue également les migraines, l'arthrite et le stress oxydatif qui vieillit prématurément les cellules. Elle connecte fortement à la terre, insuffle les forces telluriques et permet ainsi de rester dans sa verticalité. Cet alignement protégera des agressions et du vampirisme énergétique.

Marbre de Frosteley

Autre nom de la vaticanite

Marcassite

Sulfure de fer
Chakra : Racine

Appelée parfois pyrite blanche, les incas l'utilisaient sous forme de plaques, pour le culte du soleil et la divination. Elle stimule les capacités de voyance et de rêves lucides, car elle clarifie et organise la pensée. Elle permet de sortir de la victimisation en nous poussant à prendre notre vie en main, ainsi qu'à mieux définir nos buts. Au niveau physique, elle diminue la fatigue, le surmenage et soutient toutes sortes d'activité physique. Elle purifie le sang, renforce la rate, diminue les infections et les troubles cutanés.

Marialite

Silicate d'aluminium, sodium et chlore
Chakra : Coronal

Il s'agit d'une scapolite mauve qui est spécialement apaisante et réconfortante. Elle relie le chakra du cœur au chakra coronal et ouvre ainsi à la lumière et à l'amour. Elle redonne confiance, permet de trouver les ressources cachées au fond de soi et pousse à réaliser ses désirs. Au niveau physique, elle est souveraine pour les convalescences car elle stimule les forces de récupération.

Mariposite

Mica riche en chrome
avec quartz et pyrite
Chakra : Cœur

Très apaisante, elle diminue peurs et anxiétés. Elle évite les risques de pertes de contrôle émotionnel ou de panique et elle induit un esprit de médiation et de tolérance. Au niveau physique, elle agit principalement sur le cerveau, car elle augmente la circulation sanguine et nerveuse des neurones.

Marmatite

Autre nom de la blende
lorsqu'elle est noire

Mélody stone

Autre nom de la super 7

Ménalite

Autre nom de la pierre des fées
d'origine Marocaine, appelée
également ménilite

Merlinite

Autre nom de l'opale mousse
Chakra : Cœur

Cette appellation a souvent été attribuée à l'agate dendritique, le gabbro ou le psilomélane, mais il s'agit d'opale à inclusion de dendrites. Elle est associée à la magie et à l'alchimie car elle connecte à la nature et permet d'intégrer les connaissances des autres mondes. Elle donne la force de dépasser en douceur nos limitations mentales et psychologiques et nous repositionne dans un axe de vérité et d'innocence. Elle sera merveilleuse pour se libérer de la culpabilité, des peurs et du défaut de remettre les choses à plus tard. Elle guérit aussi les blessures profondes et anciennes et permet le pardon de soi. Au niveau physique, elle recharge l'ensemble de l'organisme d'une douce énergie, équilibre les hémisphères cérébraux et stimule l'immunité. La merlinite insuffle une guérison profonde à tous les niveaux de l'Être et donne la force de briser les emprises telles que secte, magie et manipulation.

Mésolite

Aluminosilicate hydraté
de sodium et calcium
Chakra : Coronal

Elle fait partie du groupe des zéolites qui ont la particularité de pouvoir échanger leur eau contre d'autres gaz ou liquides. Elle rectifie les axes et aligne les chakras. Ainsi elle connecte à la lumière de la source qui peut éclairer l'ensemble de nos raisonnements et décisions. Elle ouvre à une autre dimension, augmente les capacités extrasensorielles et les pouvoirs de télépathie. Au niveau physique, elle équilibre le PH sanguin et son pouvoir antioxydant peut diminuer le processus de vieillissement et les maladies dégénératives. Étant donné qu'elle influence les axes, elle diminue les strabismes et les déformations du visage.

Méta sequoia

Fossile de sequoia
de 25 millions d'années
Chakra : Racine

Cet arbre merveilleux était vénéré des Indiens d'Amérique comme étant le pilier du monde. En naturopathie il est réputé pour stimuler les glandes surrénales, réguler le système hormonal et renforcer les os. Ces qualités alliées à la mémoire de la terre, enregistrée lors de la lente fossilisation, font du méta séquoia une pierre de vitalité et de résistance. Il régule les problèmes des organes génitaux des deux sexes. Il décongestionne la prostate et augmente la spermatogénèse, il diminue les fibromes et les troubles de la ménopause. Très reminéralisant il renforce également les os, mais freine surtout le vieillissement général. Au niveau mental, il donne force combative, patience et endurance.

Météorite

Roche magnétique extraterrestre
Chakra : Coronal, 3e œil

Elle peut contenir du nickel, fer, iridium, chrome, gallium, carbone ou phosphore. Il existe plusieurs catégories de météorites, mais la plupart proviennent de la ceinture astéroïde entre Mars et Jupiter. Elle ouvre aux visions et aux messages cosmiques. Elle élargit la conscience et sera idéale pour les astrologues ou les ufologues. Au niveau physique, elle peut réguler les troubles du cerveau et sera d'une grande aide dans toutes les maladies difficiles à diagnostiquer.

Mica

Silicate d'aluminium
sous forme de feuillets
Chakra : 3e œil

Nom générique d'un groupe de 37 minéraux tous assemblées en plaques friables, mais chatoyantes. Les plus connus sont la lépidolite, la fuchsite, la muscovite ou encore la biotite. Ils partagent la même caractéristique d'être isolant au niveau énergétique. Ainsi, il protège de l'extérieur, renforce l'introspection et empêche d'être trop influencé. Il atténue la colère, l'hystérie, la superficialité et les excès en tous genres. Il donne ténacité, force morale et détermination. Il aide également à la concentration en augmentant mémoire et sommeil réparateur. Au niveau physique, il forme une barrière qui freine la déshydratation et sera donc excellent pour conserver une peau souple.

Microline

Aluminosilicate de sodium
et potassium
Chakra : Sacré

Proche de l'orthose et de la pierre de lune, elle en partage les propriétés. Elle insuffle une grande douceur, un apaisement durable et réveille notre potentiel intuitif. Au niveau physique, elle diminue les spasmes et régule les problèmes de rétention d'eau.

Mimétite

Arséniate de plomb chloré
avec traces de fer
Chakra : Plexus solaire

Elle purifie le sang et atténue les problèmes cutanés. Son action est cependant plus intéressante au niveau psychologique. Elle donne une indépendance d'esprit, un renforcement de notre identité, ce qui permet à l'autre d'être lui-même et assure ainsi des relations harmonieuses. Bien se laver les mains après usage.

Mohawkite

Arsénure de cuivre
Chakra : Sacré

Elle stimule l'élimination des toxines et des graisses. Posée sur le 3e œil, elle agira au niveau spirituel, en connectant au plan astral et en stimulant médiumnité et rêves lucides. Bien se laver les mains après usage.

Moki balls

Grès sableux et fer
Chakra : Tous

Appelés, on aussi Moqui marbles ou pierres de chamanes, ils proviennent de l'état de l'Utah aux USA. Les Indiens les utilisaient comme pierres de guérison ou lors de cérémonies pour communiquer avec les esprits. Ils s'utilisent par paire pour opérer un centrage énergétique. Les tenir une vingtaine de minutes dans les mains suffit à aligner les chakras, rééquilibrer les polarités et renforcer les qualités masculines ou féminines. La pierre aplatie est de polarité négative et la ronde positive. Les hommes tiendront la ronde dans la main droite et la plate dans la main gauche, les femmes le contraire. Il est également possible de poser la plate au niveau du chakra coronal et la ronde au niveau des pieds, ce qui aura pour effet de tirer le négatif vers la terre et de recharger en énergie positive. Pour atténuer une douleur ou réharmoniser un chakra, on pourra les poser sur la zone à traiter, la ronde sur le devant du corps et la plate à l'arrière. Quelle que soit la façon de les utiliser, les moquis sont très efficaces, car ils enveloppent l'aura d'un halo de protection qui repousse les forces négatives et libère ainsi les peurs profondes. Malheureusement, trop de marchands peu scrupuleux vendent des paires non conformes, c'est-à-dire 2 plates ou 2 rondes, ce qui les rend inutilisables.

Moldavite-tectite verte

Tectite siliceuse avec traces
de magnésium et fer
Chakra : Cœur

On ne la trouve qu'en Moldavie sur une surface de 400 km carré. Il s'agit d'une roche fondue sous l'impact d'une météorite et elle conserve la mémoire des étoiles. Elle élargit la conscience, élimine les scories du corps émotionnel et illumine l'ensemble du champ électromagnétique. Elle agit principalement sur le cœur, dont elle agrandit l'espace en libérant les émotions coincées. Elle purifie la sensibilité et permet de découvrir les causes de nos déséquilibres. Au niveau physique, elle augmente le flux électrique du cerveau et sera d'une grande aide dans les maladies dégénératives réfractaires aux traitements.

Molybdénite

Sulfure de molybdène
Chakra : 3e œil

Souveraine pour tout travail sur les rêves : souvenir des rêves, rêves lucides, récupération de mémoires refoulées, réponses à des questions, connexion à la guérison ou aux vies antérieures pendant le sommeil. Détoxifie les métaux lourds du sang, harmonise le métabolisme, renforce la vitalité. En méditation, facilite l'aide que l'on peut apporter à quelqu'un à distance.

Monazite

Phosphate de césium, lanthane et thorium
Chakra : Sacré

Légèrement radioactive, il faudra bien se laver les mains après usage et on privilégiera son utilisation dans une petite pochette en tissu. Elle opère une désintoxication profonde en nettoyant particulièrement le foie et les reins et elle purifie le sang. Au niveau psychique, elle apporte une grande force mentale et permet de relever de grands défis.

Mordénite

Alumino silicate de sodium, calcium, fer et potassium
Chakra : Coronal

Merveilleuse pierre de centrage et d'apaisement. Elle aide à se distancier des perturbations émotionnelles et à se replacer dans l'instant présent. Au niveau physique, elle diminue les toxines et draine l'ensemble des liquides. Il faudra veiller à ne pas utiliser d'eau pour la nettoyer.

Morganite

Aluminosilicate de béryllium
Chakra : Cœur

Béryl rose découvert par le banquier J.P. Morgan, d'où son appellation. Elle est extrêmement douce et puissante à la fois. Elle apaise le système nerveux, régule les troubles du rythme cardiaque et adoucit la peau. Elle représente une des pierres les plus réconfortantes pour l'émotionnel. Elle purifie le cœur des souffrances qu'il a subi, ouvre à l'amour inconditionnel, permet le pardon et donne clarté et finesse d'esprit. Elle apporte douceur, détente, stabilise les corps subtils et guérit notre enfant intérieur. Elle permet surtout d'oser extérioriser nos sentiments, d'exprimer nos besoins émotionnels et de garantir ainsi de meilleures relations. Cette vibration d'amour qui se dégage de la morganite, augmente notre séduction et notre pouvoir d'attrait sur les autres et attire l'énergie d'amour.

Mottramite

Vanadanate de cuivre et plomb
Chakra : Cœur

Elle apporte ancrage, vitalité et assure une récupération physique plus rapide après un effort, une maladie ou une intervention chirurgicale. Elle peut diminuer les insomnies et les inquiétudes. Au niveau psychologique, elle donne lucidité, sens pratique et apporte une protection émotionnelle. Elle nous replace dans une énergie d'amour sans esprit de possessivité, ni d'égoïsme. C'est une pierre qui nous aide à aimer non pas pour combler un manque, mais pour grandir à deux.

Mtorolite

Dioxyde de silicium
avec traces de chrome
Chakra : Cœur

Elle possède les mêmes propriétés que l'aventurine verte, qui est également du dioxyde de silicium et dont les paillettes sont du chrome. La mtorolite n'a pas de paillettes, mais le chrome qu'elle contient lui confère les mêmes vertus apaisantes qui diminuent la tension artérielle, les allergies et les pathologies dues au stress. Elle sera précieuse pour calmer les irritations cutanées et maintenir l'élasticité et la douceur de la peau. Sa place naturelle est le chakra cardiaque, qu'elle saura harmoniser en douceur.

Murmanite

Silicate hydraté de nobium,
titane et sodium
Chakra : Cœur

Comme beaucoup d'autres pierres en provenance du Groenland, elle est phosphorescente à la lumière UV. Elle diffuse une énergie d'amour qui illumine le champ électromagnétique et la circulation énergétique des méridiens est ainsi stimulée et régulée. Au niveau physique, elle booste l'immunité et le système nerveux végétatif responsable des allergies, des maladies auto immunes, du métabolisme des sucres et des graisses. Globalement, elle nous aide à mettre de l'amour dans nos pensées et nos actions.

Muscovite

Silicate d'aluminium,
famille des micas
Chakra : Cœur

Comme tous les micas, elle est un isolant spirituel. Elle verrouille l'aura contre les influences extérieures et sera idéale pour les hypersensibles ou les empathes qui absorbent la négativité des autres. Elle diminue le manque de confiance en soi, le sentiment d'insécurité, la peur de se laisser atteindre émotionnellement, ainsi que la colère ou les réactions trop vives. Elle développe l'intériorité, l'intuition, les états méditatifs et donne la force de couper les liens de dépendance. Au niveau physique, elle agit sur le cerveau en équilibrant les hémisphères. Elle combat les vertiges, étourdissements, migraines, insomnie, épilepsie, troubles obsessionnels compulsifs ou hystérie. Elle sera également utile pour réguler les rythmes du sommeil et lutter contre la déshydratation.

Nacre abalone

Coquille de mollusque marin appelé également ormeaux ou oreilles-de-mer
Chakra : Sacré

L'abalone est intéressant si l'on souhaite travailler la nacre car son coquillage est grand. Toutes les nacres sont reliées à la mer, à l'énergie Yin féminine et insufflent douceur et protection. Elles connectent à l'affection maternelle et cicatrisent les chagrins telle une maman qui nous enveloppe de sa tendresse. Pour cela, il est bon de poser un coquillage sur le cœur une vingtaine de minutes et l'on ressentira vite apaisement et consolation. Au niveau physique la nacre reminéralise os, dents, cartilages et ongles. Elle draine également les liquides et stimule l'élimination des graisses et des toxines. Il suffira de la poser régulièrement sur le chakra sacré ou de boire l'eau dans laquelle elle aura trempé. Quelle que soit la relation que nous entretenons avec notre mère, elle nous relie à l'archétype maternel et océanique et combat le sentiment de solitude, de dépendance ou de manque d'amour.

Nadorite

Oxyde chloré de plomb et antimoine
Chakra : Plexus solaire

Très rare mais puissante, elle agit un peu comme la stibine. Elle peut dissoudre les pollutions énergétiques et même nettoyer des agrégats dû à la sorcellerie. Elle permet de rester centré quoi qu'il arrive, elle renforce la personnalité et donne la ténacité de réaliser ses projets sans se décourager. Elle est toxique, donc on ne fera pas d'élixir.

Natrolite

Silicate hydraté d'aluminium et sodium avec traces de calcium et potassium
Chakra : Sacré

Elle apporte beaucoup de lumière car

elle connecte aux énergies cosmiques et peut repousser le négatif. Elle augmente les pouvoirs extrasensoriels, le voyage astral et le channeling. Psychologiquement, elle donne confiance en ses propres capacités car elle amplifie l'évolution spirituelle et mystique. Au niveau physique, elle agit sur le cerveau et les nerfs. Elle peut diminuer les lésions cérébrales, les troubles du système nerveux central, comme les scléroses, les tremblements ou les déficiences neurologiques. Elle renforcera également la réparation et la régénération des neurones ainsi que la vision.

Naujaïte

Mélange d'eudialyte, arfvedsonite et sodalite
Chakra : Cœur

Pierre du sud du Groenland qui contient les propriétés des 3 minéraux qui la composent. Elle revitalise l'ensemble du champ électromagnétique en recentrant l'énergie dans le chakra du cœur. Sa vibration est particulièrement riche et complexe et elle insuffle une grande joie qui peut aller jusqu'à l'exubérance. Elle favorisera également l'ouverture d'esprit et facilitera la communication.

Nébulite

Autre nom du jaspe kambaba

Neptunite

Silicate de potassium, sodium, fer, lithium et manganèse
Chakra : Racine

Son nom vient de Neptune, le Dieu de la mer, car elle est en lien avec ce qui est fluide. Elle nous permet de laisser partir ce qui n'est plus bon pour nous. Elle aide au détachement, à la libération des addictions, à l'acceptation de se libérer des attachements ou de recevoir de l'aide. Elle aiguise la sensibilité, l'intuition, le goût du mystérieux et les pouvoirs psychiques. Au niveau physique, elle consolide le système osseux, favorise l'absorption des minéraux et accroît la force physique.

Nickélite

Arsénure de nickel
Chakra : Racine

Le nickel qu'elle contient purifie le sang, ainsi que le foie et le pancréas. Elle stimule également la circulation sanguine, lymphatique et diminue par là même la cellulite en accélérant l'élimination. Au niveau psychique, elle donne beaucoup de force mentale et pousse à constamment aller de l'avant. Elle est cependant toxique, donc on prendra soin de se laver les mains et de ne pas faire d'élixir.

Nifontovite

Borate hydraté de calcium
Chakra : Coronal

Très rare, elle nous hisse vers les plans les plus élevés de la spiritualité. Elle connecte à la lumière originelle, aux guides et à la compréhension du pourquoi de notre incarnation. Il est possible de l'utiliser pour diminuer l'ostéoporose et l'arthrose, mais elle est essentiellement spirituelle.

Niobium

Métal Nb n° 41 du tableau des éléments
Chakra : Tous

Ses propriétés sont avant tout spirituelles. Ce métal est conducteur des plus hautes fréquences et possède des vibrations extraterrestres. Il agit sur l'ancrage, mais également sur le chakra coronal qu'il va ouvrir à la conscience supérieure. Il illumine et magnétise tout l'ensemble du champ électromagnétique, il ouvre le canal spirituel et permet la réception de la lumière, de la communication multidimensionnelle et des visions. Ses nombreuses couleurs seront intéressantes à travailler en chromothérapie.

Northupite

Carbonate chloré de magnésium et sodium
Chakra : Sacré

Pierre de paix et d'apaisement, elle permet de rester serein au milieu des tempêtes et de ne pas juger trop vite les apparences. Celui qui conserve son calme lorsque tout s'effondre, verra la plupart du temps les problèmes se résoudre plus vite qu'il ne le pensait et souvent de façon magique. La northupite nous assure cette confiance-là. Au niveau physique, elle diminue inflammations et infections, car elle augmente l'élimination des toxines.

Novaculite

Dioxide de silicium, quartz microcristallin
Chakra : Coronal

Son nom vient du latin « novacula », rasoir. Les Amérindiens de la préhistoire en faisaient des pointes de flèches, aujourd'hui on l'utilise pour trancher et libérer. Elle nous donne la force de surmonter les obstacles, les dépressions ou de couper les liens destructeurs. Elle freine la sclérose des tissus et la décalcification si on la pose sur la zone concernée. On pourra l'utiliser en méditation pour trancher dans le vif ce dont on souhaite se libérer mais également pour couper les scories énergétiques des corps subtils en pratiquant la chirurgie éthérique.

Nuristanite spodumène bleu

Silicate de lithium et aluminium avec traces de fer
Chakra : Gorge

Rare spécimen bleu de la famille de la kunzite et de l'hiddenite. Elle contient, elle aussi, du lithium qui apaise et déstresse. Elle atténue les dépressions, les nerfs surexcités et l'instabilité d'humeur. Le grand calme qu'elle apporte redonne confiance, facilite l'expression et la clarté émotionnelle. Au niveau physique elle peut atténuer les problèmes de gorge et particulièrement de la thyroïde.

Nuumite

Silicate de magnésium et fer
composé d'anthophyllite et gétrite
Chakra : Tous

Pierre censée être la plus ancienne de la terre (3 milliards d'années). Ces énergies puissantes lui donnent un immense pouvoir naturel qui protège entièrement l'aura. Elle permet une guérison globale. Elle résout les infections chroniques, les problèmes d'oreille interne, de diabète et tous les blocages énergétiques. Au niveau psychique, elle offre une vision globale et objective de notre véritable nature, ce qui va engendrer une confiance, un dépassement de nos limites et une lucidité sur nos talents. Elle aligne le champ aurique avec le corps physique et dissout tout implant négatif, entités ou formes pensées. La Nuumite va nous reconnecter avec le tout et avec notre lumière intérieure.

Obsidienne

Silicate, verre naturel
d'origine volcanique
Chakra : Racine

Lorsque l'on évoque l'obsidienne il s'agit généralement de la noire, sans reflets ni taches. Elle vient du magma de la terre et a refroidi si vite qu'elle ne possède aucune cristallisation, comme le verre. Elle est une merveilleuse pierre de protection qui repousse les énergies toxiques, mais qui fait également sortir les choses négatives, d'où la nécessité de l'utiliser avec prudence. Elle a le pouvoir de faire venir à la conscience ce qui est enfoui dans l'inconscient et peut révéler tous les côtés sombres de ce que l'on a refoulé. Elle opère une purification complète et celui qui est capable de la supporter bénéficiera d'une catharsis et d'un nettoyage en profondeur. Elle est une pierre de vérité, sans concession, qui peut aussi dévoiler nos talents cachés, nos missions encore mal définies ou nos dons non révélés. Au niveau physique, elle élimine les toxines et opère une désomatisation de nos troubles, car elle dissout toutes les pollutions émotionnelles.

Obsidienne acajou

Autre nom de
l'obsidienne Mahogany

Obsidienne argentée

Silicate, verre naturel d'origine
volcanique avec micro bulles de gaz
Chakra : Racine, sacré

Son énergie est plutôt lunaire et elle possède les mêmes propriétés que l'obsidienne noire, mais plus puissantes. Elle libère ce qui est refoulé dans l'inconscient. Elle lève les obstacles que l'on s'est créé soi-même par nos traumatismes et nos blessures obscures et anciennes. Elle permet de se purifier en profondeur mais parfois au prix d'une remontée émotionnelle désagréable. Si tel est le cas, on prendra soin de s'apaiser en posant sur le cœur une pierre claire et consolatrice.

Obsidienne bleue ou verte

Verre artificiel

Étant donné que l'obsidienne se forme lorsque la lave se refroidit elle ne cristallise pas et possède donc la même composition que le verre. Cela est suffisant pour que certains marchants peu scrupuleux vendent de l'obsidienne bleue, qui n'est en fait que du verre fabriqué artificiellement. L'obsidienne bleue ou verte n'existe pas dans la nature, sauf sous forme de reflets comme dans l'obsidienne œil céleste ou Mentogochol. Au Maroc, il est courant de fabriquer du verre bleu, de le casser et de l'enfouir plusieurs mois dans le désert, afin que la patine le rende plus crédible lorsqu'on l'extrait de terre. Bien que la composition entre verre et obsidienne soit la même, on évitera de travailler avec ces fabrications humaines, tout simplement parce qu'il leur manque l'essentiel : la vibration de la nature et son énergie mystérieuse de la création.

Obsidienne Caoba

Autre nom de
l'obsidienne Mahogany

Obsidienne dorée

Silicate, verre naturel d'origine
volcanique avec micro bulles de gaz
Chakra : Racine, plexus solaire

Son énergie est plutôt solaire et elle possède les mêmes propriétés que l'obsidienne noire, mais plus puissantes. Elle dénoue les blocages et nettoie les émotions inconscientes qui sont restées coincées sous forme de vibration dans les organes. Elle libère les obstacles intérieurs et ensoleille les parties les plus sombres de notre Être, mais parfois au prix d'une remontée émotionnelle désagréable. Si tel est le cas, on prendra soin de s'apaiser en posant sur le cœur une pierre claire et consolatrice.

Obsidienne flocon de neige-mouchetée

Silicate, verre naturel
d'origine volcanique
Chakra : Racine, sacré, plexus solaire

Elle possède les mêmes propriétés que l'obsidienne noire, mais ses taches blanches la rendent plus douce. Elle fait recirculer tout ce qui est stagnant et apporte le feu qui manque tant sur le plan physique que sur le plan psychique. Elle atténue les symptômes des maladies dues au froid telles que les angines, la maladie de Raynaud ou certaines névralgies. Elle débloque ce qui est obstrué et sera intéressante lors de calcul biliaire ou rénal. Au niveau psychologique, elle permet d'évacuer les émotions lourdes, mais elle réchauffe également les cœurs tristes et console de la tiédeur des sentiments.

Obsidienne larme d'Apache

Silicate, verre naturel
d'origine volcanique
Chakra : Racine, cœur

Elle possède les mêmes propriétés que l'obsidienne noire et on la reconnaît à ses nodules particulièrement transparents. La légende raconte qu'ils sont le résultat de la transformation des larmes des femmes, lorsque les apaches furent tués en 1870 à Pinal en Arizona. Ainsi, elle est censée préserver du chagrin car, en posséder une, absorbe la peine et la tristesse. Elle aide également à pardonner et à surmonter ce que nous ne parvenons pas à résoudre avec nos seules forces.

Obsidienne Mahogany

Silicate, verre naturel
d'origine volcanique
Chakra : Racine, sacré

Elle possède les mêmes propriétés que l'obsidienne noire, mais sa couleur acajou la rend plus douce. Elle éveille particulièrement à la conscience de la terre, elle sensibilise aux forces telluriques et elle nettoie le canal du premier chakra. Cet ancrage assure une dissolution des peurs irraisonnées, des schémas mentaux ancestraux et des croyances caduques. Au niveau physique, elle désintoxe particulièrement les reins, le foie et fortifie tous les organes.

Obsidienne Mentogochol

Silicate, verre naturel
d'origine volcanique
Chakra : Racine, 3e œil

Elle possède les mêmes propriétés que l'obsidienne noire, mais sera plus puissante. L'obsidienne œil céleste montre des irisations en lignes régulières, mais celles de la Mentogochol sont en forme de tourbillon, ce qui prouve que la lave en fusion a été très puissamment brassée. Elle peut susciter des visions intenses et un accès facilité au voyage astral, raison pour laquelle certains l'appellent « pierre des chamanes ». Sa puissance débloque le potentiel créatif et peut rééquilibrer certains désordres psychiatriques.

Obsidienne œil céleste

Silicate, verre naturel
d'origine volcanique
avec micro bulles d'eau
Chakra : Racine, 3e œil

Elle possède les mêmes propriétés que l'obsidienne noire, mais elle est plus lumineuse et douce. Elle repousse les énergies négatives, dissout les blessures et traumatismes émotionnels et aide à traverser nos ténèbres intérieures vers la lumière. Elle libère également les blocages des zones sur lesquelles on la pose. Cependant, comme pour toutes les obsidiennes, il faudra être prêt à supporter l'émergence de ce qui était coincé.

Obsidienne spider

Silicate, verre naturel
d'origine volcanique
Chakra : Racine, 3e œil

Elle possède les mêmes propriétés que l'obsidienne noire et sera proche de l'obsidienne œil céleste. Elle stimule l'activité neuronale, donne une vision d'ensemble, aide à établir des liens entre les choses et affine le raisonnement et l'architecture intellectuelle. Au niveau physique elle augmente le tonus général, car elle active la circulation à l'intérieur des méridiens.

Œil-de-chat

Ce dit d'une pierre présentant
une chatoyante en forme d'étoile

Lorsque les couleurs sont trop vives et trop chatoyantes, il s'agit bien souvent de pierres synthétiques appelées faussement « œil-de-chat ». En gemmologie, la dénomination « œil-de-chat » est un chrysobéryl ou elle est accolée au nom d'une pierre pour signifier qu'elle possède un effet lumineux suggérant un œil-de-chat. Certains quartz gris sont également nommés ainsi à cause de leurs reflets.

Œil-de-faucon

Silicate avec traces de fer
Chakra : 3e œil

Il possède les mêmes propriétés que l'œil-de-tigre, mais avec la particularité d'agir sur les yeux. Il peut atténuer les problèmes de cataracte, conjonctivite, faiblesse de la vue, fatigue oculaire, migraine. Au niveau spirituel, il éclaircit le 3e œil et ouvre à la clairvoyance. Sa belle couleur bleutée calme le mental, élargit la pensée et aiguise l'acuité psychique. Moralement, il combat le pessimisme et dissout les émotions refoulées, les schémas négatifs ainsi que les limitations que l'on s'impose.

Œil-de-fer

Combinaison de jaspe rouge,
hématite et œil-de-tigre
Chakra : Racine

La combinaison des trois pierres qui le compose lui donne un grand pouvoir vitalisant. Il augmente le taux des globules rouges et de l'oxygène du sang, il tonifie tendons et muscles. Il apporte une plus grande amplitude respiratoire et accroît l'endurance. Au niveau psychologique, il équilibre et stabilise l'émotionnel. Il accroît la volonté, la confiance, le courage et rassure nos peurs irrationnelles. Il nous aide à combattre la dépression, les phobies, les addictions en tous genres, les troubles obsessionnels compulsifs et les états d'épuisements nerveux. Il peut représenter un véritable bouclier protecteur, particulièrement contre la malfaisance.

Œil-de-Ste Lucie

Opercule de mollusque

La légende veut que Sainte Lucie s'arrachât les yeux et les jeta à la mer, afin de ne plus être distraite dans ses prières. Mais sa foi était si grande que La Vierge lui rendit des yeux encore plus beaux et lumineux. Depuis le coquillage représente l'œil du sacrifice et porte-bonheur. Il éloigne le mauvais œil et apaise les chagrins de celui qui le porte. Le véritable œil de Sainte Lucie selon la tradition est celui de Méditerranée et il présente une face orangée et une face blanche.

Œil-de-taureau

Silicate avec traces d'hématite
Chakra : Racine

Appelé aussi œil-de-bœuf, il possède les mêmes propriétés que l'œil-de-tigre, mais a subi un réchauffement naturel qui a modifié sa couleur en rouge. Il est particulièrement stimulant et apporte force, courage, ténacité en permettant de maintenir ses efforts sans jamais douter des résultats positifs. Il diminue l'agressivité, car il induit un retour à soi avec douceur et optimisme. Au niveau physique, il détend les muscles tendus et les fascias trop sollicités et renforce circulation sanguine et libido.

Œil-de-tigre

Silicate
Chakra : Plexus solaire

Pierre de focalisation, il rassemble les énergies au centre de notre être, ce qui en fait un des meilleurs minéraux de concentration. Il fait partie des 3 pierres à privilégier lors d'un intense travail intellectuel. La sodalite pour la clarté mentale et la logique, la fluorite pour stimuler le flux électrique des neurones et l'œil-de-tigre pour une concentration optimale. Il donne indépendance d'esprit, autonomie, liberté, ténacité, contrôle émotionnel et il permet une meilleure gestion de l'isolement et de la difficulté à s'adapter. Il agit avec un effet miroir en renvoyant les énergies négatives, ce qui en fait une pierre de protection. Au niveau physique, il renforce le sang et le système endocrinien. Étant donné qu'il freine légèrement les énergies, il sera utile pour stopper une montée de fièvre ou d'asthme.

Œil des sables

Sulfate hydraté de calcium
Chakra : Sacré

Proche de la rose des sables, il oblige en douceur à lâcher prise. Il purifie le physique, le spirituel et l'émotionnel. Sa résonance avec le silence du désert le rend idéal pour la médiation.

Œuf de tonnerre

Autre nom de l'agate Thunder egg

Œuf de yoni

Œuf de pierre placé dans le vagin
pour stimuler le périnée
et les énergies féminines
Chakra : Sacré

Pratique utilisée dans la Chine ancienne avec des œufs en jade néphrite. Récemment revenue à la mode dans un but mercantile, malgré les nombreux risques qu'elle engendre. Le problème le plus fréquent étant l'infection vaginale due à la porosité du jade et à la difficulté du nettoyage correct de l'œuf et de la ficelle. D'autre part, les œufs fabriqués actuellement sont en matériaux souvent toxiques car les métaux des pierres se libèrent sous l'effet de l'humidité chaude du vagin. Par conséquent, pratique à éviter.

Okénite

Silicate hydrothermique très fragile ressemblant à des boules de coton
Chakra : Coronal

Pure et délicate elle donne l'accès à notre enfant intérieur en permettant de restaurer notre innocence. Elle aide à se pardonner, à sortir des culpabilités et à écouter nos rêves. Sa grande douceur connecte aux énergies multi dimensionnelles qui soigneront délicatement tous les niveaux de notre être physique et spirituel.

Olivine

Autre nom du péridot

Olmiite

Silicate hydroxyde de calcium et manganèse
Chakra : Cœur

Elle agit en renforçant le système osseux et la reminéralisation générale de l'organisme. Cependant c'est au niveau spirituel que son action est la plus intéressante. Le manganèse qu'elle contient assure une grande stabilité émotionnelle et permet de dépasser les blessures qui freinent notre avancée. Elle connecte à l'amour de la source divine et nous fait entrer dans une fréquence vibratoire de pardon, de non-jugement et de véritable ouverture du cœur.

Olshanskyite

Borate hydraté de calcium
Chakra : Coronal

Pierre rare mais très belle, elle ouvre à la dimension divine. Elle harmonise le chakra coronal afin que la lumière des plans supérieurs puisse couler au travers de tout notre Être. Elle apporte une grande puissance morale et une stabilité émotionnelle. La force tranquille de ceux qui se savent connectés à la source de tout. Au niveau physique, elle renforce les os et reminéralise les cellules, mais elle demeure essentiellement spirituelle. Éviter le contact avec l'eau.

Onyx

Silicate, variété d'agate
Chakra : Racine

Énergie yin qui diminue les excès de chaleur. Utile pour les inflammations, les problèmes d'oreilles, la régénération cellulaire, ainsi que la peau, ongles et cheveux. Elle apporte pondération, contrôle de soi et force pour sortir des addictions et vieilles habitudes. Elle a la particularité de garder longtemps les charges et programmations. Pour ce faire, on la tiendra dans la main ou sur le 3e œil en état de méditation et l'on enverra en conscience son vœu dans la pierre avec la confiance absolue qu'elle l'amplifiera vers le cosmos.

Opale

Silicate hydraté

Il existe une grande quantité très diversifiée d'opales, mais elles ont toutes la caractéristique d'avoir une structure amorphe et de contenir de 3 à 20 % d'eau. Elles sont très douces tout en contenant la force purificatrice de l'eau. Elles agissent sur les liquides organiques du corps en les nourrissant et les aidant à mieux circuler. Elles augmentent le taux de globules blancs pour une meilleure défense du corps et possèdent également toutes une dimension mystique. Elles ont toutes besoin d'être régulièrement déposé un moment dans de l'eau, afin d'éviter qu'elles ne se dessèchent et se désagrègent. Les opales ont souvent eu mauvaise réputation à cause de deux raisons. La première est due au roman fiction de Walter Scott au XIXe siècle, dont l'héroïne était pourchassée par une opale maléfique. La seconde vient de l'époque du roi Louis XI qui demanda à son joaillier personnel de lui tailler une belle opale reçue en cadeau. Malheureusement l'artisan la cassa et le roi lui fit couper les deux mains. Depuis, de nombreux lapidaires ne voulurent plus travailler l'opale par solidarité et superstition.

Opale blanche hydrophane

Silicate hydraté
Chakra : Sacré, coronal

Elle purifie et régule les liquides du corps, hydrate la peau, stimule la lymphe et nourrit mieux les reins. Elle est excellente pour les problèmes féminins tels que rétention d'eau, bouffées de chaleur, troubles menstruels ou de lactation. Au niveau spirituel, elle connecte au corps causal en permettant de mieux capter les énergies subtiles. Elle purifie les scories émotionnelles, atténue les images mentales négatives et ouvre à une créativité très pure.

Opale bleue d'Owyhee

Silicate hydraté
Chakra : Gorge, 3ᵉ œil

L'opale bleue d'Owyhee se prononce « o-oua-hi ». Elle insuffle le calme et l'équilibre. Elle nous donne l'intuition d'agir avec la certitude de ne pas échouer. Sans peur, sans supposition, sans projection, juste la confiance qui nous dicte quand agir et quand attendre. Elle ouvre également à la télépathie et au rêve lucide. Au niveau physique, elle stimule la circulation des liquides et elle sera utile pour les irritations et inflammations de la gorge.

Opale boulder

Silicate hydraté
Chakra : Racine, 3ᵉ œil

Elle est une combinaison d'opale d'Australie et d'œil-de-fer ou de grès. Les Indiens aborigènes australiens l'utilisaient pour les rites de passages car elle connecte aux esprits de la terre. Elle est un magnifique mélange d'enracinement et d'ouverture spirituelle. Ainsi, elle replace l'Être dans sa verticalité, lui permettant ainsi telle une antenne, de capter tout ce qui est nécessaire à son évolution. Au niveau physique, elle apaise les brûlures, les problèmes cutanés et les lésions dues à la vieillesse.

Opale cacholong

Silicate hydraté
Chakra : Sacré, 3e œil

Appelée également porcelanique, car elle ressemble à de la porcelaine. Il ne s'agit pas d'une opale pure, elle est souvent mélangée à de la calcédoine. Elle sera cependant très apaisante, purifiera les liquides du corps ainsi que le mental et l'émotionnel.

Opale commune des Andes

Silicate hydraté sans iridescences
Chakra : Cœur

Elle possède les qualités de l'opale, mais avec la particularité d'être toujours de couleur pastel et sans irisation. Elle est adaptée tout spécialement aux hypersensibles, car elle permet de renforcer l'émotionnel. Elle calme, apaise, console et guérit les blessures du cœur. Elle aide également à ne plus se laisser abuser, ni submerger par les évènements et à imposer le respect autour de soi. Au niveau physique, sa douceur est adaptée aux animaux, aux enfants et aux personnes âgées. Elle diminue la sécheresse cutanée et aide à combattre les maladies chroniques.

Opale de feu

Silicate hydraté avec oxyde de fer
Chakra : Sacré

Elle purifie tous les liquides vitaux tels que le sang, la lymphe, les liquides interstitiels ou céphalorachidiens. Elle renforce les organes génitaux, la fertilité et le désir sexuel. Elle stimule l'immunité et toutes les hormones des glandes endocrines. Elle contient à la fois le feu et l'eau et va ainsi susciter la sensualité, l'ouverture aux autres, la spontanéité et la vitalité générale. Elle aide également à révéler notre feu intérieur et à dissoudre tout ce qui peut bloquer notre créativité ou notre pouvoir personnel.

Opale dendritique

Autre nom de la merlinite

Opale hyalite

Silicate hydraté
Chakra : Coronal

Dite également vitreuse car elle présente des bulles transparentes qui sont fluorescentes à la lumière UV. Elle contient encore plus d'eau que les autres opales et son énergie est très spirituelle. Elle ouvre le chakra coronal, illumine l'aura, purifie et éclaire le champ électromagnétique. Elle permet de faire des voyages astraux, augmente les capacités extralucides et sera idéale pour la méditation, car elle opère un centrage et un apaisement extraordinaire. Au niveau physique, elle régule les liquides comme toutes les opales, mais ses qualités seront surtout spirituelles et mystiques.

Opale jaune

Silicate hydraté
Chakra : Plexus solaire

Elle possède les propriétés de l'opale avec une affinité pour le plexus solaire. Elle sera très énergisante et rebooste la vitalité et le système immunitaire. Elle jette une lumière solaire et réconfortante sur la dépression et toutes les blessures émotionnelles difficiles à assumer. Elle permet de trouver constamment les solutions positives à chaque situation. Elle donne expansion, fantaisie et grande créativité.

Opale mahafaly

Silicate hydraté avec traces de fer et cuivre, association de calcédoine et d'opale

Chakra : Tous

Très douce elle peut être brune, bleue, rouge, jaune ou blanche et influencera particulièrement le chakra de la couleur correspondante. Elle diminue la négativité, redonne foi en soi et conscience de notre valeur. Elle relie également au passé et favorise le rappel des souvenirs. Elle augmente la bienveillance, la spontanéité, les sentiments purs et la créativité. Au niveau physique, comme les opales et les calcédoines, elle régulera les liquides et le taux hormonal de l'organisme.

Opale noble

Silicate hydraté

Chakra : Tous

Souvent en provenance d'Australie ou d'Ethiopie, elle présente de magnifiques irisations multicolores. Elle hydrate mieux l'ensemble de l'organisme, favorise l'élimination, assouplit la peau et les tissus tout en retardant ainsi les effets du vieillissement. Elle illumine tous les chakras et leur permet de diffuser harmonieusement l'énergie dans l'ensemble de l'organisme. Au niveau spirituel, elle dissout la tristesse, la timidité et aplanit les troubles de la personnalité. Elle ouvre à la beauté, à la sensibilité artistique, à l'intuition et aux rêves prémonitoires. Elle sera idéale pour la méditation car elle élève le taux vibratoire et sensibilise à la communication extrasensorielle.

Opale noire

Silicate hydraté

Chakra : Racine, 3e œil

Elle possède les propriétés de l'opale mais avec la particularité d'être connectée aux étoiles. Très adaptée à la méditation, elle insuffle une grande élévation spirituelle. Elle offre des rêves prémonitoires, des visions, des talents de divinisation et d'intuition. Elle connecte au corps causal, c'est-à-dire à la mémoire des vies antérieures, de l'inconscient familial et culturel. Au niveau physique, elle atténue les rhumatismes, les infections et inflammations pulmonaires et elle améliore également la vision.

Opale pintade

Silicate hydraté
Chakra : Racine, sacré

Pierre de drainage et de purification du sang. Elle nettoie le foie, les liquides cérébraux et soutien la circulation des jambes en atténuant lourdeur et varices. Elle est une des opales les moins douces, car elle nous connecte aux aspects les plus profonds de notre être. Elle oblige à affronter nos racines, nos conflits non résolus, nos mémoires familiales et certaines de nos vies antérieures qu'elle va nettoyer durablement. L'opale pintade est une pierre d'acceptation et de lâcher prise.

Opale rose

Silicate hydraté
Chakra : Cœur

Elle possède les propriétés de l'opale, mais agit principalement sur le cœur. Elle est comme une rivière purifiante d'amour. Elle lave le cœur, dissout les chagrins, les souffrances et les blessures. Elle peut cicatriser tous les manques d'amour. Au niveau physique, elle régule les liquides du corps et apaise l'organe cardiaque.

Opale verte

Silicate hydraté
Chakra : Cœur

Elle possède les mêmes propriétés que l'opale, mais avec une affinité pour le chakra cardiaque. Elle ouvre le cœur, le nettoie et purifie l'émotionnel. Elle facilite le rapprochement et la sensibilisation à la nature. Elle régénère et lave le cœur et l'esprit. Au niveau physique, elle apaise le système nerveux, régule le taux hormonal et stimule l'immunité.

Opale violette morado

Silicate hydraté
Chakra : Coronal, 3e œil

Elle possède les propriétés de l'opale avec une coloration très spirituelle. Elle ouvre et harmonise les chakras supérieurs et donne sensibilité artistique, raffinement et créativité. Au niveau physique, elle stimule la santé générale car elle refait circuler l'énergie dans les méridiens et débloque les nœuds électromagnétiques.

Opalite

Verre artificiel

Malgré ses beaux reflets opalescents, l'opaline est du verre fabriqué en laboratoire et ne possède aucune vertu lithothérapeutique.

Or des guérisseurs

Mélange de pyrite et de magnétite
Chakra : Tous

Particulièrement adaptée aux guérisseurs, elle aligne les corps subtils grâce à l'interaction de la pyrite et de la magnétite. Elle permet à la fois un enracinement et une ouverture aux fréquences élevées, qui ont pour effet de contrecarrer toute fatigue ou perte d'énergie du thérapeute. Elle donne un sentiment général de paix et de bien-être, elle stimule intuition et l'inspiration tout en protégeant des influences néfastes. On pourra la poser sur n'importe quel chakra qu'elle ouvrira en douceur. Elle sera également analgésique et protégera de l'épuisement émotionnel.

Or natif

Métal Au N° 79 du tableau des éléments
Chakra : Racine, sacré, plexus solaire

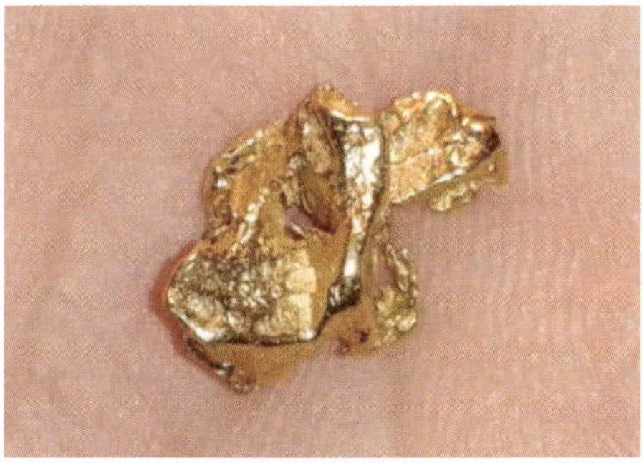

Il possède la puissance et l'énergie du soleil. Il souffle un mouvement d'expansion, la volonté de grandir, de surmonter ses peurs, ainsi que toutes les émotions qui réduisent l'aura. Il apporte optimisme, détermination, espoir et combat la fatigue et la dépression. Au niveau physique, il favorise les fonctions d'élimination.

Orpiment

Sulfure d'arsenic
Chakra : Plexus solaire

Il est toxique et se désagrège à la lumière, on préférera donc travailler en plaçant l'orpiment dans une petite pochette en tissu. Il revitalise principalement le chakra sacré et fait recirculer les énergies stagnantes. Il atténue les troubles urogénitaux, les déséquilibres de l'intestin, les douleurs lombaires ou encore l'arthrose des hanches. Il est puissamment anti oxydant, régénérant cellulaire, bactéricide et fongicide. Au niveau psychologique il insuffle joie, confiance et illumine le cœur.

Orthocéras

Ancêtre du calamar fossilisé
de 400 millions d'années
Chakra : Racine

Permet de nous connecter à nos mémoires ancestrales afin de les nettoyer. Libère les peurs anciennes, les conditionnements archaïques. Renvoie les mauvaises énergies à la terre. Renforce les reins et la vessie trop éprouvée par les stress.

Orthoclase

Autre nom de l'orthose
Appellation internationale

Orthose

Aluminosilicate de potassium
Chakra : Plexus solaire

La pierre de lune est souvent appelée également orthose car elles sont de la même famille des feldspaths. Cette dénomination n'est pas fausse, mais en général l'orthose ou orthoclase désigne la qualité gemme cristallisée. Elle est très utile en cas de régime amaigrissant, car elle élimine les toxines en renforçant l'activité des reins, elle stimule le drainage et la dissolution des graisses. Elle sera aussi active pour réguler la glycémie et réduire le diabète. Au niveau psychologique, elle apporte optimisme, volonté et détermination mais, avec délicatesse et égard vis-à-vis d'autrui.

Oursin fossilisé

Fossile calcifié
Chakra : Racine, cœur

Il relie aux forces maternantes de la mer, aiguise nos sensations aux signes de la nature et permet de sentir la puissance ancestrale de la vie au fond de nous. Il induit une intériorisation, un retour à soi, un ralentissement de rythme qui permet de se donner du temps et de remettre de l'ordre en soi-même. Posé sur le cœur, ses cinq branches diffusent une douce sérénité dans tout le corps et nous reconnectent à la puissance tranquille du fond des océans.

Paésine

Calcaire métamorphique
Chakra : Racine

Appelée également marbre de Toscane ou marbre de Florence, sa contemplation développe l'imagination, la sensibilité artistique et le sens des proportions architecturales. Ses propriétés sont proches du jaspe paysage.

Painite

Borate d'aluminium, zirconium, calcium
Chakra : Tous

Pierre extrêmement rare et toute petite. Elle diminue considérablement les dysharmonies dans chaque corp subtile. Elle ouvre le cœur et le fait rayonner dans toutes les directions. Posée sur un chakra, elle le libère, le stimule et l'harmonise. Elle pourra neutraliser toutes les énergies négatives et bloquer les attaques psychiques. Au niveau physique, elle réorganise les cellules et diminue les douleurs sur lesquelles on la pose.

Pallasite

Météorite composée de fer, nickel et péridot trouvée en Argentine à Esquel
Chakra : Cœur

Hors de prix, très rare, mais d'une beauté époustouflante. Chargée d'énergie cosmique elle nous connecte au plan causal dans la matrice originelle de tous les possibles. Le péridot qu'elle contient ajoute une dimension d'ouverture du cœur en toute sécurité. Ce curieux mélange protège en effet tout l'ensemble du champ électromagnétique de la personne.

Papagoïte

Silicate d'aluminium, calcium
et cuivre
Chakra : 3e œil

Très petite, on la trouve souvent sous forme d'inclusion dans le quartz et généralement accompagnée d'ajoïte. Elle augmente les capacités paranormales, l'intuition, la médiumnité et permet même l'accès au voyage astral. Ces facultés qu'elle insuffle, se font dans le calme, car elle densifie et illumine le corps émotionnel en ouvrant le cœur à une paix profonde et à une joie tranquille. Au niveau physique, elle oxygène et nettoie le sang et elle atténue ainsi migraines et douleurs menstruelles.

Pargasite

Aluminosilicate hydroxyde
de magnésium, calcium et sodium
Chakra : Cœur

Petite, elle est souvent associée au spinelle. Elle est une pierre de pardon qui aide à s'accepter tel que nous sommes, à assumer nos ombres et à prendre conscience de nos forces. Elle apporte une grande confiance en soi et peut diminuer anxiété, inquiétude, mouvements d'humeur et tendance aux remords ou regrets. Elle lisse les émotions en freinant les états dépressifs ou exaltés. Son action sera avant tout spirituelle.

Parisite

Carbonate fluoré de césium,
lanthane et calcium
Chakra : Sacré

Elle est petite et très chère, mais sa composition complexe lui confère un pouvoir structurant. Elle remet de l'ordre dans le corps émotionnel et permet de rassembler ses forces pour se recréer soi-même à la suite de blessures ou de traumatismes. Elle sera essentiellement psychologique et spirituelle et on prendra soin de se laver les mains après son usage.

Pechblende

Autre nom de l'uraninite

Pectolite

Silicate de sodium et calcium
Chakra : Coronal

Essentiellement d'énergie Yin, elle possède toutes les qualités de l'archétype féminin. Elle apporte calme, intuition, patience, esprit de paix et pardon. Elle permet de trouver toujours des solutions en douceur car elle évite les conflits. Au niveau physique, elle diminue les inflammations, les spasmes et les crispations musculaires et elle régule la pression artérielle. Lorsqu'elle est bleue elle s'appelle larimar.

Pegmatite

Roche composée de quartz, feldspath, mica et terres rares
Chakra : Coeur

Son nom provient du grec « pegma » qui signifie « coagulé » car elle se compose d'un amalgame de minéraux très divers. Proche du granit, elle ne possède pas de vertus particulières en lithothérapie. Cependant, elle fut considérée comme pierre sacrée en Orient, en Inde, en Scandinavie et en Russie. Des amulettes furent même confectionnées avec la particulière pegmatite graphique. Cette dernière, appelée également pierre des professeurs ou pierre juive, présente des dessins noirs qui font penser à l'écriture hébraïque. De nos jours encore, elle est recherchée pour en faire des talismans destinés aux étudiants et aux chercheurs de vérité.

Pentagonite

Silicate de calcium et vanadium
Chakra : 3e œil

Elle possède la même composition que la cavansite, mais avec une cristallisation différente. Elle est souvent associée à l'heulandite, la stilbite ou l'astrophyllite. Elle aura les mêmes propriétés que la cavansite.

Périclase

Oxyde de magnésium
avec traces de fer
Chakra : Sacré

L'oxyde de magnésium est un dépuratif. Cette pierre stimule l'élimination des toxines et régule le rythme cardiaque. Au niveau psychologique, elle apporte un grand pouvoir de centrage et de calme et favorise intériorité et concentration. Elle sera utile contre la fibromyalgie, mais la périclase est très rare.

Péridot

Silicate de fer et magnésium
Chakra : Cœur

Le cristal de péridot est presque toujours petit et d'un vert particulièrement reconnaissable. Malgré sa taille il est souverain pour la guérison émotionnelle, car il défait les nœuds au niveau psychique et par conséquent également au niveau physique. Son action est rapide. Immédiatement il apaise et détend même les cœurs les plus serrés. Il libère de la jalousie et des conflits en ouvrant à la tolérance et à la paix. Il diminue les peurs, les complexes de ceux qui pensent ne pas être à la hauteur ou ne pas « mériter ». Il permet de se détacher plus facilement du passé, de faire le deuil d'une relation terminée et de se déconditionner des influences extérieures afin de ne se laisser guider que par son cœur. Au niveau physique, il augmente la vitalité générale du corps éthérique et stimule ainsi l'immunité, la régénération des tissus et l'élimination des toxines. Il est souverain pour les problèmes digestifs, stimule l'activité du foie, vésicule, pancréas, estomac et diminue les problèmes de constipations, côlon irritable et diverticules. On pourra faire une eau de pierre ou une huile de pierre à ingérer, mais il sera aussi possible de faire un élixir pour tamponner les zones cutanées affectées par un eczéma. Le péridot sera également utile contre les contractions lors d'un accouchement et augmentera de façon générale l'effet de tous les traitements.

Péristérite

Autre nom de la labradorite blanche

Perle

Carbonate de calcium hydraté
de coquillage, nacre
Chakra : Plexus solaire

Elle n'est que douceur et féminité et porte en elle la mémoire purificatrice de l'océan. Au niveau physique, elle régule les cycles hormonaux et les rythmes naturels sommeil-veille ou saisonniers. Elle réduit également l'engorgement du foie, l'acidité gastrique, les ballonnements et les œdèmes. Elle adoucit beaucoup la peau, mais la transpiration de certaines personnes risque de faire mourir la perle en la rendant terne. Dissoute quelques jours dans du jus de citron elle sera un bon élixir anti-verrue en la posant sur la zone, sans déborder. On pourra aussi utiliser un bouton de nacre naturelle moins couteux.

Perovskite

Titanate de calcium
Chakra : Racine

Elle a la particularité d'avoir des propriétés photovoltaïques, c'est-à-dire qu'elle capte la lumière et la transforme en énergie. Récemment, on trouve d'ailleurs des panneaux solaires à base de perovskite. Elle est donc sensible à la lumière et augmente l'énergie générale de l'organisme, en stimulant l'oxygénation et la vitalité. Au niveau physique, elle donne beaucoup de force morale, de ténacité ainsi qu'une vision positive et constructive.

Perthite

Association d'albite et d'orthose
Chakra : Sacré

Ce mélange de deux feldspaths, possède les propriétés de la pierre de lune, qui est de la même famille.

Pétalite

Silicate de lithium et aluminium
Chakra : Coronal

Appelée également pierre des anges car elle connecte aux royaumes supérieurs. Porteuse d'une intense lumière elle nettoie le système nerveux et les informations négatives. Elle remet de l'ordre dans les cellules, stimule l'immunité et rééquilibre les polarités du corps. C'est cependant au niveau du cœur qu'elle est la plus efficace. Pierre du pardon inconditionnel, elle apaise les cœurs brisés, diminue la dépression et élève la conscience en insufflant une paix profonde. Elle stimule l'intelligence du cœur, ouvre un espace de calme absolu dans l'esprit et permet l'acceptation sereine des chagrins. Elle chasse les entités de l'aura, permet de comprendre les causes karmiques et peut même réunir deux personnes séparées. En effet, elle nous hisse spirituellement à un niveau tellement haut qu'il est possible de rejoindre l'autre dans sa partie supérieure la plus noble pour une réconciliation dans l'astral. Il suffira de dormir ou de méditer avec elle en demandant l'aide angélique. Le changement vibratoire de notre fréquence se répercutera dans la manifestation.

Petoskey stone

Fossile de corail de 350 millions d'années, nord du Michigan
Chakra : Sacré, 3e œil

Intéressant mélange des énergies de l'océan et des glaciers de montagnes. Permet de nous connecter à la puissance vitale de la nature et de faire émerger notre potentiel enfoui. En douceur et progressivement tous nos organes, même les plus faibles pourront ainsi se réveiller et fonctionner de façon optimale. Aide à régler des problématiques, laissées en suspens, de relations anciennes ou actuelles.

Pezzottaite

Aluminosilicate de béryllium, lithium et cérium
Chakra : Cœur

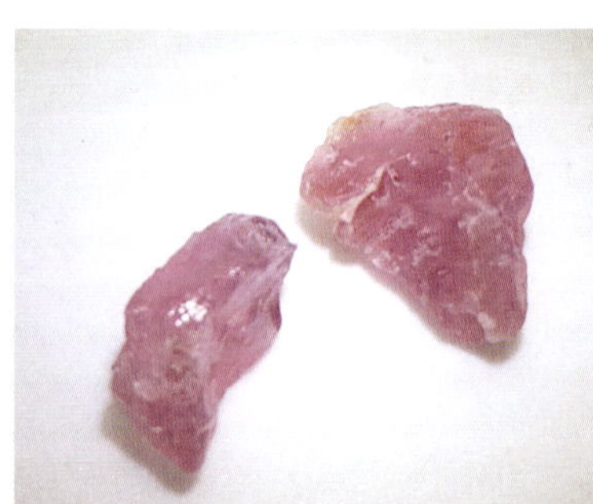

Petite merveille de la nature, malheureusement très chère, elle ouvre le cœur à l'amour. Non pas l'amour émotion, mais l'amour noble, l'amour qui pardonne, l'amour qui comprend, l'amour qui accepte sans juger et qui élève avec humilité. Le lithium qu'elle contient stabilise les fluctuations émotionnelles et diminue angoisse, dépression et troubles de l'humeur. Elle apporte confiance, compassion et connexion au divin. Au niveau physique, elle réordonne l'ensemble des cellules, régule le cerveau et diminue toutes les maladies neurologiques.

Phénacite

Silicate de béryllium
Chakra : Coronal

Une des pierres possédant la fréquence la plus élevée de tout le règne minéral, elle ouvre le 3e œil et le chakra coronal aux plans multidimensionnels. Posée sur le 3e œil, même les personnes peu sensibles à l'énergie des cristaux pourront sentir sa puissance. Elle peut provoquer des visions prémonitoires, de la télépathie, télékinésie ou encore des visions à distance. Elle connecte aux anges, aux êtres de lumière et représente un véritable auxiliaire de guérison malgré sa petite taille. Physiquement, elle soigne tous les problèmes neurologiques, les déséquilibres cérébraux et les problèmes de myéline. Elle peut guérir l'ensemble du corps car elle inonde l'organisme de lumière et lorsqu'un traitement n'a pas ou plus d'effet, on pourra l'utiliser. Il suffira de la poser sur la zone affaiblie et de la tourner doucement dans le sens des aiguilles d'une montre lors de blocage, ou inversement lors de déficit d'énergie.

Phlogopite

Aluminosilicate de magnésium
et potassium
Chakra : Racine

Variété de mica noir appelé également mica magnésium. Il est un isolant énergétique qui permet de rester concentré et imperméable aux influences extérieures. De tous les micas, il est celui qui connecte le plus à la terre en nous insufflant ténacité et force morale. Il aide également à bien dormir et à garder une bonne hydratation cutanée.

Phokenite

Potassium et phosphate
fabriqué en laboratoire

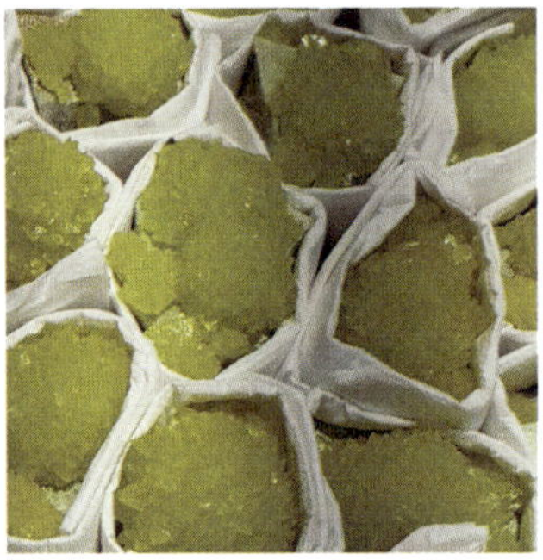

Pierre de synthèse fabriquée en Pologne. Elle est utilisée dans l'horticulture et dans certaines levures. L'aspect est grossier, trop coloré et ne présente aucune vibration si on la tient en main. On préférera évidemment travailler avec des minéraux naturels, beaucoup plus intéressants énergétiquement.

Phosgénite

Carbonate de plomb
Chakra : Racine

Elle possède la même composition que la cérusite et aura les mêmes propriétés. Confusion possible avec l'anglésite qui est un sulfate de plomb.

Phosphate niahite

Phosphate hydraté avec ions
de magnésium et manganèse
fabriqué en laboratoire

Pierre de synthèse fabriquée en Pologne et présentant une forme d'étoile à branches multiples de couleur bleu. Les distributeurs de ce produit prétendent qu'ajouté au vin, il le bonifie. La reproduction est toutefois grossière et ne dégage aucune vibration lorsqu'elle est tenue dans la main. On préférera évidemment travailler avec des minéraux naturels, beaucoup plus intéressants énergétiquement.

Phosphophyllite

Phosphate hydraté de zinc et fer
Chakra : Cœur

Pierre assez rare, qui favorise l'intériorisation et un recentrage dans le cœur. Très apaisante, elle permet un retour sur soi et une auto-guérison de l'émotionnel dans le calme. Au niveau physique, elle stimule l'immunité et aide à faire repartir les processus d'auto-réparation de l'organisme.

Phosphosidérite

Phosphate hydraté de fer
Chakra : Cœur

Elle régule et harmonise le chakra du cœur. Elle calme, rassure et diminue stress, peurs et angoisses. Elle ouvre le trajet entre le cœur et le chakra coronal et nous aide à comprendre notre mission ici-bas. Elle facilite la cohérence cardiaque, c'est-à-dire l'harmonie entre le cœur et la respiration, ce qui a pour effet la possibilité d'une auto-guérison globale.

Piémontite

Aluminosilicate de calcium, fer et manganèse
Chakra : Racine

Lorsqu'elle est associée à de l'épidote elle se nomme « dragon stone », dont elle partage la composition. Elle possède pratiquement les mêmes propriétés et le manganèse qu'elle contient apaise profondément le cœur et guérit les blessures émotionnelles. Elle réconforte, dissout les traumatismes et aide à canaliser la joie. Au niveau physique, elle sera utile pour la peau en réduisant tous les problèmes cutanés qui sont d'ailleurs, presque toujours liés à l'émotionnel.

Pierre chrysanthème

Roche métamorphique noire avec éclats de calcite et chiastolite
Chakra : Racine

En extrême orient, elle symbolise la longévité et l'immortalité et son action sera particulièrement spirituelle.

Elle permet de sortir des limitations mentales et de s'ouvrir à l'abondance. Elle catalyse notre potentiel, apporte joie, créativité et audace. Elle est une pierre d'espoir, qui stabilise l'ensemble du champ électromagnétique et illumine la face sombre de notre psyché. Au niveau physique, son utilisation sera intéressante pour augmenter la fertilité.

Pierre d'Eilat

Mélange de malachite, chrysocolle, turquoise, azurite
et parfois argent et cuivre
Chakra : Cœur, gorge

Pierre de la mine du roi Salomon chargée d'une magie particulière. Son lieu d'extraction, son histoire et l'énergie qu'elle véhicule en fait d'elle une pierre de sagesse et d'autorité. Elle donne maturité, créativité, compréhension subtile et profonde des situations et des textes sacrés. Elle dissipera la peur et les traumatismes et écarte les déchets négatifs vibratoires des situations qui nous accablent. Au niveau physique elle atténuera les douleurs et les inflammations grâce au cuivre qu'elle contient.

Pierre de croix de Bretagne

Autre nom de la staurotide
ou staurolite lorsqu'elle
vient de Bretagne

Pierre de croix de Russie

Autre nom de la staurotide
ou staurolite lorsqu'elle
vient de Russie

Pierre de Gaïa

Cendres volcaniques du mont
St Helens aux USA, fondues
et recomposées en laboratoire

Également appelée à tort obsidienne verte, car elles sont toutes les deux le résultat de silice fondu à haute température. La pierre de Gaïa ou pierre de la déesse, est un exemple de plus d'enfumage à but commercial. On lui attribue une haute vibration exceptionnelle, des pouvoirs d'auto-guérison et la connexion au royaume des anges, par le simple fait qu'elle contient des cendres de volcan. En vérité, il s'agit de verre artificiellement créé en laboratoire et on préférera travailler avec des pierres naturelles dont la structure cristalline vibre beaucoup plus intensément.

Pierre de l'infini

Silicate de Magnésium,
serpentine translucide
Chakra : Cœur

En plus de contenir les propriétés de la serpentine, elle connecte aux puissances curatives, spirituelles et angéliques. En méditation, elle permet l'accès à la vibration intermédiaire entre les vies, afin de pouvoir guérir tout ce qui est inachevé. Elle dissout les doutes, les peurs, les déséquilibres des vies antérieures et les fardeaux émotionnels.

Pierre de lave

Coulée de lave volcanique
Chakra : Racine

Connecte à la force de la terre et au feu purificateur du magma. Elle peut réénergétiser tout notre organisme en apportant force et vitalité. Elle nettoie en profondeur, transforme, aide à se séparer des lourdeurs du passé et à détruire nos scories inconscientes. Il est intéressant de l'utiliser pour dégorger nos émotions bloquées. Pour cela il faudra chauffer la pierre à l'eau chaude et la poser sur le ventre, plutôt du côté du foie, pendant un quart d'heure. Elle absorbera les énergies de colères et de frustrations contenues dans le foie. Durant la séance, on pourra imaginer que la pierre de lave consumera toutes nos émotions destructrices.

Pierre de lune

Aluminosilicate de potassium
Chakra : Sacré

Pierre Yin en affinité avec le féminin. Elle régule les cycles hormonaux, la fécondité, les menstruations, les troubles de rétention d'eau et de ménopause, les accouchements et la lactation. Elle diminue également l'acidité du corps et particulièrement les douleurs gastriques. Au niveau psychique, elle développe les qualités féminines telles qu'intuition, imagination, douceur, sensibilité, compassion, tolérance. Elle régule le sommeil et provoque des rêves prémonitoires. Elle sera utile aux femmes trop masculines et aux hommes pour développer leurs qualités féminines ou pour adoucir leur relation aux femmes.

Pierre de lune noire

Aluminosilicate de potassium
Chakra : Racine

Profondément enracinante, elle apporte beaucoup d'énergie au foie, à la vésicule, aux reins et redonne vigueur sexuelle. Reliée aux profondeurs de la terre, elle connecte et nettoie nos émotions les plus enfouies. Elle sera utile pour un travail de purification de l'inconscient. Telle une décantation, elle guérit les souvenirs douloureux au fur et à mesure qu'ils émergent en permettant à notre conscience de les intégrer et de les accepter sans souffrance.

Pierre de Sedona

Concrétion de limonite, sable
ocre rouge du désert de l'Arizona
Chakra : Racine, coronal

Appelée également Sédonalite, elle provient de Sédona qui est un lieu sacré pour les Indiens d'Arizona.

Cette terre rouge semble être le centre d'un puissant vortex et l'emplacement tellurique de croisements énergétiques. Elle est incontournable pour tout travail chamanique sur les vies antérieures ou les initiations par connexions aux âmes ancestrales. On pourra l'utiliser en méditation ou comme outil de rééquilibrage des polarités. Dans ce cas il sera nécessaire d'avoir une paire, une lisse ronde féminine et une plus rugueuse masculine. Les femmes porteront la pierre féminine dans la main droite et les hommes inversement. 5 minutes seront suffisantes pour s'aligner, devenir canal et il sera préférable de poser une tourmaline aux pieds. Elles peuvent devenir un merveilleux outil pour les thérapeutes qui devront les conserver dans du papier aluminium pour garder leur puissance énergétique.

Pierre de soleil

Aluminosilicate de potassium
Chakra : Plexus solaire

Elle incarne toutes les qualités liées à l'archétype masculin telles que tonus, énergie, positivité, charisme, joie, force. Elle s'est formée dans la lave du centre de la terre et relance l'énergie de tous les organes sur lesquels on la pose. Elle stimule la digestion, le cœur et les coronaires et relance le tonus sexuel. Elle peut diminuer asthme, ulcère gastrique et toutes les maladies auto-immunes résultantes d'un plexus solaire trop faible. Au niveau psychologique, elle nettoie ce qui est sombre, donne le goût de vivre et la force de surmonter phobies, échecs ou trahisons. Elle stimule toutes nos aptitudes, pousse à l'action, donne un regard positif, et un sentiment de complétude. Son énergie solaire peut apporter chance, fortune et célébrité.

Pierre de Stonehenge

Composition variable,
souvent feldspath et augite
Chakra : 3e œil

Sa composition est identique aux monolithes de Stonehenge en Angleterre. Relie aux forces de la nature et aux courants magnétiques de la terre. Ouvre à la confiance, au lâcher prise et à un esprit de plus grande liberté. Les mégalithes de Stonehenge datent de 3 000 ans avant J-C, sont disposés en cercle et semblaient servir à des cérémonies initiatiques et de guérison. Ainsi cette pierre nous relira au monde causal, à l'amour universel et nous aidera lors de cérémonies ou d'initiation

Pierre des fées Canada

Concrétion naturelle d'argile fossilisée avec microorganismes pétrifiés
Chakra : Racine

Formée il y a 10 000 ans dans les lacs d'anciens glaciers du Canada, elle relie fortement à l'énergie tellurique. L'argile qu'elle contient absorbe les énergies malsaines et les inflammations et transfère ses forces minérales à l'organisme. Elle purifie et dissout les cristallisations négatives physiques et émotionnelles. Les Indiens l'utilisent comme talisman de protection car elle est censée attirer abondance, fécondité et protection du foyer. Chaque pierre a une forme particulière et doit être choisie par son utilisateur, car chacune est porteuse d'une énergie unique qui la relie aux esprits de la nature et aux animaux totem.

Pierre des fées Maroc

Roche sédimentaire, concrétion naturelle d'opale recouverte de calcaire
Chakra : Sacré

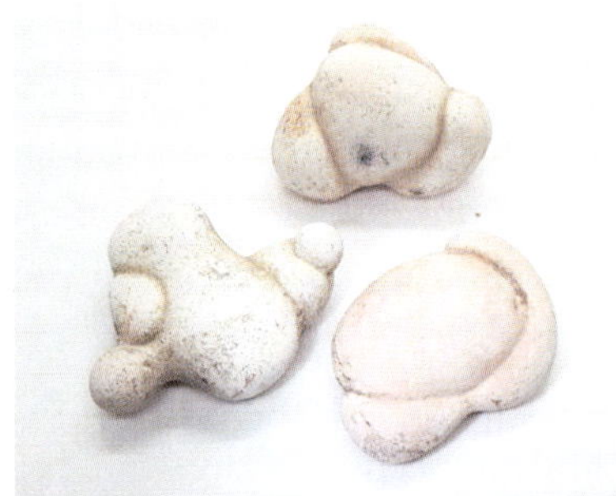

Appelée également ménilite ou ménalite, on la trouve à Youssoufia dans une ancienne carrière de phosphate. Elle détend les nerfs, libère les tensions, permet un recentrage, un lâcher-prise en douceur et connecte à notre enfant intérieur. Elle peut représenter une réelle pierre de vœu qui réalise tout ce que la nature peut apporter : santé physique et émotionnelle, fertilité, compréhension des secrets de l'univers. Elle solidifie, guide notre conscience et harmonise aux forces de la terre.

Pierre Dumar

Autre nom de l'annabergite

Pierre nébula

Autre nom du jaspe kambaba

Pierre ponce

Roche volcanique poreuse
Chakra : Plexus solaire

Ordinairement utilisée pour lisser les callosités des pieds, on ignore souvent que les bulles de gaz qu'elle contient nourrissent le premier chakra de force et d'endurance. Les pierres ponces noires qui sont des pierres de lave, peuvent faire sortir les colères et vieilles rancunes accumulées dans le foie, pour ce faire on chauffera les pierres et on les posera sur le ventre, particulièrement sur la droite de l'abdomen, jusqu'à ce qu'elles refroidissent. Un petit rituel suggère de chuchoter un vœu dans les trous de la pierre et de la laisser flotter dans un cours d'eau vers sa réalisation.

Pierre prophétique

Pseudomorphose ou concrétion contenant du fer.
Composition chimique mal connue
Chakra : Coronal

Pierre rare que l'on trouve dans le désert de Lybie. Le simple fait de la tenir dans la main donne une sensation étrange et immédiate de puissance. Elle ouvre le chakra coronal comme peu de pierres en sont capables et elle permet à la lumière de descendre dans tout notre organisme jusqu'à la terre. Elle nettoie complètement les corps d'énergie, élimine les toxines du corps physique et stabilise les fréquences. Sa puissance est telle, qu'on pourra l'utiliser pour ralentir la propagation de maladies graves et pour contrecarrer les effets secondaires de radiations ou chimiothérapies. Comme son nom l'indique, elle ouvre aux visions prophétiques et aux perceptions sur le futur. Il faudra travailler plusieurs semaines avec elle avant de recevoir des visions intérieures interprétables. Ne pas s'inquiéter si, au début, les perceptions sont fragmentaires, car cette pierre fait descendre en nous une telle quantité de lumière qu'il nous faudra un temps d'adaptation.

Pietersite

Silicate complexe, agrégat d'œil-de-tigre, œil de faucon, œil-de-bœuf et jaspe
Chakra : Plexus solaire

Découverte par Sid Pieters en Namibie elle est devenue malheureusement rare. Elle renforce tous les chakras, les réaligne dans leur axe et booste la circulation énergétique. Elle apporte ordre, centrage et redressement tant sur le plan physique que psychologique. Elle redonne confiance, volonté et courage même lorsque l'on a échoué. Elle apporte intuition, justesse de raisonnement et bon positionnement face à la réalité. Grâce à cela elle nous aide à surmonter chaos, dépression et même pensées suicidaires. Au niveau physique, elle équilibre l'ensemble du système endocrinien et hormonal. Elle a la particularité de réguler également la température du corps.

Pinas Iris Osiris

Sulfure de fer
Chakra : Plexus solaire

Il s'agit de cristallisation spéciale de pyrite qui s'utilise par paire. Elles sont baptisées pierres d'Isis et d'Osiris car elles ont des polarités masculines et féminines. La négative a une cristallisation fine et sableuse et la positive une structure cubique plus grossière. On les utilisera de la même manière que les moquis pour rééquilibrer les polarités et replacer les chakras dans l'axe médian. Il est possible également de les placer de part et d'autre d'une zone douloureuse afin qu'elles régénèrent les tissus. La faiblesse des pinas est leur fragilité car elles sont friables, ce qui rend leur utilisation moins intéressante.

Pinolite

Conglomérat de magnésite, graphite et dolomite
Chakra : Racine, couronne

Elle possède la particularité de connecter le chakra de base au chakra coronal, car le carbone du graphite enracine et le magnésium apaise et élève. Elle nettoie puissamment le système nerveux et purifie le cerveau. Elle augmente l'acuité intellectuelle, elle diminue la fatigue, la dépression, l'insomnie, les pertes de mémoire ou encore la maladie d'Alzheimer. Au niveau physique, elle soutient efficacement l'ensemble du système lymphatique et diminue ainsi œdèmes et toxines.

Pistacite

Autre nom de l'épidote

Planchéite

Silicate hydraté de cuivre
Chakra : Gorge

Elle possède la même composition que la chrysocolle et aura donc pratiquement les mêmes propriétés. Son énergie Yin ouvre le cœur et l'esprit en douceur. Elle peut ainsi diminuer la timidité, la crainte que l'on éprouve vis-à-vis des autres ou la peur du jugement extérieur. Elle donne confiance et créativité, en affinant le mental et l'imagination. Au niveau physique, elle combat les infections, les inflammations, les problèmes de gorges et sera antispasmodique.

Platine

Métal Pt N° 78 du tableau des éléments
Chakra : Tous

Il équilibre de façon presque parfaite les énergies Yin-Yang et harmonise ainsi tous les chakras. Il ouvre particulièrement les chakras supérieurs, connecte aux plans inter dimensionnels et permet un dialogue avec les anges et les guides de lumière. Le platine peut cicatriser les blessures de l'âme et amplifiera l'énergie des autres minéraux.

Plumbogummite

Phosphate de plomb et aluminium
Chakra : Gorge

Associée à la pyromorphite, elle agit principalement sur le chakra de la gorge. Elle permet de contacter les zones les plus sombres de notre intériorité et de pouvoir les verbaliser. Elle favorise la prise de conscience de nos sentiments enfouis, le travail de clarification de nos peurs ou culpabilités et la capacité d'oser les communiquer sans honte. Au niveau physique, elle pourra réguler les intestins. On prendra soin de se laver les mains après son utilisation.

Pollucite

Silicate hydraté d'alu, sodium, césium, traces de fer, calcium, rubidium, potassium
Chakra : Coronal

Sa composition complexe connecte aux plans supérieurs et enveloppe l'aura d'une lumière protectrice quasi angélique. Elle nettoie le champ électromagnétique et dissout les scories émotionnelles négatives. Au niveau physique, elle stimule l'élimination et insuffle un message lumière dans toutes les cellules. On pourra la déposer dans un verre d'eau durant la nuit, puis la boire à jeun pour éliminer les toxines et revitaliser l'ensemble de l'organisme.

Polybasite

Sulfo-antimoniure d'argent
Chakra : Sacré

Elle fait partie des 4 « ruby silvers », c'est-à-dire des pierres rouges contenant de l'argent. Les trois autres sont la pyrargyrite, la proustite et la miargyrite. Le mélange argent-soufre-antimoine agit fortement sur les problèmes pulmonaires et diminue inflammation et infections. Au niveau psychologique, elle purifie l'émotionnel en nettoyant les formes pensées et les idées récurrentes négatives.

Polylithionite

Aluminosilicate de lithium
et potassium fluoré
Chakra : Coronal

Comme tous les micas, elle isole énergétiquement et permet une grande intériorisation. Elle diminue stress, angoisse, dépression, insomnie et décuple l'authenticité personnelle. Elle agit principalement sur le psychisme et le coté spirituel et son utilité sera peu intéressante au niveau physique. Malgré sa petite taille, elle sera merveilleuse pour retrouver une pureté initiale.

Porcellanite

Argile métamorphique
à inclusions de manganèse
Chakra : Sacré

Elle a été chauffée naturellement à basse pression dans le cœur de la terre ce qui en fait de la porcelaine naturelle extrêmement dure. Elle renforce tous les tissus de l'organisme, qu'il s'agisse de la peau, des parois cellulaires, du système osseux ou du tissu. Elle nous renforce en cas de fatigue tout en stimulant la créativité et l'imaginaire.

Porphyre impérial

Roche magmatique composée de
feldspath, biotite, quartz et oligoclas
Chakra : Racine

Dans l'antiquité, il fut utilisé pour construire les édifices religieux. Pierre spirituelle puissante, il sublime et renforce notre enracinement pour mieux nous ouvrir à la transcendance. Il purifie par un puissant lâcher prise qui nous force à abandonner à la terre tout le superflu. Il permet d'évacuer la souffrance, les émotions trop violentes, les limitations. Il dénoue les blocages, apporte une profonde paix intérieure et offre une fusion avec le monde spirituel. Il permet de contacter au fond de soi le pouvoir de guérison et la flamme incandescente de la source de notre âme. Sur le plan physique, il régule la circulation du sang et le taux de globules. La tradition dit qu'il apporte l'abondance à celui qui le garde sur lui.

Prase

Roche de quartzite à inclusions
d'actinote, de trémolite
ou d'hédenbergite
Chakra : Cœur

Pierre d'équilibre yin-yang. Au XIIe siècle, Hildegarde de Bingen la surnommait déjà « la pierre à tout faire ». Elle calme le mental et le corps, nourrit le cœur en douceur et ouvre un courant vertical des pieds à la tête qui harmonise rein, foie, intestin et cœur. Elle apaise la colère et l'irritabilité. Elle est une pierre de contemplation paisible qui permet de passer à autre chose avec tendresse.

Prasiolite

Quartz ou améthyste
chauffée naturellement
ou artificiellement
Chakra : Cœur

Très proche du quartz prase, elle en possède le pouvoir régénératif, ainsi que les qualités apaisantes de l'améthyste. Elle absorbe la négativité, purifie l'aura et calme profondément l'émotionnel. Elle permet de s'ouvrir à la gratitude et à l'espoir lorsque l'on y croit plus. Au niveau physique, elle stimule l'immunité, équilibre les hormones et glandes endocrines et adoucit la peau.

Préhnite

Silicate de calcium et aluminium
avec traces de fer, manganèse,
magnésium et sodium
Chakra : Cœur

Appelée également jade jaune, elle nettoie l'aura, libère les vieilles blessures et permet de sortir de la victimisation ou de l'identification à la souffrance. Elle apporte un grand calme, une paix mentale et un affinement de la réflexion. Elle centre dans le cœur en permettant d'agir selon l'amour et non l'ego. Au niveau physique, sa composition de calcium et aluminium atténue fortement les spasmes et les tremblements. Elle agit également sur l'énergie rein-vessie, les glandes surrénales et elle régule la circulation sanguine et lymphatique, ce qui a pour effet de stimuler l'élimination des toxines.

Probertite

Borate hydraté de calcium et sodium
Chakra : Coronal

Malgré une cristallisation différente, elle présente la même composition chimique que l'ulexite et aura sensiblement les mêmes vertus. Elle permet de déplacer notre conscience sur un autre plan vibratoire et ainsi d'évacuer les émotions retenues qui nous empoisonnent. Elle aide à modifier notre perception, à sortir du sentiment d'étouffement et à se libérer de la haine, la critique, la jalousie et la frustration. Au niveau physique, elle renforce la calcification des os et diminue fortement l'acidité de l'ensemble de l'organisme.

Proustite

Sulfure d'argent et arsenic
Chakra : Racine

Pierre des profondeurs qui nous connecte aux forces terrestres ainsi qu'à nos abîmes psychologiques. Elle nous ancre puissamment à la terre et renforce par-là l'ensemble de notre champ vibratoire. Elle stimule la lymphe et le système immunitaire, purifie le sang, régule les hormones et tonifie le système cardiovasculaire. Au niveau psychologique, elle nous permet d'oser explorer nos profondeurs pour les dissoudre.

Pruskite

Fabriqué en laboratoire
et coloré par du fer

Pierre de synthèse de couleur rouge et jaune fabriquée en Pologne. Pas réellement toxique mais ne devant pas être ingérée, elle est ajoutée aux produits de salaison des routes l'hiver. L'aspect est grossier et trop coloré et ne présente aucune vibration si on la tient en main. On préférera évidemment travailler avec des minéraux naturels, beaucoup plus intéressants énergétiquement.

Pseudoleucite

Aluminosilicate de potassium et sodium
Chakra : Sacré

Mélange d'orthose et de néphéline, elle régule la circulation sanguine et la pression artérielle. Cependant ses principales propriétés seront plutôt d'ordre psychologique. Elle apporte une grande détente mentale qui permet tolérance et distance par rapport aux problèmes. Elle insuffle la compréhension, le respect de la différence de l'autre et le détachement nécessaire pour éviter les conflits.

Psilomélane

Oxyde de baryum et manganèse
Chakra : Racine

Parfois appelée à tort malachite noire ou encore merlinite, elle crée un puissant ancrage à la terre. Elle stabilise les énergies, rend calme, humble, patient, serein et favorise la maîtrise des pensées ainsi que le discernement. Au niveau physique, elle agit principalement sur les poumons et aide tous les problèmes respiratoires tels que pneumonie, asthme, inflammations ou douleurs thoraciques. Elle régule aussi l'insuline, ainsi que les problèmes cutanés. Étant donné qu'elle équilibre également les hémisphères cérébraux, elle pourra combattre l'insomnie, car elle induit un calme durable.

Pudding stone

Conglomérat de feldspath, grès, schiste, quartzite et calcite
Chakra : Racine

La diversité des matériaux qui la composent induit souplesse d'esprit et pouvoir d'adaptation. Elle ouvre de nouveau horizons, permet de se réinventer, de recomposer les épreuves

passées en tremplin et ainsi de mieux redéfinir notre singularité. Sa principale qualité est celle de libérer et dénouer le mental autant que le corps. Elle revitalise, régénère et permet l'acceptation sincère et profonde de toutes les situations. Au niveau physique elle sera souveraine pour tous les problèmes digestifs.

Puisaylite

Silex composé de silice, calcédoine, quartz et opale
Chakra : Racine

Pierre de centrage, elle apporte la force de décider et d'affronter les aléas de la vie. Elle insuffle le goût du combat pour la justice et facilite l'argumentation pour y parvenir.

Purpurite

Phosphate de fer et manganèse
Chakra : Coronal

Elle ouvre le chakra coronal, élève la conscience, en nous hissant vers une fréquence vibratoire plus élevée. Elle augmente les facultés cognitives, les pouvoirs psychiques et donne ordre et vivacité esprit. Elle est ouverture aux idées nouvelles, en permettant de se réinventer soi-même et de s'adapter aux changements. Les personnes trop modestes, complexées ou en position de victime seront galvanisées par son énergie. Au niveau physique, le phosphore qu'elle contient solidifie les os, purifie et stimule la circulation sanguine en stabilisant le pouls.

Pyrargyrite

Sulfure d'antimoine et argent
Chakra : Sacré

Elle est très proche de la proustite, bien que plus foncée et plus courante. L'argent qu'elle contient apaise le système nerveux, diminue les douleurs, le stress, l'oxydation et freine ainsi le vieillissement cellulaire. Au niveau vibratoire, l'antimoine qui la constitue peut dissoudre les énergies négatives, particulièrement les envoûtements et tous les objets chargés de programmations négatives.

Pyrite

Bisulfure de fer
Chakra : Plexus solaire

Elle contient du soufre ce qui fait d'elle une pierre porteuse d'un feu purificateur. Elle est fortement dynamisante tout en connectant à la réalité des choses. Elle redonne confiance, permet de s'extérioriser et d'accéder à un grand potentiel créatif. Elle agit également sur notre aura en créant un halo de lumière protectrice autour du corps éthérique, ce qui apporte résistance, abnégation et capacité de rester dans son axe intérieur sans subir d'influences. Au niveau physique, la combinaison fer-soufre est un catalyseur de presque tous les processus physiologiques du métabolisme. Ainsi, elle détoxifie le foie si on la pose dessus, elle purifie le sang et stimule le système endocrinien. Elle diminuera infections, mycoses, grippes, rhumes et soutiendra une activité sexuelle saine.

Pyrolusite

Oxyde de manganèse
Chakra : Racine

Elle apporte un ancrage fort qui rassure et qui donne confiance, sérénité et quiétude. Elle nettoie et illumine l'aura. Au niveau physique, elle diminue les troubles ORL et les allergies. Elle attenue tous les types de douleurs et sera donc intéressante contre la fibromyalgie.

Pyromorphite

Phosphate anhydre de plomb
Chakra : Cœur

Elle donne la possibilité de s'ouvrir à la nouveauté, de modifier son état de conscience par l'acceptation des nouvelles informations. Elle diminue nos mauvaises habitudes, nos formes pensées négatives et elle bloque les énergies basses qui réduisent notre rayonnement. Elle augmente ainsi la tolérance et l'exigence que l'on a envers soi-même, tout en conservant une conscience aiguisée de notre propre valeur. Au niveau physique, elle stimule l'élimination des toxines et l'assimilation de la nourriture. Elle permet une adaptation optimale des cellules, ce qui a pour effet de contrecarrer les conséquences des empoisonnements, des radiations et même dans certains cas la croissance de cellules cancéreuses. Elle est cependant toxique et il sera préférable de se laver les mains après usage.

Pyrophyllite

Silicate d'aluminium
Chakra : Plexus solaire

Proche du kaolin, elle régule la digestion et peut diminuer acidité gastrique ou diarrhées. Ses propriétés sont cependant encore plus intéressantes au niveau psychique. Elle structure la personnalité en stimulant l'autonomie et l'indépendance d'esprit. Elle permet de renforcer les faiblesses de caractère, d'apprendre à savoir dire non et à éviter de trop subir l'influence d'autrui.

Pyroxmangite

Silicate de manganèse et fer
Chakra : Cœur

Ses propriétés sont proches de la rhodonite, qui comme elle, cicatrise les blessures émotionnelles. Elle ouvre le cœur, le rend tendre et compréhensif et permet de rester positif quoi qu'il arrive. Elle est la pierre du pardon qui diminue l'auto-sabotage et aide à garder le cœur suffisamment grand et tolérant pour arriver à pardonner ce qui nous a fait mal. Au niveau physique, elle agit sur les poumons en élargissant la capacité respiratoire.

Quantum Quattro

Minéral complexe, association de chrysocolle, malachite, shattuckite, dioptase et quartz
Chakra : Tous

Son énergie est douce et puissante à la fois. Elle est très intéressante au niveau physique car elle agit sur les liquides de l'organisme qu'elle remet en mouvement. Elle régule le foie, la vésicule biliaire, les reins, l'estomac, les poumons et relance le système immunitaire. Très apaisante, elle détend les organes en profondeur leur permettant de fonctionner harmonieusement. Au niveau émotionnel, elle nous ouvre à la paix, la sérénité et permet de lâcher ce qui nous empêche d'être heureux.

Quartz à âme

Filament laiteux de cristallisation au centre du quartz

Appelé également Faden, il s'agit d'un quartz qui s'est réparé à la suite d'une fracture et qui a continué sa croissance. Il est le symbole de la résilience et de la sublimation des blessures. Il possède une force tout à fait particu-

lière avec une puissance de régénération qui semble provenir d'une entité contenue dans le quartz. Il peut guérir tout ce qui est coupé, déchiré, abimé, à la suite d'une chirurgie ou d'un accident. Le porter sur soi, crée une sorte de pansement éthérique qui active la consolidation des blessures. Au niveau moral, il colmate également les fuites d'énergie et cicatrise les déchirures émotionnelles. Son utilisation sera précieuse pour éliminer un lien toxique et pourra servir à trancher des cordes éthériques qui freinent notre évolution.

Quartz à dumortiérite

Dioxyde de silicium avec silicate d'aluminium et bore
Chakra : Gorge

Il possède les vertus de la dumortiérite décuplé par le quartz. Il apporte calme, patience, endurance, équilibre émotionnel et permet de réfléchir en prenant des décisions raisonnables. Au niveau physique, il stimule la thyroïde et régule le sommeil. Il est également très antiinflammatoire et diminue fièvres et migraines.

Quartz âme sœur

Quartz jumeaux fusionnés
et parfaitement identiques
Chakra : Cœur

Il connecte à l'âme sœur, à la flamme jumelle ou à notre double de lumière. Il permet de s'aligner sur la fréquence énergétique pour l'attirer. Il ouvre à la fusion, à l'amour qui se développe dans une sphère, que ce soit à deux ou dans un groupe spirituel.

Quartz amphibole

Quartz hématoïde enrichi
en lithium, manganèse et calcium
Chakra : 3e œil, couronne

Appelé également *angel phantom* et *cheveux d'ange*, il renforce notre connexion aux vibrations angéliques. Il favorise les rêves lucides, le rappel des vies antérieures, la guidance spiri-

tuelle et accroît notre pouvoir personnel. Il rééquilibre tout l'ensemble des énergies en créant un puissant champ protecteur autour de toute personne qui le porte sur elle. Son action s'étend sur tous les plans, aussi spirituels que physiques en garantissant une santé globale. Il sera idéal en méditation ou en tant que quartz compagnon.

Quartz arc-en-ciel

Inclusions présentant
un spectre de couleurs
Chakra : Tous

Les inclusions arc-en-ciel peuvent se trouver dans beaucoup de quartz, tels qu'améthyste, citrine, quartz rose ou quartz fumé. Il symbolise un message d'alliance et d'espoir et c'est en méditation que son utilisation sera la plus intéressante. Sa lumière diffractée en 7 couleurs va stimuler et purifier les 7 chakras pour une élévation générale du taux vibratoire.

Quartz archiviste

Présente un ou plusieurs triangles
sur sa surface
Chakra : Coronal

Il est rare et dépositaire d'une sagesse particulière. Difficile à acquérir, on ne le trouve pas par hasard et il semble avoir un message spécial et individuel pour chacun. Il possède un pouvoir guérisseur supérieur aux autres cristaux car il est comme une porte qui ouvre aux annales du savoir universel.

Quartz autorégénéré

Quartz détaché de la matrice
qui a recristallisé en continuant
sa croissance
Chakra : Tous

Ce cristal s'est soigné tout seul et insuffle la force d'auto-guérison à l'organisme. Il sera précieux lors de convalescence à la suite d'une opération, d'une fracture ou d'une blessure. Il stimule également un grand pou-

voir de régénération dans les cas de greffes, implants ou problèmes de croissance. Au niveau psychique, il permet de se reconstruire après un traumatisme et de réparer les pires blessures émotionnelles.

Quartz bi terminé

Quartz présentant une pointe à
chaque extrémité,
formées naturellement

L'énergie y circule dans les 2 sens, qu'il pourra recevoir et transmettre par les deux côtés. Il élargit la conscience, dissipe les excès d'énergie, comble les trous de l'aura et dissout les blocages. Il diminue la stagnation des fluides en refaisant circuler l'énergie de la zone sur laquelle on le pose. Gardé sur le cœur, il diffuse une douce vibration dans tout le corps. Il faudra être vigilant de ne travailler qu'avec un quartz bi terminé naturellement, car il est impossible de savoir si le cristal a été taillé en respectant le sens vibratoire du cristal.

Quartz bleu

Quartz à inclusion donnant une couleur bleue
Chakra : Gorge

Les inclusions sont généralement de la dumortiérite, aérinite, rutile, ou indicolite. Il stimule l'immunité, le système endocrinien et diminue les brûlures et tous les problèmes de gorge. Au niveau psychique, il diminue la peur, l'anxiété, il équilibre les hémisphères cérébraux et ouvre à une belle médiumnité.

Quartz cathédrale

Quartz qui présente une cristallisation ressemblant aux tourelles d'un château ou d'une cathédrale
Chakra : Tous

Son architecture particulière permet de s'ouvrir aux autres et de sortir d'un isolement volontaire ou subi. Cependant, il sera surtout utilisé pour les

séances de méditation, car il ouvre l'accès aux plans supérieurs tout en apportant un côté structurant et sécurisant.

Quartz craquelé

Quartz qui a été chauffé à haute température, puis plongé dans de l'eau froide pour obtenir des craquelures. Il est aisé de comprendre que ce traitement explose la structure interne du quartz et que, bien que décoratif, il n'aura plus d'intérêt vibratoire.

Quartz croix

Quartz macle en forme de croix
Chakra : Cœur

Il englobe les énergies horizontales et verticales qui permettent de retrouver son centre. Posé sur le cœur, il aide à

le faire rayonner et permet de se positionner positivement au niveau émotionnel. Il concilie les opposés, capte les énergies du ciel pour féconder la matière et nous place dans un esprit de médiation, en nous faisant opter pour la voie du milieu dans chaque situation.

Quartz enhydre

Quartz contenant une ou plusieurs bulles d'eau

Chakra : Tous

L'eau qui est emprisonnée dans le cristal est une eau absolument pure qui provient du moment où la terre s'est formée. Elle garde en mémoire la perfection de la création primordiale et reconnecte à cette pureté. Elle nettoie le cœur en douceur, ainsi que nos mémoires émotionnelles, culturelles et karmiques.

Quartz faden

Autre nom du quartz à âme

Quartz fantôme

Quartz montrant une ou plusieurs ombres de croissance

Il s'agit de fantômes de croissance lorsqu'un quartz s'est arrêté de grandir, pendant parfois des milliers d'années. Il subit des dépôts de sédiments, puis reprend sa croissance sans aucune explication. Il peut recommencer ce procédé des dizaines de fois ou plus jamais. On observe ce phénomène dans le cristal, l'améthyste, la citrine ou le quartz fumé. Il possède au cœur de sa structure vibratoire la puissance de repartir lorsque tout semble arrêté définitivement. Ainsi, il est évident qu'il a le pouvoir de nous communiquer cette force pour surmonter des étapes difficiles ou pour dépasser les ombres d'un passé douloureux. Il sera idéal comme quartz compagnon, car porté sur soi, il nous insufflera le courage de ne jamais abandonner en dépit des apparences.

Quartz fenêtre

Quartz qui possède une 7e facette
en forme de hublot triangulaire
Chakra : 3e œil

Il connecte aux vibrations élevées et le petit hublot triangulaire qu'il présente aide à l'introspection. Il permet un travail de clarification des idées ainsi qu'une vision plus limpide de l'avenir. Même s'il n'est pas en forme de boule, il pourra servir également à la divination. Pour cela il suffira de tamiser l'ambiance d'une pièce et de poser une bougie derrière le quartz, puis de regarder par la petite ouverture à l'intérieur de la pierre. Il est possible alors de voir des formes, de ressentir des impressions ou d'avoir des images mentales qui deviendront un réel support de médiumnité. Il est aussi intéressant de l'utiliser sur une douleur physique en le posant directement sur la zone affectée, coté fenêtre. Dans ce cas, il canalisera l'énergie qui pourra dissoudre les nœuds électromagnétiques et atténuer le mal.

Quartz fraise

Dioxyde de silicium
Chakra : Cœur

Appelé également quartz framboise, il possède les mêmes propriétés que le quartz rose, mais amplifiées. Il diminue fortement toutes sortes d'allergies ainsi que les éruptions cutanées. Il stabilise l'ensemble du champ électromagnétique et favorise une reprogrammation positive, tant sur le plan physique que psychologique. En élixir, il accroît l'ouverture du cœur et amène l'amour, car il modifie les vibrations qui émanent du chakra cardiaque.

Quartz fumé

Dioxyde de silicium
Chakra : Racine

Ce quartz a subi une radiation naturelle qui a augmenté son absorption à la lumière, ce qui explique sa couleur foncée. Il diffuse en profondeur la puissance de la terre et nous ramène au concret et au matériel. Ainsi il raffermit la volonté pour sortir de tous types de dépendances. Il permet de combattre l'alcool, le tabac, les drogues, les excès médicamenteux et pousse à concrétiser des projets accessibles, car il nous rend particulièrement lucide. Il nous aide à accepter notre physique et nos comportements en affinant la conscience que l'on a de soi-même. Il fait recirculer les énergies stagnantes, ce qui a pour effet de diminuer les douleurs mais aussi l'anxiété et les peurs irraisonnées. Il peut venir à bout des pensées et énergies négatives, car il a la puissance de les faire partir vers la terre.

Quartz générateur

Quartz massif, d'une belle hauteur
et tenant debout

Pour être qualifié de générateur, le quartz doit mesurer au minimum 15 cm et posséder une pointe naturelle. Sa base est la plupart du temps taillée afin qu'il tienne debout et ses côtés souvent refacettés, mais sa puissance n'en sera pas moindre. Il propulse une énergie de lumière vers la cible que l'on choisit : guérison à distance, traitement de situation problématique ou augmentation de fréquence car il est un puissant amplificateur de nos pensées. En plus d'être décoratif, il élève le taux vibratoire d'un lieu, catalyse les intentions d'un thérapeute et sera parfait sur un bureau de consultation ou sous une table de massage pour décupler l'effet d'un soin.

Quartz hématoïde

Dioxyde de silicium avec inclusions
d'hématite ou de limonite
Chakra : Racine

Ses inclusions minuscules lui donnent une couleur rouge orangé particulière. Il purifie le sang et régule l'ensemble de la circulation. Il sera très utile à la suite d'un accident, d'un traumatisme ou d'une intervention car il permet un rétablissement beaucoup plus rapide. Au niveau psychologique, il enracine en douceur aux forces telluriques et repousse ainsi tout risque de faiblesse ou de négativité.

Quartz hyacinthe

Dioxyde de silicium
Chakra : Racine

Également appelé quartz de Compostelle il est toujours biterminé et très petit. Ses propriétés sont exactement celles du quartz hématoïde en plus puissant. Sa couleur rouge foncé n'est pas simplement un dépôt, mais compactée dans la masse du cristal. Il apporte positivité, courage et force de guérison malgré sa petite taille.

Quartz jacare

Dioxyde de silicium
Chakra : Racine

Son nom provient du mot « Jacare » qui signifie alligator en portugais, car sa surface ressemble à la peau d'un crocodile. Il s'agit en fait d'un quartz élestial fumé qui présente des aspérités particulières. Il insuffle une force tellurique lente et profonde qui peut transformer le négatif en positif.

Quartz jumeaux

Deux quartz maclés l'un à l'autre
Chakra : Cœur

Il contient la vibration du deux, c'est-à-dire l'archétype du couple. Il harmonise les relations aux autres ainsi que les relations de partenariat et d'amour. Il peut également aider à résoudre nos paradoxes et nos contradictions intérieures, en facilitant un sentiment d'unité et de réunification de nos éparpillements émotionnels.

Quartz kaolinite

Quartz recouvert de silicate d'aluminium hydraté

Le kaolin n'est autre que de l'argile blanche qui s'est solidifié autour du quartz. Riche en silice, il purifie, assainit et diminue l'acidité du PH sanguin. Il adoucira ainsi la peau, assouplira les tissus et diminuera les inflammations des zones sur lesquelles on le posera. Sur le ventre il diminuera les ballonnements et sur l'estomac l'excès d'acidité gastrique.

Quartz laiteux

Dioxyde de silicium, aspect nuageux
Chakra : Sacré, coronal

Appelé aussi girasol, il a refroidi très vite et présente un aspect vaporeux. Très doux, il diminue migraines, vertiges et troubles de la vue. Il favorise également la fécondité, la lactation et la fatigue physique ou psychologique. Il apaise le feu intérieur, évacue le trop-plein de chaleur et diminue bouffées émotionnelles, hystérie, colère ou passion exagérée. Il induit un grand calme, favorise un sommeil profond, diminue peurs, crises d'angoisse et hypersensibilité. Il crée un véritable cocon de douceur et de calme qui aide à supporter le bruit, la foule et les agressions extérieures. La plupart des quartz roses sont un peu laiteux et partagent aussi les qualités délicates du girasol.

Quartz laser

Dioxyde de silicium,
baguette mince et élancée
Chakra : Tous

Pour être qualifié de quartz laser, il doit impérativement mesurer au minimum 10 cm et être totalement naturel, ce qui est rare. Un quartz identique qui serait poli ne peut pas avoir le même effet, car il n'est pas certain qu'il soit taillé dans le sens énergétique du cristal. Il a le pouvoir de diriger l'énergie comme un rayon laser. Il décuple l'intention de son propriétaire qui en conscience pourra dissoudre les blocages, les zones de densités, les douleurs, les possibles entités ou les programmations indésirables. Il suffira de le tenir perpendiculairement face à l'endroit à traiter et d'envoyer par l'imagination un puissant faisceau qui désagrège le négatif. Il est aussi possible de trancher des liens toxiques ou de recharger en énergie, par le même procédé. Ainsi, il pourra devenir un véritable bâton de guérison avec lequel il sera aussi intéressant de tracer des cercles de lumière autour d'une personne, d'un lieu ou de soi-même pour créer une forte protection.

Quartz lemon

Dioxyde de silicium

Également appelé quartz citron, il a subi un traitement par irradiation et chauffage, afin qu'il prenne une couleur typique de jaune tendre-citron vert. On lui attribue des vertus proches de la citrine, mais bien qu'il soit un quartz naturel au départ, il a été transformé et sa structure interne a donc été altérée. On préférera plutôt travailler avec des pierres naturelles, certes moins spectaculaires, mais tellement plus intéressantes au niveau vibratoire.

Quartz Lémurien

Dioxyde de silicium

Ils proviennent d'une mine brésilienne dans la montagne de Serra do Cabral. On les y a trouvés dans le sable sans aucune attache à la roche, ce qui a fait naitre toutes sortes d'hypothèses. La plus répandue étant que les lémuriens, civilisation d'avant les Atlantes, les auraient posés de façons particulières sur le sol lors de cérémonies de protection. Il n'y a aucune preuve archéologique de ce récit, mais les quartz lémuriens ont tout de même la particularité d'être spécialement lumineux et chargés d'une énergie très puissante. Il sera intéressant d'en acquérir un pour intensifier les rituels magiques ou chamaniques.

Quartz lightning

Quartz touché par la foudre

Ce quartz a littéralement été gravé par la foudre et possède des tracés tortueux, souvent en forme d'hélice, prouvant la puissance de feu de l'éclair. Il apporte beaucoup d'énergie et peut décharger le trop-plein d'électricité statique, tout en harmonisant l'ensemble du champ électromagnétique. Il peut atténuer les problèmes de vertiges et de l'oreille interne, ainsi que les troubles nerveux. Il sera parfait comme quartz compagnon, car chargé de la puissance cosmique, il nous apportera force et créativité.

Quartz lithium

Quartz à inclusions de lithium
Chakra : Cœur

Le lithium est le plus léger des métaux, mais terriblement puissant sur le système nerveux. On ne le trouve presque qu'au Mexique et il a le pouvoir de réguler l'humeur et de diminuer significativement la dépression. Il calme le stress, les inquiétudes, les angoisses, les pensées négatives. Il équilibre le taux de sérotonine, détend l'esprit et ouvre le cœur en aidant à se libérer des attentes d'un résultat précis. Pierre du vrai lâcher prise, il transforme comme par magie la nervosité en projet constructif. Au niveau physique, il réduit tous les symptômes liés au stress et aide les patients à diminuer le surmenage ou les médications antidépressives. Il atténue les douleurs, les tensions et régule les atteintes neurologiques telles que sclérose latérale amyotrophique ou épilepsie. Ses propriétés seront proches de celles de la kunzite.

Quartz lodolite

Quartz à inclusions de silicates, chlorites, limonites ou rutiles
Chakra : Coronal

Quartz venant principalement du Brésil et contenant un mélange d'inclusions appelées lodolite. Il est utilisé par les chamanes car il induit des visions en connectant aux plans spirituels les plus hauts. Tenu dans la main, il provoque un changement de conscience immédiat et élève la fréquence vibratoire. Il est également appelé « pierre de rêves » car il amène des rêves lucides ou donne des solutions pendant le sommeil si on le tient contre soi avant de dormir. Il connecte aux esprits guides et à la connaissance de nos vies antérieure, ce qui permet de mieux comprendre les causes de nos troubles d'aujourd'hui. Ainsi il peut dissoudre les peurs anciennes, les douleurs émotionnelles diffuses et les remplacer par une lumineuse énergie de guérison. Cette énergie est telle, qu'elle insuffle la force mentale et la concentration nécessaire pour amplifier notre pensée et matérialiser nos désirs. Pierre idéale pour la méditation et pour la guérison globale de l'Être.

Quartz mandarine

Autre nom du quartz hématoïde quand il présente une couleur mandarine

Quartz manifestation

Autre nom du quartz pénétrator
Chakra : Coronal

Chaque spécimen est rare, unique et peut contenir plusieurs petits quartz. On l'appelle également quartz pénétartor, car il semble avec été pénétré par un cristal venu de l'extérieur. Il est chargé d'une énergie particulière, comme une sagesse ancienne concentrée qui amplifie les potentialités présentes. Les guérisseurs et chamanes l'utilisent, car il connecte aux anges et harmonise notre monde intérieur avec la réalité extérieure. Il a la puissance de matérialiser ce que l'on souhaite dans la vie, si cela reste évidemment en harmonie avec les projets des plans supérieurs. Au niveau physique, il stimule fécondité, adoucit la douleur et le moment délicat d'une fin de vie. Il équilibre également de nombreux problèmes psychiques.

Quartz Morion

Dioxyde de silicium
Chakra : Racine

Il s'agit d'un quartz fumé particulièrement foncé pouvant même tirer vers la couleur noire. Il offre un ancrage super puissant qui permet de s'ouvrir sans danger aux vibrations les plus hautes. Il aligne, verticalise et contrecarre les effets de toutes sortes de radiations telles que champ électromagnétique, radiothérapie et même coup de soleil. Il a la puissance de transmuter les énergies négatives et de protéger la personne qui le garde avec elle.

Quartz Nirvana

Dioxyde de silicium
Chakras : Tous

Également appelé « quartz de glace »

car il a été récemment découvert dans l'Himalaya. Le réchauffement planétaire a provoqué la fonte des glaces et a laissé apparaître ce quartz énigmatique qui n'avait pas vu la surface depuis 6 000 ans. Il est excellent pour la méditation, car il installe au fond de nous une paix et un silence profond. Il possède la particularité de lier harmonieusement le cœur au cerveau. Il n'est que patience et force tranquille qui permettent de dissoudre les croyances restrictives et autodestructrices. Il est porteur d'une énergie mystérieuse qui nous connecte au potentiel illimité et non encore défini de tout ce qui peut se manifester. Cette harmonisation silencieuse à la matrice quantique, nous ouvre au meilleur des futurs dans une confiance absolue.

Quartz noir Tibétain

Quartz bi terminé noir
en provenance du Tibet
Chakra : Coronal

Quartz à haute vibration qui élargit le champ de conscience. Il purifie l'aura, lave les émotions et libère des attachements toxiques ou des codépendances. Il ouvre à un réel lâcher prise et à l'acceptation profonde des choses telles qu'elles sont. Il semble véhiculer le silence et la sagesse des sommets du monde. Au niveau physique, il renforce le cerveau, le système nerveux et tout particulièrement la gaine de myéline qui protège la conduction électrique des nerfs. Il permet au corps d'intégrer la lumière des plans supérieurs.

Quartz œil-de-chat

Dioxyde de silicium
Chakra : Gorge

Les professionnels parlent de l'effet « œil-de-chat » lorsqu'une pierre présente un effet lumineux qui évoque la pupille en fente verticale d'un œil-de-chat. Cependant en gemmologie, cette dénomination ne s'applique qu'au chrysobéryl œil-de-chat. Malheureusement on trouve sur le marché des quartz dits « œil-de-chat » qui ne sont que fabrication synthétique. Le véritable quartz dit « œil-de-chat » est gris légèrement chatoyant. Il aura les propriétés apaisantes du quartz bleu.

Quartz ouro verde

Autre nom du quartz lemon

Quartz pénétrator

Autre nom du quartz manifestation

Quartz pour l'aura angel

Quartz chauffé ayant subi un dépôt électrolytique de platine + argent + parfois trace d'or

Chakra : Tous

Appelé également opal ou *rainbow unicorn*, il présente des reflets opalescents. Comme tous les quartz pour l'aura, il assure une guérison multidimensionnelle et harmonise le corps de lumière au corps physique. Il purifie et équilibre tous les chakras, fortifie chaque organe et relance l'immunité. Il soigne le système nerveux des peurs, phobies, anxiétés et redonne espoir et optimisme. Il est le quartz de l'union avec le divin et ouvre à la conscience cosmique.

Quartz pour l'aura aqua aura

Quartz chauffé ayant subi un dépôt électrolytique d'or

Chakra : Gorge, 3e œil

Il présente des reflets bleu-doré métalliques. Il nettoie les corps énergétiques des scories négatives, répare les trous de l'aura et protège contre les attaques psychiques et métaphysiques. Comme tous les quartz pour l'aura, il stimule la guérison cellulaire et le système immunitaire. Porté sur soi, il permet de se dépasser et de transformer les problèmes en tremplins. Il délivre des croyances limitantes, ouvre à la nouveauté, donne l'énergie de se transcender et fait rayonner notre vrai potentiel.

Quartz pour l'aura champagne

Quartz chauffé ayant subi un dépôt électrolytique de fer + or + indium

Chakra : Plexus solaire

Il présente des reflets doré-fumé-pâle et métalliques. Parmi les quartz pour l'aura, il est un des plus rare, mais un des plus élégants. Il galvanise l'aura et

le magnétise d'une lumière qui éveille les puissances curatives innées de l'organisme. Il agit directement sur le système neuro végétatif et réduit les maladies auto immunes, les allergies et les maladies complexes. Il provoque joie, confiance et permet de garder fraîcheur et motivation lorsque la routine émousse notre enthousiasme.

Quartz
pour l'aura cobalt

Quartz chauffé ayant subi un dépôt
électrolytique de cobalt
Chakra : Gorge, 3e œil

Il présente des reflets bleu foncé-violet-or. Il stimule fortement les forces d'auto-guérison et peut relancer le flux électromagnétique même lorsque les traitements traditionnels ne font plus effet. Il combat la fatigue, aide à l'absorption des vitamines et minéraux et assure le bon fonctionnement des enzymes. Au niveau spirituel, il calme profondément, ouvre à la dimension angélique, sensibilise à la clairvoyance, recharge et protège l'ensemble de l'aura.

Quartz
pour l'aura ensolleillé

Quartz chauffé ayant subi un dépôt
électrolytique d'or + platine
Chakra : Plexus solaire

Appelé également *citrus blossom* ou *golden sunset*, il présente des reflets jaune vif iridescents. Il entoure l'aura d'une puissante lumière protectrice qui stimule l'immunité. Il aide l'élimination des toxines, l'assimilation des vitamines A, D, E, relance la digestion, diminue les brûlures, la constipation et tout ce que l'on retient en général. Il est comme un soleil qui dissout pessimisme, dépression et tous traumatismes émotionnels.

Quartz
pour l'aura pomme

Quartz chauffé ayant subi un dépôt
électrolytique de nickel
Chakra : Coeur

Présente des reflets iridescents vert pomme. Comme tous les quartz pour l'aura, il envoie aux cellules un message de guérison multidimensionnelle. Il purifie, fortifie, stimule l'immunité, l'énergie et l'équilibre de tout l'organisme. Il renforce et protège particulièrement la rate et on pourra le fixer au niveau de cet organe ou à la base du sternum. Il freine les fuites énergétiques du champ électromagnétique et protège contre le vampirisme psychique.

Quartz
pour l'aura rose magenta

Quartz chauffé ayant subi un dépôt électrolytique d'or + platine + argent
Chakra : Coeur

Présente des reflets doré-rose clairs à fuchsia. Il imprègne l'aura d'amour et ouvre le cœur à la lumière universelle. L'or, l'argent et le platine qui le recouvrent sont de puissants guérisseurs agissant au cœur des cellules. Il stimule l'épiphyse et reprogramme positivement tout le métabolisme. En nous connectant au don d'amour, il valorise l'image que l'on peut avoir de soi, augmente la confiance et la conscience de notre valeur.

Quartz
pour l'aura rubis framboise

Quartz chauffé ayant subi un dépôt électrolytique d'or + argent
Chakra : Racine

Présente des reflets rouge orangé. Il revitalise l'aura et stimule l'énergie du champ électromagnétique. Il stimule et équilibre le système endocrinien tout en étant légèrement antibiotique. Au niveau psychologique, il relie à l'essence de la vie, donne passion et enthousiasme et peut combattre les problèmes de violence, mauvais traitements physiques ou les difficultés à aimer la vie.

Quartz
pour l'aura tangerine

Quartz chauffé ayant subi un dépôt
électrolytique de titane + fer
Chakra : Plexus solaire

Appelé également impérial doré, il présente des reflets orange-doré. Il insuffle un message de guérison multidimensionnelle à toutes les cellules. Il purifie, fortifie les organes, stimule l'immunité, équilibre les énergies yin-yang et rebooste l'énergie générale. Au niveau émotionnel, il agit comme une batterie qui recharge d'espoir et d'enthousiasme. Il stabilise l'aura et ouvre le cœur et le plexus solaire à la source de l'amour.

Quartz
pour l'aura tanzine

Quartz chauffé ayant subi un dépôt
électrolytique d'or + niobium
+ indium
Chakra : Coronal

Présente des iridescents indigo-mauve. L'indium qu'il contient stimule l'assimilation des substances minérales, équilibre les hormones et régule hypophyse, hypothalamus et

épiphyse. Il agit directement sur le cerveau et l'ouverture au monde spirituel en équilibrant la connexion corps-esprit. Il diminue le stress et les troubles psychiques tels que déficit d'attention ou hyperactivité.

Quartz
pour l'aura titane arc-en-ciel

Quartz chauffé ayant subi un dépôt
électrolytique de titane
+ niobium + or
Chakra : Coronal

Appelé également quartz aura flamme car il présente des reflets multicolores iridescents. Il active tous les chakras, intensifie la circulation énergétique et accroît la force vitale. Il apporte de la lumière lorsque tout semble difficile et sombre. On pourra le passer tout autour du corps en faisant de légères spirales pour nettoyer et recharger l'aura. Il soigne particulièrement les maladies dégénératives et permet une reprogrammation positive et multidimensionnelle.

Quartz rêve chamane

Autre nom du quartz lodolite

Quartz rose

Dioxyde de silicium avec traces de manganèse et titane
Chakra : Cœur

Pierre de paix et d'amour inconditionnel qui guérit les blessures du cœur. Il n'est que délicatesse, douceur, tendresse et il peut être utilisée pour toutes les circonstances de la vie : apaiser un bébé ou un adolescent hyperactif, s'ouvrir au pardon de soi et des autres, soutenir un malade en fin de vie ou une personne âgée et même calmer un animal. Il soigne les blessures émotionnelles, la dépression, les insomnies, les maltraitances en tous genres. Son énergie d'amour mobilise les forces d'auto-guérison et soutient la circulation sanguine, le cœur et les vaisseaux. On pourra le porter sur soi, le poser dans un lieu à harmoniser, dormir avec, ou l'utiliser comme pierre de massage. Il neutralise également les perturbations géo biologiques.

Quartz rutile

Quartz à inclusions d'aiguilles d'oxyde de titane
Chakra : Racine, coronal

Les aiguilles d'oxyde de titane peuvent être de couleur dorées, argentées, oranges ou noires, mais leurs propriétés sont les mêmes. Le quartz amplifie le titane qui a la particularité d'augmenter l'oxygénation et donc la régénération cellulaire, la tonicité des vaisseaux sanguins et l'amélioration de tous les problèmes respiratoires. Il augmente également la circulation énergétique de l'organisme avec ses forces d'auto-guérison, ce qui entraîne une diminution des maladies psychosomatiques. Au niveau psychique, il purifie l'aura et fluidifie les corps subtils, ouvrant à une guérison multidimensionnelle. Il connecte au plan astral tout en maintenant un ancrage à la terre et galvanise notre potentiel de matérialisation ainsi que notre connexion aux anges et aux lumières célestes. Chaque quartz rutile semble contenir un esprit qui protège son propriétaire de toutes attaques psychiques ou métaphysiques. Il insuffle la force de combattre l'anxiété, la dépression, les idées noires, les peurs ou le manque d'estime de soi.

Quartz Satyaloka

Dyoxide de silicium
Chakra : 3e œil, coronal

Quartz translucide provenant de la montagne de Satya loka dans le sud de l'Inde. On l'appelle aussi parfois « quartz Satya mani » qui signifie en sanscrit « pierre de vérité ». Il permet d'entendre notre vérité intérieure ou l'appel de notre destin. Il est dans ce sens une pierre d'initiation et d'illumination. Il aide à dissiper nos zones d'ombre et agit directement sur la conscience pour atteindre un état de lucidité sans passer par le mental. Il guérit de la séparation. Celle que l'on subit ou celle que l'on s'impose, pour atteindre l'unité avec soi, l'humanité et la création. Il n'a pas de propriété particulière au niveau physique, mais en sachant qu'un esprit purifié assure une bonne santé, il sera une excellente pierre de guérison générale.

Quartz sceptre

Quartz qui présente un deuxième cristal opaque qui s'est formé sur sa pointe

Avec sa forme de flèche, il concentre et focalise l'énergie dans une direction. Il possède les attributs du sceptre royal, il pousse à l'action, permet de récupérer son pouvoir personnel, rend responsable et harmonise l'idéal à l'acte. Il libère colère et peurs en augmentant la sagesse et la conscience de soi-même. Au niveau physique, il provoque une expansion de l'aura, débloque les méridiens, diminue la stagnation énergétique et relance les fonctions sexuelles. Il pourra également galvaniser l'action d'une pierre, en traçant simplement des cercles concentriques au-dessus, pointe dirigée vers le bas. De même, il pourra dissoudre le nœud électromagnétique d'une douleur si on pose le quartz sur la zone concernée.

Quartz sériphos

Dioxyde de silicium, se trouve dans une grotte de l'ile grecque de Serifos
Même composition que la prase
Chakra : Cœur

Flèche d'amour qui guérit toutes les fermetures du cœur. Il dégage une énergie très douce de réconciliation et d'ouverture aux autres, à soi-même et à la vie. Il permet d'accepter la transformation et d'opérer les réajustements nécessaires à une vie plus sereine. De plus il connecte directement aux forces de la nature et décuple l'efficacité de la phytothérapie, hydrothérapie, élixirs floraux et travail avec les cristaux.

Quartz soufre

Dioxyde de silicium et soufre
Chakra : Plexus solaire

Le quartz amplifie les propriétés du soufre tout en le rendant moins toxique et plus facilement manipulable. Il nettoie les toxines du foie, diminue les infections, allergies, inflammations et éruptions cutanées. Il absorbe et dissout les énergies malsaines et négatives. Grâce à sa puissance purificatrice, les mauvais penchants, fausses croyances et négativité pourront être éliminés en pleine conscience.

Quartz tangérine

Variété de quartz hématoïde
dont la couleur tire vers le orange
Chakra : Sacré

Il possède les mêmes propriétés que le quartz hématoïde. Il sera particulièrement intéressant pour purifier les émotions difficiles à digérer et développer la créativité.

Quartz tourmaline

Quartz à inclusion de tourmaline

Les inclusions de tourmalines se présentent sous forme de bâtonnets à l'intérieur du quartz. Ils peuvent être de couleur bleu, vert, rose ou noir, qui sont les plus répandus. Le quartz am-

plifie les propriétés de la tourmaline. Les bleus sont les plus rares et équilibrent particulièrement la thyroïde en réordonnant les cellules. Ils augmentent la créativité et la conscience méditative. Les quartz tourmaline verts purifient le sang, ouvrent le cœur et décuplent l'énergie de guérison. Ils sont assez faciles à trouver. Les quartz tourmaline rouges augmentent l'immunité et réparent les blessures émotionnelles. Enfin les quartz tourmaline noirs enracinent, équilibrent et apportent force et protection.

Quartz vert

Autre nom de la prasiolite

Que sera stone

Autre nom de la vulcanite

Réalgar

Sulfure d'arsenic
Chakra : Racine

Il opère un rechargement énergétique dans l'ensemble de l'organisme. Il augmente la force vitale, stimule l'ensemble du métabolisme et tout particulièrement l'activité des cellules nerveuses. Au niveau moral, il décuple la puissance de vie en nous et diminue considérablement la fatigue psychologique et la tendance au découragement. Le réalgar est fragile, il ne faudra pas le mettre en contact avec l'eau, mais se laver les mains après son utilisation.

Rhodizite

Borate de potassium, césium, alu, traces béryllium, lithium, rubidium et sodium
Chakra : 3e œil

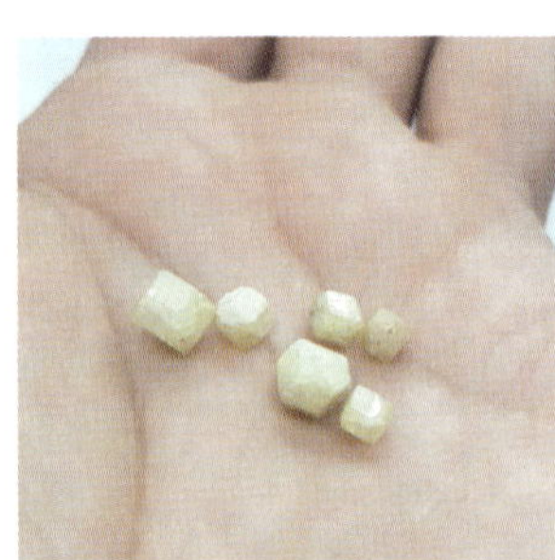

Appelée parfois diamant malgache ou londonite, elle est petite mais très puissante. Elle apporte la joie car elle rayonne beaucoup de lumière en nous hissant vers les sommets spirituels. Elle décuple les capacités paranormales, la possibilité de voyage astral, le rappel de nos vies antérieures, ainsi que la mémoire et la confiance en soi. Au niveau physique, elle purifie et stimule le processus global d'auto-guérison. Elle agit sur le cerveau en diminuant les migraines et en renforçant les yeux et le nerf optique. La rhodizite est un cristal majeur pour la guérison, elle peut recharger et réordonner les cellules et sera précieuse dans les cas de cancers par exemple.

Rhodochrosite

Carbonate de manganèse avec traces de fer, zinc, magnésium, calcium et cobalt
Chakra : Cœur

Pierre de la cicatrisation émotionnelle, elle guérit les traumatismes et les blessures les plus profondes. Elle induit un calme durable et réduit toutes les maladies physiques ou psychiques liées au stress. Elle relie aux autres en permettant de sortir de la solitude, d'augmenter le désir et de s'aligner sur la bonne fréquence pour se réconcilier lors de conflits. Au niveau physique, elle possède une formule chimique complexe qui soutient la circulation sanguine (manganèse, cobalt, fer) et le système nerveux (calcium, magnésium). Elle renforce la gaine de myéline et équilibre les nerfs. Elle stimule également le cœur ainsi que la microcirculation capillaire, ce qui assouplit la peau.

Rhodonite

Silicate de manganèse, fer, magnésium et calcium
Chakra : Cœur

Pierre de cicatrisation morale et physique, elle purifie le corps, le désintoxique et fortifie l'ensemble des glandes endocrines. Elle régule le système neurovégétatif, responsable de l'innervation involontaire. Ainsi elle peut diminuer les allergies, la spasmophilie, la fibromyalgie ou toutes les maladies auto-immunes. De plus, elle adoucit et soigne la peau en atténuant cicatrices et allergies cutanées. Au niveau psychologique, elle apporte une cicatrisation mentale et émotionnelle. Elle donne la force de sortir et de guérir de la souffrance et elle diminue la douleur d'un chagrin ou le désespoir d'un amour non partagé. Elle permet également de découvrir nos dons cachés et d'élever le curseur de l'estime de soi. La rhodonite est un merveilleux cadeau de la nature qui illumine l'aura de rose et connecte à l'amour qui peut tout guérir.

Rhyolite

Roche volcanique riche en quartz, feldspath et amphibole
Chakra : Cœur

Pierre de jeunesse intérieure et de joie de vivre, elle réveille notre créativité et nos talents cachés. Elle agrandit la conscience, ouvre de nouvelles perspectives et ouvre à l'intelligence du cœur. Elle recentre, permet de profiter de l'instant et redonne du sens lorsque l'on se sent vieux et inutile. Au niveau physique, elle relie aux forces guérissantes de la nature, stimule le tonus musculaire, l'endurance et l'immunité. Elle adoucit également la peau car elle augmente la circulation sanguine cutanée.

Richtérite

Silicate de sodium, calcium et magnésium
Chakra : 3e œil

Très apaisante, elle équilibre l'humeur et stabilise le mental. Elle permet d'être plus au clair dans ses pensées et de mieux diriger sa vie. Elle ouvre également en douceur aux capacités extrasensorielles. Au niveau physique, elle est très anti inflammatoire, diminue fièvre et douleurs, tout en renforçant la thyroïde et la vue.

Rosasite

Carbonate de cuivre et zinc
Chakra : Gorge, 3e œil

Elle a une affinité particulière avec la gorge et la thyroïde, mais agit aussi sur le 3e œil, en régulant l'épiphyse et le cycle du sommeil. Au niveau psychologique, elle diminue stress, angoisse, apaise l'émotionnel et favorise l'expression de soi en douceur.

Rose des sables

Sulfate hydraté de calcium
Chakra : Sacré

Fortement reminéralisante et recalcifiante, elle décontracte l'ensemble de la musculature. Elle contribue ainsi à lutter contre l'ostéoporose et diminue l'acidité de la zone sur laquelle on la pose. Elle se désagrège facilement et peut ainsi également dissoudre nos résistances et nos peurs psychiques. Elle structure le chakra sur lequel on la pose et pourra contribuer à une détente ou un endormissement si on en tient une dans chaque main.

Rosélite

Arséniate hydraté de magnésium, cobalt et calcium
Chakra : Cœur

Elle stimule l'immunité et la régénération cellulaire. Cependant, c'est en méditation qu'elle sera la plus appropriée. Elle ralentit les ondes cérébrales

et permet de passer plus facilement dans un autre niveau de conscience. Elle développe également les capacités extrasensorielles et sa contemplation peut devenir un véritable support d'élévation spirituelle.

Rosophia

Feldspath rouge, quartz blanc, biotite noire
Chakra : Cœur

Pierre du cœur qui le purifie, l'ouvre et le guérit. Elle crée un courant de tendresse et d'amour qui donne la sensation d'être caressé avec une grande douceur. Elle nous ouvre à la délicatesse, à la beauté, à la sensibilité sans nous faire perdre notre force. Elle dissout tout ce qui n'est pas noble en nous et donne estime de soi, confiance en l'avenir, sommeil paisible et maîtrise du stress.

Rostérite

Autre nom de la Vorobyévite

Rubellite

Autre nom de la tourmaline rouge

Rubicrosite

Composition non communiquée
Chakra : Cœur

Elle fait circuler l'amour dans le chakra cardiaque et inonde le cœur d'énergie lumineuse. Elle diminue le flux de pensées et le cinéma mental stérile, car elle permet de faire émerger le Moi profond, sans peurs ni projections. Au niveau physique, elle soutient la vue et diminue les problèmes cutanés. Un corps qui est rempli d'énergie d'amour ne peut que bien fonctionner.

Rubis

Oxyde d'aluminium avec chrome
Chakra : Racine

Elle fait partie des 4 pierres précieuses avec le saphir, le diamant et l'émeraude. Très puissante, elle ouvre et renforce les chakras du bas du corps. Elle augmente le flux de la circulation sanguine, renforce le muscle cardiaque, augmente la chaleur corporelle et peut considérablement diminuer la fibromyalgie. Au niveau psychologique, elle amplifie les forces de l'âme, renforce la personnalité, impose le respect des autres, donne confiance en soi et diminue tous les troubles psychiques. Elle aide à la réussite des examens, car elle donne acuité d'esprit ainsi que la force d'affronter les pires stress. Le rubis est associé à l'amour passion qui perdure dans le temps et peut devenir un talisman pour attirer l'âme sœur. Lorsqu'il est étoilé, les filaments de rutile qu'il contient décuplent ses propriétés. Il est cependant trop stimulant pour les colériques et les hypertendus et on lui préférera, dans ce cas, plutôt une cornaline.

Rutile

Oxyde de titane, trace de fer,
nobium et tantale
Chakra : Racine

Le rutile pur est rare et il se trouve la plupart du temps sous forme de fila-

ments dans le quartz. Il possède de multiples pouvoirs dont la faculté d'augmenter l'oxygénation du sang. Ainsi, il donne force, tonus musculaire, énergie et endurance sportive. L'oxygène nourrit chaque cellule en l'aidant à se reconstituer, donc le rutile sera très précieux dans les cas de maladies psychosomatiques. Au niveau spirituel, il protège et renvoie les énergies négatives à leur source. Il permet de rester dans son axe, sans se laisser influencer par les autres ni les évènements extérieurs. Il stabilise les émotions, purifie l'aura tout en connectant aux anges, au voyage astral et en formant un nuage éthérique de protection autour de celui qui le porte sur lui.

Sanidine

Silicate d'aluminium et potassium
Chakra : Sacré

Elle fait partie du groupe des feldspaths et se rapproche chimiquement de la microline et de l'orthose. Elle est fortement anti spasmodique et régule les liquides du corps. Elle est puissante et douce à la fois avec un pouvoir de régénération intéressant. On l'utilisera lors de convalescence car elle possède en plus un effet protecteur contre les énergies négatives, comme la labradoritc qui est de la même famille. Au niveau psychologique, elle sera un soutien à l'émancipation et à la libération de nos conditionnements.

Saphir

Oxyde d'aluminium
avec titane et fer
Chakra : 3e œil

Il fait partie des 4 pierres précieuses avec le rubis, l'émeraude et le diamant. Symbole d'intégrité, de fidélité et d'amour pur, il élève vers le haut avec noblesse, raison pour laquelle il est la pierre des fiançailles et de l'engagement. Il affine les 5 sens, stimule l'intelligence, l'intuition et la mémoire. Idéal contre un mental trop encombré, il fait recirculer les énergies du ciel en nous et semble nous laver de tout ce qui n'est pas essentiel. Il est idéal pour la méditation et dénoue tous les blocages de type émotionnel. Au niveau physique, il apaise le système nerveux, renforce la thyroïde, freine les maladies dégénératives et diminue hypertension et problèmes oculaires. Il est aussi excellent pour la peau et diminue eczéma, boutons ou rides. Pour cela on pourra mettre un saphir dans la lotion, ou l'eau de rinçage pour le visage, ou encore masser légèrement la lésion avec la pierre. Pour un effet optimal on rajoutera une aventurine verte. Lorsqu'il est étoilé, les filaments de rutile décuplent ses propriétés.

Saphir blanc

Oxyde d'aluminium
Chakra : Coronal

Il possède les propriétés de calme, de paix et de sagesse du saphir. Son énergie est pure, sa fréquence vibratoire haute, elle repousse les énergies négatives et tous les obstacles à l'élévation spirituelle. Au niveau physique, elle régule le taux hormonal, stimule l'immunité et décuple la guérison cellulaire générale.

Saphir d'eau

Autre nom de la cordiérite
et de la iolite

Saphir noir

Oxyde d'aluminium avec fer
et titane
Chakra : Racine

L'enracinement qu'il procure permet de rester fort et lucide face aux évènements déstabilisants, ce qui fait de lui une belle pierre de protection. Il apporte une grande confiance en soi, valide nos intuitions et permet de traverser avec sagesse les épreuves et les chagrins. Il diminue considérablement les crises de panique et renforce les hypersensibles. Au niveau physique, il atténue les douleurs et toutes sortes de maladies auto-immunes. Il sera précieux pour renforcer le système endocrinien, l'immunité et le rétablissement après un choc ou une intervention.

Saphir-rubis bliss

Mélange de saphir et de rubis

Généralement de couleur violacé, il apporte la force et la vitalité du rubis, tout en conservant la douceur spirituelle du saphir. Il permet l'acceptation et l'adaptation à toutes les situations qui nous sont imposées. Il unit en lui les forces telluriques et célestes et solidifie ainsi notre axe vertical. Cet équilibrage harmonise notre comportement à notre nature profonde et décuple créativité et intuition. Il permet d'accéder à l'inconscient, ainsi qu'à tous les talents enfouis que nous n'avons jamais osé laisser émerger.

Sardoine

Autre nom de la cornaline

Sardonyx

Dioxyde de silicium
Chakra : Racine, sacré

Grecs et romains la portaient sur eux pour être protégées lors des batailles. Aujourd'hui, elle est encore considérée comme talisman pour obtenir justice ou trouver un conjoint. Elle donne beaucoup de force de caractère, de volonté, chasse les états dépressifs et permet de sortir du rôle de victime en reprenant sa vie en main. Lorsque l'on a besoin de courage et de chance, la tenir dans la main en pensant très fort que l'on va atteindre son objectif. Au niveau physique, elle renforce la colonne vertébrale ainsi que les douleurs chroniques du dos. Elle stimule l'élimination des toxines et l'absorption optimale des nutriments au niveau de l'intestin. Elle renforce le système uro-génital et élimine les blocages de l'organisme.

Satellit stone

Mélange de sodalite et natrolite
Chakra : Coronal, 3e œil

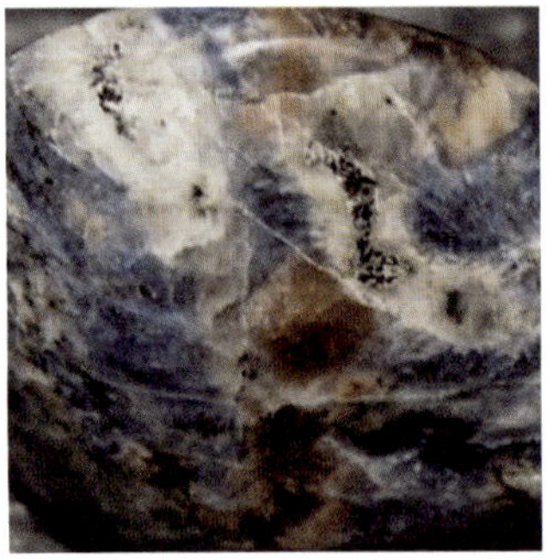

On ne la trouve qu'à Igaliku au sud du Groenland. Elle stabilise le système nerveux et diminue les douleurs de type neurologique. Elle stimule la concentration, la clarté mentale, la logique, insuffle une détente profonde et une belle sérénité. Elle harmonise l'ensemble des corps, établit un lien lumineux entre le mental et le ressenti physique et ouvre aux fréquences les plus élevées.

Saussurite

Agrégat de zoisite, épidote et albite
Chakra : Cœur

Ses propriétés sont un doux mélange des 3 pierres. Elle agit particulièrement sur le cœur, qu'elle apaise et ouvre tout en douceur.

Scapolite bleue

Silicate de calcium et aluminium
Chakra : 3e œil

Elle apporte indépendance d'esprit, objectivité et sens du discernement. Elle permet de faire le bon choix lors de situations délicates. Elle soutient l'hémisphère cérébral droit, responsable de la logique et de l'esprit analytique et ainsi aide à changer positivement ou à débloquer une attitude trop léthargique. Elle est idéale pour ceux qui doutent et ont des difficultés à être perspicace. Elle dissout les blessures émotionnelles et les traumatismes ayant entrainés des blocages. Au niveau physique, elle aide l'énergie générale à recirculer en dissolvant accumulations et nœuds électromagnétiques. Elle atténue les problèmes de vue, la cataracte, le glaucome et stimule l'assimilation du calcium.

Scapolite jaune

Silicate d'aluminium et sodium
Chakra : Plexus solaire

Positive et lumineuse, elle apporte beaucoup de joie. Sa force régénéra-

trice sera idéale pour une convalescence ou les suites d'une intervention chirurgicale. Elle pourra aider dans le cas d'incontinence urinaire en la posant sur le chakra sacré. Au niveau psychologique, elle apporte indépendance d'esprit et discernement pour atteindre les buts que l'on se fixe. Elle nous aide à sortir de l'auto sabotage, du ressentiment, des schémas bloquants pour des changements durables.

Schalenblende

Sulfure de zinc et fer, sphalérite sur marcassite, galène et wurtzite
Chakra : Racine

Pierre de protection contre les appareils électroniques. Elle fait tourner la malchance en chance. Elle donne la force de lâcher les angoisses et de sortir des relations toxiques. Au niveau physique, elle stimule l'immunité, la régénération cellulaire et la fécondité.

Schéelite

Tungstate de calcium
Chakra : Plexus solaire

Le Tungstène qu'elle contient stabilise, équilibre, aligne les chakras et purifie toute l'aura des blocages et pollutions. Elle va atténuer les mouvements d'humeur, diminuer les excès en tous genres, apaiser profondément l'émotionnel. En méditation ou sur le 3ᵉ œil elle clarifie l'esprit et permet d'atteindre plus facilement un état de relaxation profonde et d'ouverture à la médiumnité. Sur le plan physique, elle équilibre les hormones masculin-féminin et l'hyperactivité.

Schorl

Autre nom de la tourmaline noire

Scolécite

Aluminosilicate de calcium hydraté
Chakra : Coronal

Pierre de lumière et de douceur qui apporte calme intérieur, tranquillité et

paix profonde. Elle connecte aux plans supérieurs et augmente de taux vibratoire du champ électromagnétique. Elle permet un travail sur les rêves tout en douceur car elle ouvre à la réceptivité authentique. L'élévation qu'elle induit est telle, que le bas astral et les entités négatives ne peuvent plus nous atteindre. Au niveau physique, le calme qu'elle procure sécrète de la sérotonine qui va assurer une bonne santé générale.

Scorodite

Arséniate hydraté de fer
Chakra : 3e œil

Pierre de centrage et d'équilibre qui aide à trouver son axe intérieur. Elle permet de rester attaché à la racine de notre pouvoir personnel et à ne pas se laisser envahir par les peurs, la dépression ou les éparpillements stériles. Cet alignement offre le discernement, les idées justes et l'intuition d'avancer dans la voie du milieu. Au niveau physique, elle renforce le système circulatoire et atténue les maladies sanguines.

Sédonalite

Autre nom de la pierre de Sedona

Sélénite

Sulfate de calcium hydraté
Chakra : Racine, coronal

Le mélange calcium-soufre qui la compose permet de sortir de la stagnation et de la zone de confort dans laquelle on peut se replier. Elle diminue tous les blocages éthériques, le cinéma imaginaire négatif que l'on entretient dans son mental, ainsi que les scories toxiques du champ électromagnétique. Elle fait recirculer l'énergie dans l'ensemble des méridiens et son énergie Yin féminine apporte souplesse psychique, tolérance, réceptivité et intuition. Elle inonde d'une grande paix intérieure, qui laisse l'ouverture à la possibilité de connexion aux êtres de lumière ou à la télépathie. Au niveau physique, elle purifie, détoxique, lave les tensions et allège les zones où l'énergie est trop dense. Elle régule tout le magnétisme du corps en diminuant les trop pleins et en intensifiant les manques. Cette pierre merveilleuse et facile à trouver, permet une régénération globale ainsi qu'une circulation et une élimination de tous les fluides. Elle craint l'eau.

Sépiolite

Hydrosilicate de magnésium
Chakra : Sacré

Son nom vient du grec « sépios » qui désigne l'os de seiche, car elle y ressemble beaucoup, mais elle est également appelée écume de mer. Elle contient l'essence purificatrice de la mer et la légèreté de l'écume. Elle renforce os, cartilages tout en stimulant l'évacuation intestinale. Au niveau psychologique, elle apporte une grande légèreté d'esprit, voire une insouciance. Elle diminue les migraines, les « prises de tête » en tous genres et apporte une pause mentale pour mieux se dissocier des lourdeurs émotionnelles.

Septaria

Concrétion d'argile ou marne cimentée par de la calcite, calcédoine ou aragonite
Chakra : Racine

Il s'est formé il y a 60 millions d'années lorsque les matières organiques se sont transformées en sédiments. La variété brune contient de la calcédoine et la jaune de la calcite. Il stimule le processus de régénération de l'ensemble de l'organisme. Il favorise la consolidation osseuse, la guérison des tissus et l'activité du système immunitaire. Il diminue également les spasmes et douleurs musculaires, ainsi que toutes les lésions capillaires ou cutanées. Au niveau psychologique, il insuffle la force de concrétiser les projets car il donne patience et détermination. Il harmonise la relation aux autres en fluidifiant notre positionnement entre solitude et extériorisation et entre passé et avenir.

Sérandite

Silicate de calcium, manganèse et sodium
Chakra : Cœur

Elle ouvre le cœur tout en le comblant. Elle atténue les blessures émotionnelles mais aussi la jalousie, l'esprit de revendication ou la tendance à la codépendance. Elle rend positif, tolérant et installe une belle énergie d'harmonie dans nos relations. Posée sur le 2e chakra, elle régule l'intestin et améliore l'assimilation des substances minérales, particulièrement le calcium et le magnésium.

Séraphinite

Aluminosilicate de magnésium et fer
Chakra : Cœur

Variété gemme de la clinochlore, sa magnifique structure verte en éventail diffuse des rayons de lumière douce qui ont le pouvoir de faire repartir un processus général de guérison. Elle purifie le sang, régule le développement des cellules en augmentant leur oxygénation et elle peut même dans certains cas diminuer la prolifération de cellules cancéreuses. Profondément décontractante, elle relaxe les muscles et les nerfs et induit ainsi, une détente globale propice à une réparation du métabolisme. Au niveau spirituel, elle libère les sentiments contenus, illumine le corps émotionnel et permet une adaptation aux situations négatives sans en être trop perturbé. Elle possède également la particularité de relier le corps physique aux plans angéliques, d'où son nom. Elle nous aide à devenir tendresse et amour et à le faire rayonner jusque dans nos cellules. Elle ordonne, réorganise et bénit la structure intime de l'être. Les guérisons physiques et psychiques qu'elle provoque viennent du fait qu'elle agit puissamment sur les plans subtils, en permettant de les inonder d'amour et de lumière. Cette pierre est magique, mais malheureusement de plus en plus difficile à obtenir.

Séricite

Grains très fins de mica

Elle se présente sous forme de mica clair à grain très fin. Il s'agit en fait de muscovite qui est utilisée en cosmétique comme poudre naturelle et base de maquillage.

Serpentine

Silicate de Magnésium
Chakra : Cœur

Stimule fortement le méridien vessie qui est aussi relié à la vésicule biliaire. Elle chasse la peur, le stress et empêche les cristallisations mentales et physiques. Grâce à son magnésium, elle décontracte les muscles, régule le calcium, élimine les toxines et équilibre le taux de sucre. Elle va être d'une grande aide en cas de boulimie, diabète, hypoglycémie et désordres émotionnels.

Serpentine Chytah

Silicate de magnésium avec chromite
Chakra : Cœur

Elle présente les mêmes propriétés que la serpentine, mais le fer et le chrome qu'elle contient décuple ses vertus. Elle nettoie tout particulièrement le pancréas et les reins.

Shamanite

Calcite noire complexe
riche en carbone
Chakra : Tous

Trouvée dans les montagnes du Colorado, elle est un talisman protecteur chez les Amérindiens, car elle est censée guérir les chagrins et les blessures émotionnelles. Pour les shamans, elle est la pierre qui aide à entrer en contact avec les ancêtres, les animaux de pouvoir et les esprits guides. Son action sera plus spirituelle que physique et donc idéale pour la méditation. Elle connecte aux entités inter-dimensionnelles, aide à avoir conscience de leur aide et permet de mieux ressentir d'éventuelles forces négatives afin de s'en éloigner. Porter une shamanite sur soi, offre une puissante protection, tout en établissant un lien de lumière avec les plans supérieurs.

Shattuckite

Silicate de cuivre
Chakra : 3e œil

Elle est relativement rare et se rapproche des propriétés de la chrysocolle. Son énergie douce permet de se tenir dans la vérité, de comprendre nos fonctionnements qui engendrent des disharmonies et aide à corriger nos déséquilibres. Elle nous aligne à notre axe intérieur et à la vérité de notre source de lumière. Elle permet ainsi de se libérer du jugement, des critiques, de l'emportement et de l'habitude de s'accrocher au passé. Elle dissout également nos formes pensées négatives et la pollution qui stagne dans l'aura. Au niveau physique, le cuivre qu'elle contient diminue arthrite, rhumatismes et inflammations. Elle équilibre aussi les acides du corps, tout en régulant la rate et la production de bile.

Shungite

Charbon fossile d'organismes vivants
de 2,2 milliards d'années
Chakra : Racine

Elle provient de Russie, 9 000 km au nord-ouest de Saint Pétersbourg dans la région du lac Onéga. Bien qu'elle soit du charbon fossile comme le jais, c'est une erreur de les confondre, car le jais est plus jeune de 600 millions d'années, plus léger et ne contient pas des fullerènes comme la shungite. Les fullerènes sont des puissants anti-oxydants qui stimulent les défenses immunitaires, boostent l'énergie et réduisent fatigue, stress et douleurs. Du gravier de shungite déposé dans une carafe d'eau, détruit les métaux lourds, les pesticides et hydrate beaucoup mieux. Des études ont confirmé qu'un verre d'eau de shungite rétablit plus rapidement les valeurs sanguines après une maladie ou une chimiothérapie. Ces fameux fullerènes, neutralisent tous les rayonnements électromagnétiques négatifs et protègent fortement contre la nocivité des boitiers wifi, téléphones portables, tv, micro-ondes. Elle élargit également la sphère vitale en la densifiant car elle corrige tous les champs de torsions que nous subissons quotidiennement. La shungite est un minéral tout à fait particulier, car elle est la seule à posséder des fullerènes et agit donc de manière différente. Elle n'absorbe pas, ne repousse pas les énergies négatives, mais les neutralise. Même si son aspect noir n'est pas particulièrement séduisant, son utilisation ne laisse aucun doute sur son efficacité dans tous les domaines, même les plus originaux qui n'ont pas été encore répertoriés.

Sibérite

Autre nom de la tourmaline
bleu violacé

Sidérite

Carbonate de fer avec traces
de manganèse, zinc, magnésium,
cobalt et calcium
Chakra : Racine

La plupart sont des météorites provenant d'astéroïdes. Elle solidifie le squelette, diminue l'anémie et les troubles digestifs chroniques. Elle chasse la fatigue en donnant le courage de tenir fermement ce que l'on s'est fixé. Elle peut devenir un talisman contre la malchance et nous garde de toutes influences négatives.

Silex

Silice composé de calcédoines
et d'oxydes
Chakra : Racine

Bien qu'il soit très répandu et facile à trouver, il possède des vertus lithothérapeutiques intéressantes. Il enracine en douceur et donne une meilleure conscience de son corps. Il aide à mieux ressentir ce qui nous entoure avec nos cinq sens et permet de mieux cerner nos vrais désirs. Proche de la matière, il stimule l'adaptabilité, l'organisation, la stabilité, la force intérieure et permet de se déconnecter du mental trop agité. Il régule le métabolisme général, calme les hyperactifs, tonifie les hypo actifs avec une grande douceur.

Silicium

Métal Si N° 14 du tableau des éléments

Chakra : Tous

Le dioxyde de silicium est la 1ère molécule des cellules de notre organisme, mais représente aussi 70 % de la composition de l'écorce terrestre. Son action est donc essentiellement physique et il agit tout spécialement sur la production des fibres collagène et la résistance des tissus conjonctifs. Il permet un renforcement des ongles et des cheveux, une meilleure hydratation des tissus, ainsi qu'une tonification de la peau et des cartilages. Le silicium sera ainsi un excellent ralentisseur du processus de vieillissement.

Sillimanite

Aluminosilicate

Chakra : Coronal

Elle stimule la sécrétion d'endorphines qui est l'hormone de la bonne humeur et elle provoque un sentiment de bien-être profond, voir même d'euphorie. Elle stimule la régénération cellulaire ainsi que le bon fonctionnement de l'ensemble du système immunitaire. Elle a également la particularité de favoriser l'adaptation aux prothèses chirurgicales et aux matériels des greffes, ce qui a pour avantage d'éviter tous risques de rejets.

Simbircite

Conglomérat de calcite, pyrite, ammonite

Chakra : Racine

Son nom provient de la ville russe Simbirsk où elle a été découverte dans les années quatre-vingt. Elle contient du fossile d'ammonite datant de 65 à 95 millions d'années qui nous insufflent sagesse et reconnexion à la force de nos racines familiales, culturelles et ancestrales. Par la solidité qu'elle dégage, elle est protectrice contre les énergies négatives environnantes, mais également contre nos états d'âme destructeurs. Elle est profondément stabilisante, donne confiance en soi et en l'avenir. Au niveau physique, elle relance l'ensemble de la circulation énergétique et stimule la détoxification et l'élimination.

Sinhalite

Borate d'aluminium et magnésium
Chakra : Plexus solaire

Elle insuffle le goût de l'aventure et l'envie de connaître de nouveaux lieux, vibrations, idées, ou personnes. Elle apporte la confiance et l'enthousiasme pour aller au bout des projets que l'on se fixe. Elle pousse à se dépasser, à oser, à se donner des défis et à surmonter tous les obstacles pour y parvenir. Au niveau physique, elle revigore, repousse la fatigue et relance les processus d'auto-guérison, même dans les périodes d'épuisement.

Skutterudite

Arséniure de cobalt
avec traces de fer et nickel
Chakra : Racine

Malgré sa légère différence de composition, elle aura les mêmes propriétés que l'érythrite. À cause de l'arsenic qu'elle contient, il faudra l'utiliser

avec précaution et bien se laver les mains après usage.

Smaragdite

Variété d'actinote contenant
du chrome
Chakra : Cœur

Son nom vient de l'émeraude, car elles ont un vert similaire, bien qu'elles soient très différentes. Elle développe notre ouverture de cœur et lui fait reprendre sa place de chef d'orchestre de l'ensemble de l'organisme. Elle chasse la colère du foie, la peur des reins et fait repartir la circulation énergétique. Au niveau psychologique elle nous apporte une forme de pause qui permet de se ressourcer, puis d'agir avec tempérance et discernement.

Smithsonite bleue

Carbonate de zinc
avec traces de cobalt
Chakra : Gorge

Nommée d'après James Smithson, fondateur de la *Smithonian Institution* de Washington, qui est le plus grand complexe au monde de recherche, musée et éducation. D'une grande douceur, elle est excellente pour le système immunitaire, car elle fait recirculer l'énergie globale au travers des méridiens. Elle induit un grand calme qui aide à toutes formes de négociation et à la découverte de solutions pacifiques de réconciliation. Elle permet de pardonner et de guérir les blessures de l'enfance. Parfois verte, elle possédera les mêmes propriétés.

Smithsonite rose

Carbonate de zinc
avec traces de manganèse
Chakra : Cœur

Pierre d'amour, elle agit en douceur et en profondeur. Elle atténue les infections, diminue les maladies auto immunes et régule les excès ou carences du sang. Le zinc qu'elle contient est également très bon contre les problèmes cutanés. Au niveau psychologique, elle apporte un grand réconfort et aide à garder confiance en la vie lorsque l'on manque d'amour. Elle atténue colère et révolte, induit la réconciliation avec soi et les autres, elle donne la force de réparer nos erreurs et de combler nos manques ou nos complexes de dévalorisation.

Sodalite

Aluminosilicate de sodium
et chlore
Chakra : Gorge

Elle harmonise le mental avec l'émotionnel et stimule toutes les fonctions cérébrales. Elle est une des pierres la plus adaptée pour la clarté mentale et l'organisation de la pensée. Elle développe intuition, logique, compréhension, ordonne les idées et donne le discernement d'éloigner stress, angoisses et peurs. Au niveau physique, elle soigne toutes les affections de la gorge telles qu'inflammation, enrouement, extinction de voix, ganglions et elle a la particularité d'être la plus efficace contre les problèmes de thyroïde. Elle stimule également l'immunité, car elle augmente la circulation lymphatique. Son action calmante diminuera l'hypertension, toutes les pathologies liées au stress et induira un sommeil serein.

Sodalite sunset

Aluminosilicate de sodium, calcium et chlore
Chakra : Gorge, plexus solaire

Mélange de sodalite et de pierre de soleil, les plus beaux spécimens proviennent de Namibie. Elle est un subtil mélange de stabilité et de positivité. Elle accroît la confiance en soi, l'optimisme, la créativité et permet de sortir des échafaudages mentaux ou des projections illusoires, car elle clarifie les idées. Étant donné qu'elle relie et harmonise le chakra laryngé au plexus solaire, elle apporte également une grande maîtrise émotionnelle, une guérison du sentiment de culpabilité et nous place avec amour dans l'instant présent.

Sogdianite

Proche de la sugilite

Sorensenite

Silicate de béryllium, étain et sodium
Chakra : Cœur

Comme beaucoup de pierres du Groenland, elle présente souvent une forte fluorescence aux UV et sa vibration est élevée. Elle agit presque exclusivement sur le cœur qu'elle dilate et fait irradier d'une lumière d'amour. Elle adoucira toutes les peines et renforcera l'ensemble du système circulatoire. Elle est malheureusement rare, chère et la plupart du temps très petite.

Soufre natif

Fragile, toxique et craignant l'eau
Chakra : Plexus solaire

Puissant purificateur qui absorbe les émanations négatives. Il agit sans nuance et convient à tout ce qui explose. Les émotions destructrices, la violence, la fièvre, les éruptions cutanées. Il est le feu tellurique qui bannit, dissout et protège. Friable et toxique on lui préférera cependant, le quartz soufre.

Spectrolite

Aluminosilicate de calcium et sodium
Chakra : Cœur

Appellation commerciale d'une variété de labradorite provenant de Finlande et qui est particulièrement colorée et lumineuse. Elle possède les mêmes propriétés en plus intense et peut protéger très efficacement, même dans les cas de magie noire, qu'elle renverra à l'expéditeur.

Spécularite

Autre nom de l'hématite spéculaire

Sperrylite

Arséniure de platine
Chakra : Racine, couronne

Les minéraux de platine sont rares et le mélange arsenic-platine encore plus. Elle purifie et harmonise tous les chakras sur lesquels on la pose et elle équilibre les polarités. Elle ouvre aux plans supérieurs tout en assurant un fort ancrage à la terre, ce qui engendre une puissante circulation énergétique verticale dans les deux sens. Elle est le feu purificateur qui nettoie et cicatrise les blessures tant physiques qu'émotionnelles.

Sphalérite

Autre nom de la blende lorsqu'elle est brune

les chakras et facilite la montée d'énergie. En affinité avec le chakra de la gorge, il régule la thyroïde, mais facilite aussi la communication et le channeling. Il restaure la joie, la positivité et aide à sortir de la claustrophobie.

Sphène titane

Silicate de Titane et calcium
Chakra : Cœur

Pierre de lumière et d'optimisme liée aux lémuriens qui l'utilisaient pour emmagasiner leurs connaissances ésotériques. Elle équilibre dans la joie le physique, l'émotionnel et le spirituel et permet donc une guérison à tous les niveaux de l'Être. Au niveau physique elle fortifiera les os et les cheveux, stimulera l'immunité, la circulation sanguine et l'oreille interne. Son énergie n'est que lumière et positivité.

Spinelle bleu

Oxyde d'aluminium et magnésium, traces de cobalt
Chakra : Gorge

Son nom se dit au masculin. Il ouvre

Spinelle noir

Oxyde d'aluminium et magnésium, traces de fer
Chakra : Racine

Son nom se dit au masculin et vient du latin « spina » qui signifie épine. Il ouvre les chakras et facilite la montée d'énergie. Donne un ancrage puissant à la terre, permet d'aller au bout de ce que l'on s'est fixé et donne la vigueur nécessaire à toute entreprise. C'est la pierre du noir lumineux qui absorbe toutes nos rages refoulées et qui déconstruit nos somatisations pour nous en libérer. elle sera incroyablement efficace pour nous protéger et repousser la négativité dans le néant. En mettant en lumière nos refoulements qu'il absorbera, le spinelle sera bon pour tout l'organisme.

Spinelle rouge

Oxyde d'aluminium et magnésium, trace de chrome
Chakra : Racine

Son nom se dit au masculin. Il ouvre les chakras et facilite la montée d'énergie. Il donne ancrage, revitalisation, donne la force de continuer dans les situations difficiles et écarte les influences négatives. Au niveau physique, il va diminuer les douleurs dégénératives et augmenter les forces d'auto guérison.

Spinelle vert

Oxyde d'aluminium et magnésium
Chakra : Cœur

Il ouvre tous les chakras et particulièrement celui du cœur. Il renouvelle l'énergie, active le rétablissement, la cicatrisation et freine le processus de vieillissement. Il aide à extérioriser nos qualités et à avancer avec les valeurs du cœur comme guide. Il décuple l'amour, la gentillesse, la tolérance et la compassion.

Spodumène

Silicate de lithium et aluminium
Chakra : Coronal

Nom générique d'une famille de pierres contenant principalement du lithium. Rose, il s'agit de la kunzite, verte de l'hiddénite et bleue de la nuristanite. Lorsqu'elle est incolore on l'appelle du même nom que la famille à laquelle elle appartient, c'est-à-dire un spodumène. Comme ses sœurs, il apporte beaucoup de lithium qui élimine la dépression, l'angoisse et la peur. Il permet de surmonter les échecs et l'amertume et de se tourner vers l'avenir. Il est ainsi d'une grande aide contre les addictions et toutes les formes de complaisances dans le malheur. Au niveau physique, il agit principalement sur le cerveau et les nerfs. Il diminue les douleurs et les troubles neurologiques tels que névralgies, sciatique, épilepsie, neuropathie, maladie de Parkinson ou sclérose en plaques. Il aiguise également les 5 sens et renforce particulièrement la vision et l'ouïe.

Spurrite

Autre nom de la strombolite

Staurolite

Autre nom de la staurotide

Staurotide

Silicate de fer, aluminium et magnésium
Chakra : Racine, cœur, 3ᵉ œil

Appelée aussi « croix de fée » car ses cristaux sont en forme de macle cruciforme et elle est un porte-bonheur depuis toujours, particulièrement pour les voyageurs. Ses propriétés sont plus spirituelles que physiques. Elle enracine à la terre tout en donnant une expansion à l'aura, une amplitude dans toutes les directions et même dans la direction verticale. Elle aide ainsi à communiquer avec les plantes, les animaux et à s'harmoniser avec tous les domaines que l'on souhaite approfondir. Elle peut même favoriser le voyage astral et les rêves prémonitoires, car elle réaligne le corps et l'esprit. Elle purge les énergies négatives, donne force et patience, réduit les habitudes autodestructrices et diminue les effets secondaires du vieillissement. Posée sur le cœur, elle équilibre les énergies et replace dans l'axe central les chakras, un peu comme le fait la chiastolite.

Stéatite

Silicate de magnésium hydraté
Chakra : Tous

Très tendre mais non poreuse, il s'agit de talc compact appelé également pierre à savon. Elle se travaille facilement et se trouve souvent sous forme d'objets taillés. Elle neutralise les radiations nocives et harmonise l'ensemble du champ électromagnétique. Elle calme et permet de s'adapter en douceur aux changements. Elle atténue les crises de panique, apaise les hypersensibles et sa délicatesse sera active même pour les plus jeunes enfants. Au niveau physique, elle diminue allergie, problèmes digestifs, hypersensibilité électrique et atténue les effets des radiothérapies.

Stellerite

Aluminosilicate de calcium hydraté
Chakra : Sacré

Elle permet de garder son axe intérieur en toutes circonstances. Elle donne la faculté de relativiser, de prendre de la distance et de ne pas se laisser envahir par les projections mentales angoissantes. Ce maintien de calme permet une ouverture aux autres, même lorsque l'on a été traumatisé et que l'on a de la difficulté à refaire confiance. Elle sera idéale pour les séances de méditation et représente une sorte de fontaine pure de récupération. Au niveau physique, elle soutient la circulation sanguine et la musculature.

Stibine

Sulfure d'antimoine
Chakra : Racine, 3e œil

Le mélange soufre-antimoine lui donne des propriétés structurantes. Elle nettoie, redresse et remet en place les énergies. Très anti infectieuse, elle régule tous les problèmes pulmonaires et peut même freiner le développement anarchique des cellules en cas de cancer. Au niveau moral, elle illumine et renforce nos émotions positives en dissolvant nos côtés sombres. Elle a la puissance de désagréger les énergies les plus malsaines et la stibine est de loin la pierre la plus efficace contre la magie noire et les envoûtements. Elle protège l'espace personnel en détruisant tous types d'attaques ou de malveillance extérieure. Portée sur soi, elle crée un halo protecteur inattaquable. Il faudra cependant se méfier de sa toxicité en ne la touchant pas trop directement et en se lavant bien les mains après usage.

Stibnite

Autre nom de la stibine

Stichtite

Carbonate de magnésium et chrome
Chakra : Cœur

Sa forte teneur en magnésium régule

plus de 300 réactions enzymatiques du métabolisme. Elle peut diminuer fatigue, anxiété, spasmophilie, ulcères d'estomac. Elle régule toutes les pathologies liées au stress ainsi que les organes correspondants. Le foie, la vésicule, le pancréas, l'estomac et les reins seront harmonisés. Le chrome qu'elle contient va quant à lui réguler le métabolisme des graisses, l'élasticité de la peau et la rétention d'eau. Au niveau psychologique, elle favorise la remontée d'énergie vitale entre le cœur et le 3e œil ce qui engendre une souplesse d'esprit, une ouverture de conscience et une intelligence du cœur. Elle a la capacité de guérir nos blessures émotionnelles les plus profondes et de soigner nos peurs en nous connectant à notre moi véritable.

Stilbite

Aluminosilicate de calcium
et sodium
Chakra : Coronal

Très douce, elle calme le système nerveux et résout tous les problèmes liés à l'excès de nervosité. Elle apaise l'anxiété, les allergies, les troubles digestifs, les ballonnements, les intolérances alimentaires, l'asthme ou encore les réactions médicamenteuses. Elle est si délicate et rassurante qu'elle convient même aux bébés. Baume de douceur et de réconfort qui guérit les blessures émotionnelles, elle redonne confiance en la vie. Au niveau spirituel, elle ouvre aux plans les plus hauts, connecte aux anges, donne inspiration, intuition et rêves à messages. La plupart du temps, elle est associée à l'apophyllite.

Stolzite

Tungstate de plomb
Chakra : Racine

On la trouve souvent associe à la cérusite, particulièrement en Lozère dans la mine de Sainte Lucie. Elle ancre fortement à la terre, tout en apportant une protection contre les influences négatives et permet de s'adapter à toutes les situations. Elle équilibre les hémisphères cérébraux, diminue les maladies neurologiques dégénératives et accroît les pouvoirs psychiques. Le plomb qu'elle contient, la rend cependant toxique, donc à utiliser avec précautions.

Strombolite

Silicate de calcium
Chakra : Racine, coronal

Variété de spurrite qui ouvre à la joie et à la légèreté sans superficialité. Elle aide à relativiser, à s'élever au-dessus des petits soucis du quotidien et à dédramatiser systématiquement les situations anxiogènes. Elle permet de prendre de la distance, elle sensibilise au sens de l'humour et à la puissance de ne plus se prendre au sérieux. Ainsi elle nous rend sociable et amical, car elle induit un sentiment d'optimisme et de bonne humeur. Grâce à cet effet détente et antistress, elle peut diminuer les douleurs, la dépression et toutes les pathologies cardiaques.

Stone needle

Autre nom de la pierre Bian Shi

Stromatolithe

Fossile de cyanobactéries de
3 milliards d'années
Chakra : 3e œil

Elle contient la plus ancienne forme de vie de la planète et connecte à l'ori-

gine du monde. Elle offre adaptabilité et grande capacité d'évolution. Elle favorise les régressions dans les vies antérieures, le contact avec les sagesses anciennes et la pratique du chamanisme. Au niveau physique, elle renforce la résistance aux maladies et apporte santé et force, particulièrement aux personnes âgées. Elle soutient le système nerveux, la mémoire et réduit l'acidité, qu'elle soit gastrique ou générale.

Strontianite

Carbonate de strontium
Chakra : 3e œil

Pierre intense qui possède une vibration très élevée. Même les personnes qui ont des difficultés à ressentir les minéraux pourront sentir son flux d'énergie. Elle ouvre et nettoie tous les chakras en stimulant la vitalité et en rechargeant toute l'aura. Elle donne force, confiance en soi, accroissement du rayonnement personnel et crée une barrière énergétique qui repousse ce qui n'est pas similaire. Au niveau physique, elle aide l'élimination et la détoxification.

Strontioginorite

Borate hydraté de calcium
et strontium
Chakra : Coronal

Elle nous transforme en réceptacle de lumière céleste. Elle oriente le cœur et l'âme dans un positionnement de l'Être qui facilite la connexion au plan divin. La descente de lumière qu'elle favorise, ouvre le cœur et l'esprit à la véritable humilité. Au niveau physique, elle solidifie et renforce le squelette, les cartilages et l'équilibre de l'oreille interne.

Succin

Autre nom de l'ambre jaune

Sugilite

Silicate de fer, sodium, potassium
et lithium
Chakra : Cœur

Elle est rare, chère, mais merveilleuse. Elle diffuse une énergie d'amour dans le sang, les tissus et agit au cœur même des cellules. Elle diminue les douleurs, les infections, les déséquilibres hormonaux et toutes les maladies en général, car elle connecte à une lumière spirituelle pure et puissante. Elle agit même sur les cancers en insufflant au malade une énergie d'amour qui rend tout possible, apaisant l'agitation émotionnelle et le découragement. Elle possède également le pouvoir de réorganiser le cerveau, luttant contre les dysfonctionnements cérébraux, ainsi que dyslexie, syndrome d'Asperger ou autisme. Au niveau psychologique, elle réduit le stress, les pensées négatives, les blocages émotionnels et toutes sortes de dépendances. Elle nous replace dans l'intensité de l'instant présent, décuple nos dons, met en évidence nos talents cachés et apaise les blessures de rejet. Elle reprogramme en profondeur les schémas mentaux négatifs et opère une guérison multidimensionnelle du karma. Les sugilites sombres sont les plus puissantes.

Suolunite

Silicate hydraté de calcium
Chakra : Coronal, 3e œil

Pierre très rare qui se forme profondément dans la terre, à la limite de la croûte terrestre. Proche du magma, elle en conserve la puissance du feu qui purifie et galvanise. Mais elle connecte aussi fortement aux lumières célestes, en ouvrant le chakra coronal et 3e œil. Elle nettoie l'esprit, l'élève et permet le contact métaphysique avec les anges, guides et êtres de lumière.

Super 7

Améthyste contenant 7 minéraux fusionnés dont la cacoxénite
Chakra : Tous

Nom commercial de la cacochynite ou *mélody stone*, qui a souvent été baptisée « pierre aux 999 propriétés » tant sa puissance est grande. Elle contient 7 minéraux : quartz, améthyste, goethite, quartz fumé, rutile, lépidocrosite et cacoxénite. Cette dernière est extrêmement rare et uniquement sous forme de microfilaments. La super 7 a été découverte au Brésil par la guérisseuse américaine Mélody et elle est une des pierres qui possède la plus haute vibration. Elle peut régénérer toutes les cellules et active le processus de guérison de tous les malaises ou maladies, qu'ils soient physiques ou psychiques. Elle est également souveraine contre les pathologies qui ne répondent pas aux traitements traditionnels. Au niveau spirituel, elle purifie, équilibre et recharge tous les chakras. Elle connecte aux énergies cosmiques, accroît les capacités extralucides et permet une meilleure connaissance de notre mission ici-bas. Son pouvoir galvanisant sur le mental permet aussi d'attirer et de matérialiser ce que l'on souhaite le plus dans la vie. Pierre totalement magique.

Surfite

Résidu de peinture stratifiée

Même procédé que pour la fordite qui était fabriquée en son temps avec la peinture de carrosserie des voitures Ford. Cette fois, il s'agit de résine teintée destinée à couvrir les planches de surf. L'excèdent de peinture reste

sur les parois des cuves sous forme d'épaisse couche multicolore que l'on utilise en décoration et en bijouterie. Aucune vertu lithothérapeutique, bien évidemment.

Taafféite

Oxyde de béryllium, aluminium
et sodium
Chakra : Cœur

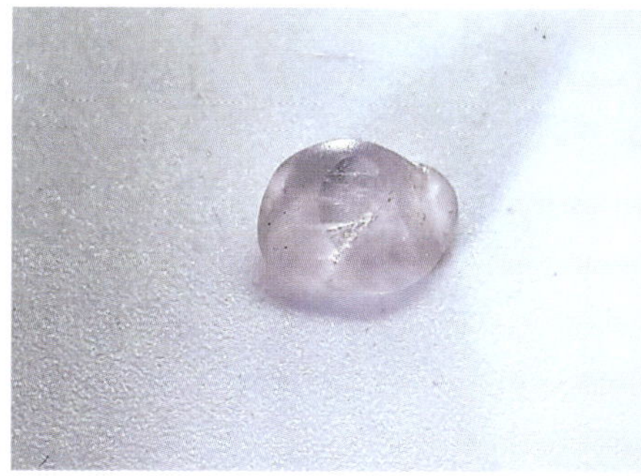

Chère et souvent petite, elle n'en est pas moins puissante. Elle ouvre le trajet cœur-couronne pour mieux y faire descendre la lumière des plans supérieurs. Elle purifie le cœur du ressentiment, des préjugées, des croyances obsolètes et elle aide à tourner notre regard vers le positif et le constructif. Au niveau physique, elle équilibre le PH sanguin et les énergies yin-yang pour une revitalisation générale et une immunité décuplée.

Talc

Autre appellation pour la stéatite
ou pierre à savon

Tantalite

Oxyde de fer, manganèse, tantale et nobium
Chakra : Racine

Très puissante, elle repousse tous les rayonnements négatifs, qu'ils soient électromagnétiques ou de type vampirisme qui aspirent l'énergie vitale. Elle connecte à la force tellurique qui assure vitalité, bonne circulation énergétique et fonctionnement optimal du métabolisme. Au niveau psychique, elle donne volonté et détermination. Elle sera précieuse lors de régime, car elle augmente la maîtrise de soi et la volonté de tenir ce que l'on a décidé, en plus d'activer en douceur l'élimination.

Tanzanite

Silicate de calcium et aluminium
Chakra : Coronal, 3e œil

Zoïsite bleue que l'on ne trouve qu'en Tanzanie, d'où sa rareté. Elle ouvre les chakras supérieurs en étant surtout adaptée aux plans psychique et spirituel. Elle développe toutes les facultés métaphysiques, induit facilement des états de conscience modifiés et permet

des méditations très profondes. Elle affine l'esprit et l'intelligence, stimule la mémoire, les rêves, l'imagination, les talents cachés et la créativité. Elle libère le cœur et les nerfs en apaisant les pires souffrances émotionnelles. Elle permet de sortir des pensées limitatives et de se redonner du temps et de l'attention à soi-même lorsque l'on s'est oublié par souci des autres ou par surcroit de travail. Au niveau physique, elle agit directement sur les échanges chimiques et électriques du cerveau et assure une régénération cellulaire globale. Elle diminue toutes les maladies d'origines nerveuses, telles qu'Alzheimer, Parkinson, tremblements, sclérose en plaques, dépression, insomnie. Il faudra être attentif car les tanzanites vendues sont malheureusement trop souvent des zoïsites chauffées.

Tanzurine

Dioxyde de silicium
Chakra : Racine, cœur

Il s'agit d'une appellation commerciale pour désigner un quartz à inclusion particulièrement coloré. Il existe la rouge, contenant du fer et du manganèse et qui se rapproche beaucoup

du quartz hématoïde. Elle enracine en douceur, stimule la circulation du sang, réchauffe et réconforte. Il existe également une variété verte qui agit principalement sur le cœur, qu'elle calme et purifie et qui possède les propriétés de la prasiolite.

Taramite

Autre nom de la cyanite noire

Tarbuttite

Phosphate de zinc
Chakra : Sacré

Elle renforce les os et diminue les infections, mais ses qualités sont surtout d'ordre spirituel. Elle clarifie le mental et permet de mieux définir ce que l'on veut et vers quoi l'on se dirige. Elle affine notre sensibilité aux messages subliminaux et aux signes de l'existence. Elle aide également au maintien des images mentales lors de visualisation créatrice ou lors de méditation.

Tectite jaune

Sable de Lybie fondu et transformé en silice pure contenant de l'iridium
Chakra : Cœur, plexus solaire

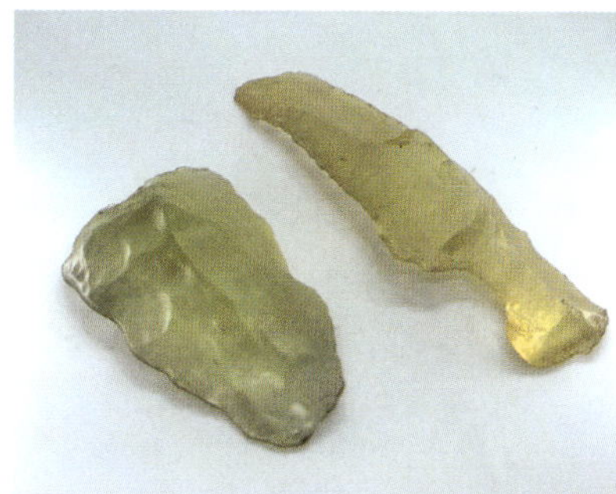

Appelée également verre lybique, il s'agit de sable du désert de Lybie qui a fondue sous l'effet d'une chute de météorite et s'est transformée en impactite. Elle s'est formée il y a 28 millions d'année et garde en mémoire la puissance inouïe de l'explosion qu'elle a subi. Elle possède les mêmes propriétés que la tectite noire, avec la particularité supplémentaire de réguler le rythme cardiaque. Elle stimule également le système nerveux, l'immunité et le renforcement global du processus de guérison. Au niveau spirituel, sa puissance mystique est grande. Elle connecte aux annales akashiques, renforce la volonté, l'acuité mentale et le pouvoir de régénération. Elle favorise la manifestation de nos buts et 3 tectites jaunes décupleront les capacités créatrices. Elle sera idéale pour les séances de méditation ainsi que l'accès à la puissance quantique du point 0, car elle contient en elle le silence, la vacuité du désert et peut tout transfigurer en lumière.

Tectite noire

Roche de la surface terrestre qui a fondu sous l'impact d'une météorite
Chakra : Coronal

Roche de la surface terrestre qui a fondu sous l'impact d'une météorite. Elle est porteuse d'énergie cosmique et facilite la connexion avec des champs de conscience célestes. Posée sur le 3e œil, elle augmente la télépathie, les rêves lucides, les flashs de vies antérieures et elle permet de connaître la cause d'un problème afin d'en déduire la solution. Au niveau physique, elle accélère tous les processus de guérison, stimule l'immunité et diminue la fatigue chronique. Elle abaisse considérablement la fièvre si on la place sur un pli de l'aine et on pourra y ajouter une météorite. Elle équilibre également l'ensemble des chakras ainsi que nos énergies yin-yang. Elle galvanise toute l'enveloppe électromagnétique du corps et peut purger les traumatismes émotionnels les plus douloureux.

Tectite verte

Autre nom de la moldavite

Tennantite

Arséosulfure de fer et cuivre
Chakra : Racine

Proche de l'arsénopyrite elle en possède les propriétés. Elle met de l'ordre dans notre chaos intérieur, nettoie nos formes pensées négatives et nos émotions toxiques. Elle permet ainsi une réorientation positive en conscience de nos décisions de vie. Au niveau physique, elle purifie le sang et diminue fortement les inflammations. On prendra soin de se laver les mains après usage.

Tetrahédrite

Sulfure d'antimoine de cuivre et fer
Chakra : Racine

Proche de la stibine elle apporte un ancrage fort à la terre. Elle stabilise et repousse les énergies les plus négatives. Au niveau physique, elle agit

principalement sur les poumons en les apaisant et en les renforçant.

Thulite

Silicate de calcium et aluminium
avec traces de manganèse
Chakra : Cœur, plexus solaire

Elle a le pouvoir de faire circuler l'amour dans le sang et peut ainsi guérir le cœur et l'esprit. Le manganèse qu'elle contient augmente l'assimilation du calcium qui assure le renforcement des os et des nerfs. Elle peut également réguler la plupart des troubles sexuels. Au niveau psychologique, elle rend le cœur léger car elle ouvre à l'amour inconditionnel. Elle permet de changer profondément nos comportements négatifs en sortant des drames, des peurs, des prédictions négatives, de l'isolement et de l'automutilation. Elle nous rend joyeux, gentil et elle nous aide à prendre conscience que les pires difficultés ne sont que passagères. Elle est également une pierre de réconciliation avec soi-même, avec les autres, avec la vie.

Thomsonite

Aluminosilicate de calcium
et sodium hydraté
Chakra : Coronal

Drainante, elle purifie les liquides du corps et régule le système lymphatique. Elle permet une bonne hydratation et une élimination optimale des toxines. Au niveau spirituel, elle harmonise l'émotionnel avec le mental, diminue nos impulsivités et permet de raisonner avec une dimension du cœur. Le mot qui la définit le mieux est : discernement émotionnel. Ainsi elle facilite l'action et les prises de décisions dans un contrôle souple de nos émotions. Sa connexion aux plans supérieurs offre une élévation spirituelle en toute sérénité.

Tiffany stone

Silicate de béryllium
Chakra : Coronal

Appellation commerciale qui est une variante de la bertrandite, sa formation est complexe, car elle contient de l'opale et de la fluorite en plus du béryl. Elle est très efficace malgré sa grande douceur. Elle harmonise les chakras, fait recirculer les énergies corporelles et détend durablement tous les tissus. Elle purifie le sang, la lymphe et tous les liquides du corps. Au niveau psychologique, elle nettoie les émotions négatives, évacue les blessures de l'enfance et les traumatismes non digérés. Elle permet ainsi la conscientisation et l'extériorisation de ce que l'on a refoulé. Elle ouvre le trajet de lumière qui traverse tous les chakras, renforce notre axe énergétique et favorise la montée de kundalini. La Tiffany stone est une des plus merveilleuses pierres existantes pour accomplir un travail spirituel en profondeur.

Tigérite

Autre nom de l'œil de fer

Titane

Métal Ti N° 22 du tableau des éléments
Chakra : Tous

Purifiant énergétique, il dilate et équilibre la lumière de l'aura. Il aide à mieux se repositionner afin de se rapprocher de notre idéal supérieur et de notre mission de vie. Il protège fortement contre les énergies électromagnétiques négatives et diminue peurs, tristesse et accablement. Il est principalement spirituel, mais peut devenir un auxiliaire de guérison physique car il renforce les corps subtils.

Titanite

Autre nom de la sphène

Topaze bleue

Silicate de fluor et d'aluminium
Chakra : Gorge, 3e œil

Proche de la topaze blanche incolore elle revitalise l'ensemble du corps et retarde le processus de vieillissement. Profondément apaisante, elle fortifie les nerfs et la résistance aux agressions physique ou psychologiques. Grâce à

sa douceur nous pourrons mieux contrôler nos émotions négatives comme la colère ou le ressentiment. Elle sera parfaite pour les artistes, car elle aide à canaliser l'inspiration avec pureté, vérité et authenticité. Son action régulatrice au niveau de la gorge et de la thyroïde entraîne une meilleure communication avec l'entourage. Les topazes bleues sont souvent chauffées, attention de ne privilégier que les naturelles aux couleurs douces et tendres.

Topaze impériale

Silicate de fluor et d'aluminium
Chakra : Plexus solaire

Véritable batterie d'énergie elle capte aisément la vitalité pour la redistribuer dans tout l'organisme en boostant le métabolisme. Posée sur les ganglions de l'aine, elle renforce le système lymphatique, facilite l'évacuation des liquides et défatigue les jambes lourdes. Elle stimule l'activité enzymatique, la digestion et l'assimilation des aliments tout en diminuant le cholestérol. Au niveau psychologique, elle est comme un soleil qui rayonne. Elle va décupler nos capacités intellectuelles, notre mémoire, apporter joie, tonus, bonne humeur, confiance et enthousiasme pour avancer. Elle peut donc réparer les traumatismes, les dépressions et nous pousser à viser très haut. Elle peut même provoquer une certaine ivresse en nous rendant charismatique et attirant. À nous de comprendre que l'orgueil que nous pourrions en tirer ne sera qu'un frein à notre évolution. Cette pierre aux multiples qualités pourra aussi être utilisée en eau de pierre et aura des effets tant physiques que spirituels.

Topaze incolore

Silicate de fluor et d'aluminium
Chakra : Coronal

Elle stimule les connexions neuronales, capte la lumière spirituelle et augmente fortement les circulations énergétiques. Elle purifie, clarifie les pensées et les intuitions tout en permettant au flux spirituel de descendre jusqu'au cœur. Elle apaise les pensées gambergeantes, rend créatif, ouvre à la vérité et l'authenticité. Elle a aussi la particularité d'absorber la charge électrique et énergétique qui vient du haut, ce qui aura pour effet de nous placer au maximum de notre potentiel mental et spirituel. Elle stimulera chaque endroit sur lequel on la posera et nous rechargera d'énergie en 10 minutes.

Topaze rose

Silicate de fluor et d'aluminium
Chakra : Cœur

La plus rare des topazes qui, à l'état naturel est très pâle. Celles que l'on peut trouver d'un rose vif sont chauffées et ne nous intéressent donc que très peu en lithothérapie. Elle diminue les toxines et favorise l'oxygénation du sang. Son action est cependant plus intéressante au niveau émotionnel. Elle répare les cœurs brisés, permet d'accepter les déceptions et les trahisons, et nous place dans un amour plus réaliste. C'est la pierre idéale des personnes qui se placent dans la codépendance à l'autre. Elle leur permettra de garder un cœur ouvert et confiant sans tomber dans les obsessions et les passions dévastatrices.

Topazolite

Autre nom du grenat andradite jaune

Tourmaline achroïte

Silicate de bore, aluminium, lithium et sodium
Chakra : Coronal

Elle est transparente mais porte en elle la synthèse des couleurs de l'arc-en-ciel et connecte aux plans supérieurs. Elle est très puissante et peut même provoquer de légers étourdissements. Elle recharge l'aura, le purifie, le magnétise et relance toutes les forces d'auto-guérison du corps. Très équilibrante, elle diminue les blocages, les douleurs chroniques, les migraines et toutes les pathologies psychiques. Au niveau moral, elle pousse à rester confiant, positif et donne la force d'aller de l'avant avec courage et créativité.

Tourmaline bleue

Silicate de bore, aluminium,
lithium, sodium et fer
Chakra : Gorge, 3e œil

Appelée également indigolite ou indicolite, sa couleur bleu profond induit calme et relâchement. Elle apaise le mental, apporte une réflexion pondérée et une sorte de silence fécond de la pensée. Elle diminue migraine, trouble auditifs et oculaires et peut soigner profondément les peurs ou les refoulements. Elle stimule l'immunité, équilibre les fluides corporels et l'ensemble du système endocrinien. Son pouvoir guérisseur est grand, tant sur le plan physique que psychologique. Malheureusement elle est rare et très souvent coûteuse.

Tourmaline brune

Silicate de bore, aluminium,
sodium et magnésium
Chakra : Racine

Appelée également dravite, elle a la puissance de faire partir vers la terre toutes les énergies négatives en rechargeant l'ensemble du champ électromagnétique. Elle purifie le sang, draine et détoxifie tout l'organisme, diminue les spasmes et aide à la cicatrisation des blessures ou ulcères. Au niveau psychique, elle ancre à la terre en donnant lucidité et pragmatisme. Elle donne la force de sortir des addictions, habitudes toxiques et de surmonter échecs ou traumatismes. Son haut pouvoir purifiant libère les pensées parasites, dépollue le mental et libère des tracas récurrents.

Tourmaline jaune

Silicate de bore, aluminium,
lithium et sodium
Chakra : Plexus solaire

Pierre solaire, elle illumine l'ensemble du champ électromagnétique de la personne. Elle rend positif, ouvre à une spiritualité joyeuse et décuple notre pouvoir personnel en nous donnant charme et charisme. Au niveau physique, elle fait recirculer l'énergie du corps qui va éliminer les blocages et les douleurs. Elle a également une affinité avec le système digestif qu'elle stimule tout en douceur.

Tourmaline melon d'eau

Silicate de bore, aluminium,
lithium et sodium
Chakra : Cœur

Elle est un mélange de rubellite et de verdélite dont elle partage les propriétés. Elle sera idéale pour le chakra du cœur car elle l'harmonise dans toutes ses dimensions. Elle guérit des blessures émotionnelles tout en ouvrant à une énergie élevée de noblesse, de pardon, d'amour et de compassion. Elle apporte diplomatie, patience, compréhension et rend positif, même dans les situations les plus délicates.

Tourmaline multicolore

Silicate de bore, aluminium,
lithium et sodium
Chakra : Tous

Appelée aussi Elbaïte, elle harmonise l'être dans sa globalité et rééquilibre le physique avec l'émotionnel et le mental. Elle provoque une guérison multidimensionnelle, une réparation générale, en faisant recirculer l'ensemble des énergies. Elle a le pouvoir de diminuer les troubles d'ordres psychiques ou psychiatriques ainsi que les dépressions, les névroses et même les hallucinations. Elle sera intéressante pour la créativité, car elle stimule l'imagination active ainsi que les rêves symboliques ou lucides.

Tourmaline noire

Silicate de bore, aluminium,
fer et sodium
Chakra : Racine

Appelée également schorl, elle est la pierre de prédilection pour l'ancrage et la connexion tellurique. Elle repousse et dévie les ondes négatives vers la terre et protège ainsi contre toutes les radiations électromagnétiques ou perturbations géobiologiques. Elle peut devenir une véritable forteresse qui crée un champ puissant contre les influences extérieures. Elle absorbe la douleur et diminue stress, anxiété, crise de panique, phobie ou automutilation. Au niveau physique, elle réaligne le squelette et équilibre l'ensemble du corps. Pour redresser une colonne vertébrale il suffira de poser régulièrement une quinzaine de minutes une tourmaline au niveau de la cervicale et une autre au niveau du coccyx. Elle sera également indispensable dans tout travail méditatif, car elle évite les sensations désagréables de flottements et assure un alignement des corps subtils avec le corps physique.

Tourmaline œil-de-chat

Silicate de bore, aluminium, lithium et sodium
Chakra : Racine, cœur

Il s'agit d'une tourmaline, la plupart du temps noire ou verte, qui présente une chatoyance appelée œil-de-chat. Elle est spécialement revitalisante car elle ancre à la terre tout en ouvrant le cœur. Elle procure une grande indépendance d'esprit, une créativité et un sens de l'initiative. Elle combat fatigue, découragement, manque d'assurance et connecte aux énergies guérisseuses de la nature.

Tourmaline Paraíba

Silicate de bore, aluminium, lithium, sodium et cuivre
Chakra : Cœur, 3e œil

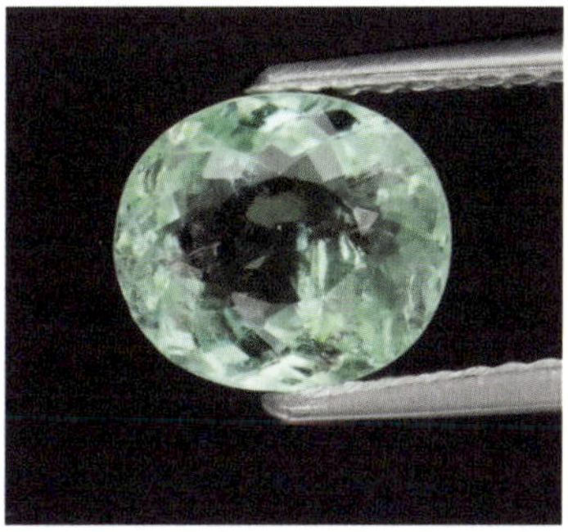

Le 1er gisement a été découvert en 1989 à Paraíba au Brésil, mais on la trouve depuis également en Afrique. Les pierres que l'on arrive à se procurer sont généralement réservées à la joaillerie car sa couleur bleu-vert est unique. Elle cumule les propriétés de la verdélite et de l'indigolite avec une dimension anti-inflammatoire supplémentaire grâce au cuivre qu'elle contient.

Tourmaline rouge

Silicate de bore, aluminium, lithium et sodium
Chakra : Racine, cœur

Elle active le chakra racine et le chakra du cœur, tout en ouvrant un trajet de lumière entre les deux. Elle apporte beaucoup d'énergie positive, d'enthousiasme et permet de surmonter les blessures du cœur telles que le sentiment de rejet ou les douleurs du renoncement. Elle sensibilise à l'amour véritable, développe la diplomatie, l'intelligence émotionnelle et l'autorité douce. Au niveau physique, elle équilibre tous les problèmes d'origine émotionnelle. Elle stimule le tonus cardiaque, l'énergie du foie, de la rate et elle atténue spasmes et faiblesses musculaires.

Tourmaline verte

Silicate de bore, aluminium, lithium, sodium et calcium
Chakra : Cœur

Appelée aussi verdélite, elle est un puissant guérisseur de l'émotionnel. Elle répare le cœur dans toutes ses dimensions. Elle dissout les trauma-

tismes émotionnels, les mémoires négatives des vies antérieures et apporte abondance, équilibre et positivité. Au niveau physique, elle régule le transit intestinal, renforce les nerfs et fait repartir toutes les forces d'auto-guérison. Elle possède également une affinité avec la nature et sensibilise à l'utilisation des plantes et de leurs énergies positives. Elle possède un puissant pouvoir régénérant en apportant santé, vitalité et régénération globale.

Trapiche

Nom donné à un minéral lorsqu'il présente des figures géométriques

On ne trouve cet effet géométrique que dans certains minéraux tels que rubis, saphir, émeraude, tourmaline, améthyste et quartz. Il s'agit d'une

plus forte concentration d'éléments minéraux qui créent des figures régulières et vont décupler les propriétés de la pierre trapiche.

Trémolite

Silicate de fer, calcium et magnésium
Chakra : Coronal

Elle agit directement sur la glande pinéale et relance tout le circuit neuronal, incluant même certaines parties peu utilisées comme le néo cortex. Elle nous permet ainsi d'élargir notre conscience et d'accéder directement à un niveau élevé de connaissance supérieure. Les mystiques adoreront travailler avec elle, car elle connecte directement à la source du savoir sans apprentissage. Son énergie est si puissante qu'il est déconseillé de la porter sur soi de façon continue. En effet, elle opère en nous un changement de conscience qui relativise les problèmes quotidiens, mais nous place un peu en parallèle du monde extérieur en nous faisant légèrement « planer ». On privilégiera donc son utilisation en méditation ou lors du sommeil. Au niveau physique, elle favorise l'oxygénation du sang et atténue les problèmes respiratoires.

Trilobite

Fossile de 540 millions d'années
Chakra : Racine, coronal

Ce fossile est celui du premier organisme vivant complexe qui est un animal marin disparu. Il est détenteur d'une sagesse millénaire et d'une force de vie ancestrale. Lié au passé, il guérit les traumatismes anciens, les souvenirs récurrents négatifs ainsi que des problématiques liées à la vie fœtale ou à certaines vies antérieures. Au niveau physique il renforce les os et la mémoire.

Triphane

Autre nom des spodumènes

Triplite

Phosphate de calcium,
magnésium, fer et manganèse
Chakra : Sacré

Elle établit un lien lumineux entre le chakra racine et le chakra du cœur, ce qui favorise la circulation énergétique dans l'ensemble des corps physique et spirituel. Elle nous donne la force de maîtriser nos impulsions et nos penchants négatifs, car elle teinte d'amour tous nos actes. Elle renforce notre aura, lui donne de l'ampleur et colmate les fuites qu'il peut subir. Elle nous donne une grande énergie positive qui apporte charisme et rayonnement. Au niveau physique, elle augmente l'assimilation des sels minéraux et oligo-éléments au niveau de l'intestin et possède un grand pouvoir de réparation des tissus en général.

Tsilasite

Autre nom de la tourmaline jaune

Tugtupite

Silicate de sodium, aluminium
et béryllium
Chakra : Cœur

Pierre du Groenland, découverte à Tugtup Agtakorfia. Elle ouvre le cœur, le purifie et dissout la moindre densification du champ électromagnétique. Elle élargit la conscience, crée un climat de paix et de pardon proche de la béatitude. Elle modifie durablement notre vision du monde en nous permettant de capter l'amour divin et de le redistribuer. Grâce à elle, nous pourrons par notre seule présence modifier positivement la fréquence vibratoire des personnes qui viennent à nous. Elle nous permettra de sortir des somatisations en ne refoulant plus nos émotions et en comprenant mieux l'origine de nos malaises. Elle agit principalement sur le cœur et l'âme, mais aura un effet bénéfique sur le corps en stimulant le système nerveux et le champ énergétique du cœur. Prénommée également Thuringite, elle est un mélange de Goethite et hématite. Ainsi, elle possède les propriétés de ces deux minéraux. Elle purifie, détoxique le sang et résout la plupart des problèmes circulatoires. Au niveau spirituel, elle affine l'intuition, calme l'esprit lors de méditation, accroît la concentration et la visualisation.

Turgite

aluminoslicate basique de fer, magnésium et aluminium
chakra : Racine

Prénommée également Thuringite, elle est un mélange de goetite et hématite. Ainsi, elle possède les propriétés de ces deux minéraux. Elle purifie, détoxique le sang et résout la plupart des problèmes circulatoires. Au niveau spirituel, elle affine l'intuition, calme l'esprit lors de méditations et accroit concentration et visualisation.

Turkénite

Howlite teintee

Il s'agit d'une howlite que l'on a teinté par électrolyse afin de la faire ressembler à une turquoise, qui est plus rare et plus chère. Elle possède les vertus de la howlite mais le traitement qu'elle a subi la rend peu intéressante au niveau lithothérapeutique. On préférera travailler soit avec une howlite blanche naturelle, soit avec une turquoise véritable.

Turquoise

Phosphate hydraté de cuivre et aluminium
Chakra : Gorge

Exploitée depuis 8 000 ans, elle est un symbole d'immortalité, de sagesse et de noblesse pour des civilisations telles que Perse, Égyptienne, Maya, Aztèque, Tibétaine. Elle a la particularité d'être instable. Elle change facilement de couleur selon les vibrations environnantes et absorbe les énergies négatives, en devenant ainsi un véritable témoin de notre état intérieur. Elle contient beaucoup d'eau, comme l'opale, et possède le pouvoir d'hydrater et de drainer les pollutions du corps. Ainsi, elle diminue les toxines, les infections bactériennes, les rhumatismes, les allergies et équilibre les hémisphères cérébraux ou encore l'appareil respiratoire. Au niveau psychologique, elle établit un pont entre ciel et terre qui favorise la communication avec le monde matériel et spirituel. Elle enracine, absorbe la négativité du corps éthérique et aide à l'expression de notre vraie nature. Elle apaise le système nerveux, les tourments émotionnels et diminue fatigue, dépression et mental trop encombré. Elle est donc la pierre idéale contre les maladies psychosomatiques, car elle favorise l'expression libre et la circulation énergétique générale. On pourra également l'utiliser contre les conséquences des décalages horaires et elle sera un véritable talisman pour le succès, l'argent voire la célébrité. La plupart des turquoises sont plongées dans des bains de résine pour stabiliser leur couleur et les rendre moins friables, mais cela n'altère pas leur puissance. Par contre, il faudra se méfier des fausses turquoises qui envahissent le marché sous le nom de turkénite.

Turquoise du Tibet

Phosphate hydraté de cuivre
et aluminium
Chakra : Gorge

Elle possède une haute énergie spirituelle liée à son lieu d'extraction, le Tibet. Elle insuffle beaucoup de paix et dissout les vibrations négatives qui proviennent de soi-même ou de l'entourage. Sa grande pureté en fait une des plus belles turquoises pour la protection et la chance.

Turquoise Fox

Phosphate hydraté de cuivre
et aluminium
Chakra : Gorge

Appelée ainsi car elle provient de la mine de fox dans le Nevada. Elle a la particularité d'être naturelle et de n'avoir subi aucune stabilisation ni coloration. Très pure, elle renforce et aligne l'ensemble des chakras et possède évidemment les qualités de la turquoise.

Turquoise jaune

Phosphate hydraté de cuivre
et aluminium
Chakra : Plexus solaire

Elle possède les mêmes propriétés que la turquoise bleue avec une affinité pour les organes de l'abdomen. Elle agit de façon très globale en désenflammant et détoxifiant tout l'organisme. Très purifiante, elle stimule l'activité de l'estomac, foie, vésicule biliaire, rate, intestins et reins. Elle détend en profondeur et stimule la circulation énergétique de l'ensemble du corps. Au niveau psychologique, elle illumine de joie et d'optimisme les esprits les plus sombres. Elle affine le discernement, aide à comprendre l'origine de nos comportements ainsi que les mécanismes intimes de nos refoulements.

Ulexite

Borate hydraté de sodium
et de calcium
Chakra : 3ᵉ œil

Appelée aussi pierre de télévision, elle est semblable à de la fibre optique et laisse transparaitre l'image sur laquelle on la pose. Elle décuple l'intuition, révèle, rend claires et limpides les informations captées par notre conscience supérieure. Elle accroît les capacités extrasensorielles, permet la vision à distance, le ressenti de ce qu'une personne peut penser ou éprouver dans son cœur. Cela vient du fait que l'ulexite permet à la conscience de se délocaliser et de passer d'un plan vibratoire à une autre. Elle relie les idées entre elles, redéplace ce qui est caché ou refoulé et aide à se libérer des traumatismes dont on n'arrive pas à se défaire. Pierre quasi-magique, elle offre une information subtile sur la meilleure attitude à avoir dans les situations les plus délicates. Au niveau physique, elle calme et régule le système nerveux. Elle stimule la mémoire, la concentration et agit sur le sommeil qu'elle emplit de rêves et de guidances symboliques. Elle atténue également les problèmes oculaires et sera très intéressante en élixir antiride pour la peau.

Unakite

Mélange d'épidote, feldspath et quartz
Chakra : Cœur

Comme tous les jaspes, elle stimule la digestion et le transit intestinal. Elle équilibre également les fluides, régule la respiration et particulièrement les problèmes d'hyperventilation. Elle est un excellent reconstituant et assure le bon fonctionnement général de l'organisme. Au niveau psychologique, elle ouvre le cœur et permet une libération douce de tout ce que l'on a refoulé. Elle nous pousse à vivre l'instant présent en lâchant le passé et les émotions douloureuses. Ainsi, elle diminue toutes sortes d'addictions et les phobies, même si elles sont anciennes. On pourra l'utiliser en méditation pour identifier la véritable cause de nos problèmes et maladies afin de nous libérer définitivement.

Uraninite

Minerai d'uranium

Son autre nom est la pechblende. Elle est radioactive à cause de l'uranium qui la compose et n'aura pas beaucoup d'intérêt en lithothérapie à cause de sa toxicité. Cependant, il est intéressant de savoir que Pierre et Marie Curie ont extrait le radium de cette pierre-là.

Ussingite

Silicate d'aluminium et sodium
Chakra : Cœur

Elle ouvre le cœur en toute délicatesse et établit une connexion avec le chakra coronal et les plans supérieurs. Ce lien apporte une meilleure compréhension de notre chemin de vie, ainsi que de nos forces et de nos faiblesses.

Elle raffermit notre volonté tout en nous aidant à être plus tolérant, plus indulgent avec nous-même et plus compréhensif avec les autres. Au niveau physique, elle stimule l'immunité, la production de globules blancs et régule en douceur la circulation sanguine. La plupart du temps, elle présente une magnifique fluorescence à la lampe UV, comme beaucoup d'autres minéraux du Groenland.

Valentinite

Trioxyde d'antimoine
Chakra : Racine

Son nom provient de Basile Valentin, moine alchimiste allemand du XVIe siècle, qui découvrit les vertus du trioxyde d'antimoine lors de ses distillations. Elle est très puissante, enracine et nettoie profondément ce sur laquelle on la pose. Au niveau physique, elle soutient principalement le système respiratoire. L'antimoine qu'elle contient, la rend cependant toxique et il faudra bien se laver les mains après usage.

Vanadinite

Vanadate de plomb
Chakra : Racine, Sacré

Pierre d'ancrage et d'endurance qui

donne le petit coup de pouce énergétique supplémentaire lorsque l'on peine à terminer un projet. Sa structure cubique permet de mettre de l'ordre dans notre chaos intérieur, d'être très organisé et d'éviter la dispersion en restant concentré et en gardant le sens des réalités. Elle nous rend volontaire, persévérant, déterminé, productif. Son affinité avec l'élément feu combat toutes formes de fatigues, elle maintient une curiosité aiguisée et nous sensibilise aux énergies de la terre. Au niveau physique, elle soutient l'activité sexuelle et relance la production d'hormones. Elle est efficace pour les problèmes respiratoires et favorise la montée de kundalini si on pose une pierre au chakra de base et une autre sur le coronal. Elle demeure cependant toxique, il faudra donc se laver les mains après usage et la tenir hors de portée des enfants et des animaux.

Variscite

Phosphate hydraté d'aluminium
avec traces de fer et chrome
Chakra : Cœur

Extrêmement douce, elle est la pierre de l'amour et de l'auto-guérison. Elle transforme le cœur en source de bienveillance, de puissance guérissante et d'amour universel. Elle dissout peurs, stress, angoisse, insomnie et affine l'intuition de telle façon qu'elle rend possible l'identification de la cause véritable de nos déséquilibres. Elle stimule la bonne santé et l'élasticité des veines, artères et nerfs. Elle renforce le système immunitaire et rebooste la libido masculine en particulier. Elle aligne les corps subtils dans un axe lumineux et aide ainsi l'énergie à circuler dans tous les niveaux de l'être. Elle est la pierre qui nous permet d'être parfaitement authentique, fidèle à ce que nous sommes au plus profond de nous-même, en nous apportant douceur et amour.

Vaticanite

Marbre contenant des coraux fossiles
datant de 325 millions d'années

Elle provient des mines de Frosteley et a toujours été utilisée dans la construction des cathédrales, particulièrement celle de Saint-Pierre de Rome, d'où son nom. Elle renforce les os, le squelette et les dents. Son action est cependant plus intéressante au niveau psychique. Elle est chargée d'une énergie particulièrement spirituelle, voire religieuse et n'a pas été choisie par hasard pour l'édification de monuments sacrés. Elle donne une grande profondeur à la méditation en insufflant une paix et un calme particulier. Elle rend positif, créatif et donne maîtrise de soi et longévité.

Vayrynenite

Phosphate de béryllium
et manganèse
Chakra : Cœur

Découverte en 1939, mais décrite en 1954 par le finlandais Väyrynen qui lui donna son nom, elle est rare et donc chère. Le mélange béryllium-manganèse qui la compose la rend particulière. Elle agit principalement sur le cœur qu'elle apaise en profondeur. Elle le calme en permettant de l'ouvrir à l'amour sous toutes ses formes car elle induit une grande confiance. Même un petit morceau de vayrynenite insuffle un sentiment de complétude et de réconfort.

Verdélite

Autre nom de la tourmaline verte

Verdite

Phyllosilicate d'aluminium
et chrome, variété de fuchsite avec
traces d'albite ou chlorite
Chakra : Cœur

Elle fait partie des plus anciennes roches découvertes, environ 3,5 millions d'années. Elle nous reconnecte à nos racines familiales et culturelles. Par extension, elle diminue les peurs profondes, ancestrales liées entre autres, aux maladies héréditaires. Elle stabilise les émotions, apaise l'anxiété et sensibilise aux valeurs traditionnelles. Au niveau physique, elle accroît la fécondité et purifie le sang.

Verre de Lybie

Autre nom de la tectite jaune

Vésuvianite

Silicate de calcium, alu, fer, magnésium. Traces de manganèse, titane, béryllium, chrome
Chakra : Tous

Elle peut être de plusieurs couleurs, mais la variété verte est la plus intéressante. Découverte sur les pentes du Vésuve en Italie, elle est porteuse de la puissance des volcans. Elle donne la force de se libérer des schémas répétitifs négatifs et des chaînes que l'on s'est imposé. Elle dissout la colère, la peur, la dépression, la culpabilité et tous les blocages ou résistances. Elle stimule l'activité enzymatique, la digestion et l'assimilation des aliments. Elle agit comme un dopant qui purifie l'aura et le galvanise tout en apportant gaîté, créativité et ouverture aux autres.

Villiaumite

Fluorure de sodium
Chakra : Racine

Elle est soluble à l'eau et toxique. On évitera de la poser directement sur la peau ou de trop la respirer. Elle est cependant intéressante, car elle connecte fortement au plan astral qui est lié aux émotions et à l'imaginaire. Elle stimule les idées foisonnantes, la créativité et l'accès à un niveau parallèle de l'existence. En méditation, elle ouvre de nouvelles perspectives et permet d'imprimer dans l'éther de nouvelles trajectoires mieux choisies. Au niveau physique, elle enracine, stimule la vitalité, la circulation du sang et l'énergie générale.

Violane

Silicate de calcium et manganèse
Chakra : 3e œil, Gorge

Pierre tranquille qui protège du stress, des inquiétudes et des influences nocives. Elle soigne l'ensemble de l'organisme en boostant l'immunité. Posée sur la gorge, elle favorise la communication en évitant l'impulsivité et les débordements émotionnels. Elle sera également d'une aide précieuse contre l'autisme et le syndrome d'Asperger.

Vivianite

Phosphate hydraté de fer
Chakra : Cœur

Elle dégage le chakra du cœur et l'ouvre aux forces d'amour. Elle favorise l'immunité, la régénération des cellules, la guérison des blessures et traumatismes, tout en renforçant le système osseux grâce à ses 19 atomes de calcium et silice. Elle nous offre la guérison émotionnelle et nous permet de diriger l'amour de notre cœur vers un organe malade ou un objectif. Les personnes qui manquent de confiance ou qui sont facilement mal à l'aise, adoreront cette pierre qui saura les soutenir et les faire rayonner de confiance et d'amour.

Vorobyevite

Aluminosilicate de béryllium
et césium
Chakra : 3e œil

Elle est rare mais puissante. Elle agit principalement au niveau psychique et spirituel. Elle calme et illumine l'esprit en harmonisant les hémisphères cérébraux. Elle aiguise l'intuition et le discernement, augmente la mémoire, ainsi que les capacités de visualisation et de télépathie. Elle apaise le cinéma mental que l'on s'impose ou les mentalisations excessives et elle induit un sommeil profond.

Vulcanite

Quartz, feldspath, calcite, kaolinite, magnétite, clinozoisite, oxyde de fer
Chakra : Tous

D'origine volcanique et riche en particules minérales diverses, elle active la circulation énergétique de tout le corps. On pourra la poser sur tous les chakras qu'elle va recharger et équilibrer. Elle permet de se recentrer et de s'unifier harmonieusement lorsque l'on a l'impression d'avoir été cassé et défragmenté par les épreuves. Elle nous aide ainsi à chasser les peurs irraisonnées et les traumatismes du passé.

Wavellite

Phosphate d'aluminium hydraté
Chakra : Cœur

Reliée à la lune, surtout pendant sa phase croissante, elle améliore l'intuition et les rêves lucides. Elle augmente la circulation vibratoire dans les différents corps d'énergie et guérit ainsi les séquelles de traumatismes. En méditation elle aidera à avoir une vision d'ensemble d'une situation difficile, afin de mieux la gérer. Physiquement, elle détoxifie, stimule l'immunité et atténue les conséquences de chocs émotionnels.

Weloganite

Carbonate de zirconium, strontium, et sodium
Chakra : Coronal

Découverte en 1966, elle provient le plus souvent du mont Saint-Hilaire au Canada. Elle est rare et petite mais puissante. Elle capte la lumière des hauts plans vibratoires et la diffuse dans tous les corps d'énergie. Elle régule également l'hypothalamus qui contrôle la régulation de la température corporelle.

Wernérite

Autre nom de la scapolite jaune

Willemite

Silicate de zinc
Chakra : 3e œil

Elle est une pierre d'initiation qui stimule le chakra du 3e œil et ouvre aux visions des énergies supérieures. Elle connecte au monde astral, mais n'a pas d'affinité vibratoire avec les plans inférieurs, ce qui permet une exploration multidimensionnelle sans risques. Elle favorise les synchronicités, permet de s'aligner sur les occasions favorables et se trouver aux bons endroits, aux bons moments, avec les bonnes personnes. Ainsi, elle peut devenir un véritable talisman de manifestation. Elle accroît l'énergie, l'optimisme et la fertilité.

Williamsite

Silicate de magnésium
Chakra : Cœur

Variété de serpentine que l'on extrait en Pennsylvanie.

Winchite

Aluminosilicate de fer, magnésium, sodium et calcium
Chakra : 3e œil

Elle harmonise les hémisphères cérébraux et ouvre le 3e œil, ce qui a pour effet de clarifier le mental. Ainsi, elle apporte discernement, patience, intuition et développement de la visualisation créatrice.

Withérite

Carbonate de baryum
Chakra : Coronal

Elle induit un calme profond qui entraîne lâcher prise, sérénité et même parfois un véritable état de non être. Au niveau physique, elle nettoie le foie, l'estomac, l'intestin et stimule les fonctions digestives générales.

Wolframite

Tungstate de fer et manganèse
Chakra : Racine

Le tungstène qu'elle contient lui confère une grande puissance. Elle enracine extrêmement fort à la terre, stabilise l'aura et insuffle une grande énergie vitalisante dans le corps. Elle donne aussi la force de traverser les situations les plus pénibles. Au niveau physique, elle régule les problèmes d'équilibre liés à l'oreille interne, redresse le dos et les vertèbres en renforçant la musculature du rachis.

Wollastonite

Silicate de calcium
Chakra : 3e œil

Elle assouplit en profondeur les muscles et la peau. Ainsi, elle prévient et calme les crampes et sera souveraine pour activer les cicatrisations cutanées. Au niveau psychique, elle rend plus souple un mental trop rigide, elle ouvre à la compréhension, à la compassion et permet de mieux se pardonner soi-même. La libération qu'elle procure est propice au développement des capacités extra-sensorielles. La wollastonite se trouve également dans le commerce sous forme de poudre pour matifier les émaux lors de leur fabrication.

Wulfrenite

Oxyde de plomb et de molybdène
Chakra : Sacré, plexus solaire

Elle connecte aux énergies du centre de la terre et apporte force et ancrage.

Elle stimule le métabolisme, régénère les tissus et rééquilibre l'énergie sexuelle. Elle atténue les problèmes féminins tels que ménopause, troubles menstruels, stérilité, endométriose, fibromes. Elle est particulièrement adaptée aux personnes qui ont de la difficulté à concrétiser leurs idées, car elle donne détermination et volonté. C'est une pierre d'originalité, qui booste l'imaginaire et permet une créativité nouvelle, voire avant-gardiste. Malheureusement, elle est fragile et toxique et on évitera donc les élixirs.

Wurtzite

Sulfure de zinc et fer
Chakra : Sacré

Très proche de la blende, elle aura presque les mêmes propriétés. Elle régule le métabolisme des glucides et la thermorégulation en augmentant les pouvoirs d'auto-guérison de l'organisme. Elle donne un ancrage en douceur et apporte beaucoup de chaleur et de force. Légèrement cicatrisante, elle renforce la barrière cutanée et les cheveux. Comme la blende, elle connecte au plan astral en ouvrant à l'imagination, la créativité et la puissance mentale.

Xenotime

Phosphate d'yttrium
Chakra : Racine

Elle enracine à la terre tout en douceur et permet de vivre « l'ici et maintenant » avec intensité. Pierre d'éveil et de discernement, elle donne lucidité et pleine conscience. Au niveau physique, elle régule le taux d'hormone contrôlé par l'hypophyse et renforce le métabolisme cellulaire général.

Yooperlite

Syénite contenant
de la sodalite fluorescente
Chakra : 3e œil

Découvert récemment sur les plages du lac supérieur au Canada, cette pierre présente des taches spectaculairement fluorescentes. Son effet caméléon permet une facilité d'adaptation aux circonstances les plus paradoxales. Elle calme l'impulsivité, développe le discernement et permet de s'ajuster au mieux à toutes les situations. Elle clarifie le mental et aide à révéler nos talents cachés ou nos ambiguïtés inconscientes. Au niveau physique elle atténue les bouffées de chaleur, les palpitations cardiaque et induit un sommeil réparateur rempli de beaux rêves.

Youngite

Autre nom de l'agate candy cotton
lorsqu'elle est fluorescente aux UV

Zéolite

Aluminosilicate hydraté
Chakra : Tous

En plus d'être une pierre, le nom zéolite est aussi un groupe de cristaux formés par une charpente microporeuse. Elle est puissamment détoxifiante et aide à éliminer, tant sur le plan physique que sur le plan psychologique. Posée sur un chakra, elle le restructure et posée au sommet de la tête, elle protège l'ensemble de l'aura, tel un ange gardien lors d'un travail médiatif ou spirituel.

Zincite rouge

Oxyde de zinc et de fer
Chakra : Racine, plexus solaire

Le zinc est un oligo-élément qui catalyse plus de 200 enzymes du corps et la zincite à une puissance antioxydante et régénérante sans comparaison. Elle bloque les énergies négatives qui entrainent infections, maladies et recharge fortement en vitalité. Elle décuple l'énergie du rein, du flux biliaire et du fonctionnement intestinal. Elle est également souveraine contre les problèmes cutanés, particulièrement le psoriasis. La zincite rouge, gorgée de manganèse, sera une des meilleures pierres pour stimuler le désir, la sexualité, la fécondité et le bon fonctionnement des organes reproducteurs. Son action s'étend dans un spectre très large et elle guérit les blessures, comme les maladies auto immunes complexes. La zincite verte qui possède plus de fer, aura une action d'avantage centrée sur le cœur et elle dilate l'ensemble du champ électromagnétique de celui qui la porte sur lui. Quelle que soit sa couleur, elle apporte une exceptionnelle vitalité et créativité, qui permettent de surmonter tous les handicaps ainsi que les blocages psychiques les plus insurmontables.

Zircon bleu

Silicate de zirconium
Chakra : Gorge

Pierre rafraichissante qui apporte paix, douceur et harmonie. Elle aide à bien dormir, à ouvrir sa conscience et à retrouver l'estime de soi après une trahison. Physiquement, elle atténue les allergies liées à la respiration et tous les troubles pulmonaires.

Zircon rouge

Silicate de zirconium,
traces de thorium, uranium,
hafnium
Chakra : Racine

Appelé aussi hyacinthe, comme la fleur créée par le Dieu Apollon. Malgré sa petite taille, sa puissance est telle qu'il ne faudra pas la porter toute la journée car elle est trop galvanisante. Posée sur n'importe quelle douleur, elle la soulagera. Elle rebooste l'ensemble de l'organisme et peut même freiner le développement de maladies graves. Elle enracine fortement à la terre et diminue infection, prolifération virale, crise de goutte, allergie, sclérose en plaques, sciatique, asthme, voire certains cancers. Elle stimule l'immunité, le système circulatoire, digestif et en plus de contribuer au processus de guérison, elle apporte un moral d'acier au patient. Au niveau psychologique, elle donne un sentiment de grâce et de puissance qui permet de surmonter tous les obstacles. Elle refait croire à sa chance, rend persuasif, déterminé et redonne fraîcheur et enthousiasme aux plus pessimistes. Avec le zircon rouge, tous les flux énergétiques recirculent dans nos corps subtils, car il sait nous insuffler passion et lumière. Il faudra faire attention de ne pas le confondre avec les faux diamants du commerce, appelée faussement du même nom. Il s'agit d'un procédé de synthèse à base de dioxyde de zirconium chauffé à plus de 2000°C qui n'a évidemment aucun intérêt lithothérapeutique.

Zoisite

Silicate de calcium, aluminium
avec traces de fer
Chakra : Coeur

Nommée d'après le baron S. Zois Van Edelstein. Elle transmute les énergies négatives en énergies positives, car elle a le pouvoir de rassembler les vibrations d'amour au centre de l'Être. Elle est aussi bienfaisante sur le plan physique que sur le plan psychique et spirituel. Lorsqu'elle est rose ou rouge, elle contient du manganèse et du chrome et s'appelle thulite. Violette, elle contient du titane et du cérium et s'appelle tanzanite. Lorsqu'elle est associée au rubis, sa puissance est décuplée.

Zoisite rubis

Silicate de calcium et aluminium
de la zoisite
avec oxyde d'aluminium du rubis
Racine, cœur

La plupart proviennent du Kenya au pied du Kilimandjaro, ce qui leur donne une force tellurique tout à fait particulière. Il est un mélange de l'énergie-feu du rubis et de la stabilité-terre de la zoisite. Il insuffle patience, force mentale et passion pour mener à bout la concrétisation de nos rêves. Il nous galvanise tout en calmant nos attitudes excessives. Il est particulièrement adapté à une normalisation de la sexualité, car il stimule fortement le chakra racine, tout en faisant rayonner le chakra du cœur. Il est la pierre du tantrisme et de la sexualité sacrée. Au niveau physique, il stimule les organes sexuels et augmente la vitalité générale de l'organisme. Il amplifie le champ électromagnétique, ouvre à l'amour guérisseur et sera parfait pour optimiser un processus de rétablissement après une maladie, une intervention ou un choc.

Zultanite

Autre nom du diaspore

TROISIÈME PARTIE

INDEX DES TROUBLES PHYSIQUES ET PSYCHOLOGIQUES

Les pierres sélectionnées dans cet index ont été choisies d'après deux critères essentiels ; le prix abordable et la facilité de pouvoir s'en procurer.

Cependant certaines sont spécialement efficaces, mais malheureusement rares et chères, elles sont indiquées avec un petit astérisque.

Les minéraux ne peuvent en aucun cas remplacer un traitement médical, mais seront très précieux à titre préventif ou pour atténuer douleurs et symptômes lors d'une maladie déclarée.

Alcoolisme : Améthyste, Quartz fumé, Unakite

Alignement énergétique : Chiastolite, Magnétite, Moquis*, Staurotide*, Tourmaline noire

Allaitement : Agate blanche, Jade néphrite, Pierre de lune

Aller de l'avant : Épidote, Grenat rouge, Pierre de soleil

Allergie : Ambre, Aventurine bleue, Diopside, Halite, Jaspe cappuccino, Manganocalcite, Quartz soufre, Rhodonite, Turquoise

Alzheimer (maladie d') : Datolite*, Eudialyte, Fluorite, Lépidolite, Pinolite

Amaigrissement : Astrophyllite, Howlite, Jaspe rouge, Magnésite, Orthose, Tantalite*

Aménorrhée : Chrysocolle, Cuprite, Jaspe rouge, Pierre de lune

Amitié (favorise) : Quartz rose, Morganite, Péridot, Thulite

Amour : Chrysoprase, Dioptase, Séraphinite*, Smithonite rose, Sugilite*, Thulite

Amour de soi : Danburite, Cobaltocalcite, Quartz rose, Merlinite

Amplificateur de pensée : Apophyllite, Azurite, Calcite optique, Cavansite*, Covelline*, Lapis lazuli, Quartz lodolite, Super 7

Amplificateur d'énergie : Cristal de roche, Diamant d›Herkimer, Danburite, Zircon rouge

Ancrage : Bois fossilisé, Grenat noir, Shungite, Tourmaline noire

Anémie : Erythrite, Grenat rouge, Hématite, Magnétite, Œil de fer

Angine : Calcédoine, Obsidienne flocon de neige

Annales akashiques : Agate turitelle, Ancestralite*, Tectite jaune*

Anorexie : Agate Botswana, Calcite orange, Héliodore, Pietersite

Antibactérien : Argent natif, Chalcopyrite, Chrysoprase, Chrysocolle, Cuivre

Anti-inflammatoire : Ambre, Chalchopyrite, Chrysocolle, Cuivre, Dioptase, Malachite

Antioxydant : Fluorite, Shungite, Silicium, Zircon rouge, Manganocalcite

Anxiété, angoisse : Amazonite, Aigue-marine, Cyanite, Dumortiérite, Kunzite, Lépidolite, Manganocalcite, Pierre de soleil, Quartz rose, Rhodochrosite, Rhyolite, Serpentines, Tourmalines

Apaisement : Agates arborisée et blanche, Améthyste, Angélite, Calcédoine bleue et rose, Chrysocolle, Hémimophite, Howlite, Jaspe paysage, Kunzite, Labradorite blanche, Manganocalcite, Nacre, Péridot, Scolécite*, Sélénite

Apathie : Grenat rouge, Quartz rutile, Rubis

Aphte : Agate mousse, Ulexite

Appétit (calmer) : Cassitérite*, Tantalite*, Topaze impériale

Appétit (perte d') : Agate Botswana, Apatite bleue, Cassitérite*, Calcite orange, Héliodore, Pietersite, Thulite

Artériosclérose : Bois pétrifié, Grenat, Rhodonite, Rubis, Variscite

Arthrite : Bois fossilisé, Bronzite, Hypersthène, Malachite, Shattuckite

Arthrose : Apatite bleue et verte, Aragonite, Bois pétrifié, Diopside, Malachite

Articulations : Corail, Bois pétrifié, Fluroapatite, Howlite, Hypersthène, Jais, Jaspe écaille, Nacre, Sépiolite, Silicium

Asthme : Ambre, Diopside, Hémimorphite, Œil-de-tigre, Pierre de soleil, Psilomélane*, Quartz rutile, Stilbite, Zircon rouge

Attaques occultes : Galène, Quartz rutile, Spinelle noir, Stibine, Tantalite*

Attention (troubles de l') : Œil-de-tigre

Audition : Jaspe sanguin, Onyx

Aura : Apophyllite, Auralite*, Chrysobéryl œil-de-chat, Cristal de roche, Labradorite, Pétalite, Phosphosidérite*, Quartz rutile, Staurotide, tous les quartz pour l'aura

Autisme, syndrome d'Asperger : Jaspe feuille d'argent, Lazulite, Sugilite*, Turquoise, Violane*

Auto-guérison : Calcite optique, Labradorite, Phosphosidérite*, Quartz rutile, tourmaline verte, Turquoise

Autorité (manque) : Calcédoine bleue, Purpurite, Rubis, Tourmaline rouge

Autorité (excès) : Sodalite, Serpentines

Ballonnements : Agate de feu, Cornaline, Jaspes jaune et brun, Perle, stilbite

Bégaiement : Calcédoine bleue

Blessures émotionnelles : Kunzite, Lépidolite, Morganite, Opale rose, Quartz rose, Rhodochrosite

Blessures physiques : Malachite, Rhodonite

Blocage énergétique : Ambre, Apatite verte, Apophyllite, Anthophyllite, Azurite, Cristal de roche, Diorite, Gabbro, Jaspes bumble bee et impérial, Pietersite, Quartz rutile, Smaragdite, Turquoise

Bonheur : Calcite miel, Héliodore, Pierre de soleil, Topaze impériale

Bonté : Hiddénite, Toutes les pierres roses

Bouffée de chaleur : Calcédoine bleue, Chrysocolle

Bronchite : Ambre, Chalcopyrite, Chrysoprase, Quartz rutile

Brouillard électromagnétique : Galène, Halite (lampe de sel), Shungite, Tourmaline noire

Brûlure : Aventurine verte, Lapis lazuli, Malachite

Bruxisme : Chiastolite

Calcification : Aragonite, Calcite, Fluorite, Gypse, Silicium

Calculs (biliaires, urinaires) : Jade néphrite, Obsidienne flocon de neige

Calmant : Agate arborisée, Aigue-marine, Amazonite, Calcédoines bleue et rose, Célestine, Jade blanc, Pierre de lune, Quartz laiteux

Cancer : Chalcopyrite, Jade lémurien, Rhodizite, Séraphinite, Zircon rouge

Carence en fer : Grenat rouge, Hématite, Magnétite, Œil de fer

Cataracte : Œil de faucon, Scapolite bleue

Cauchemars : Améthyste, Angélite, Danburite*, Jais, Jaspes coquille et dalmatien, Morganite, Quartz rose

Cellulite : Howlite, Magnésite

Centrage : Chiastolite, Magnétite, Moquis*, Pietersite, Staurotide*

Cerveau : Azurite, Cyanite, Cérusite, Émeraude, Fluorite, Gehlénite*, Herdérite*, Moldavite*, Quartz noir tibétain*

Chagrin, deuil, perte : Citrine, Jais, Lépidolite, Opale rose, Péridot, Rhodonite, Rhodochrosite, Topaze impériale

Chamanisme : Calcite noire, Célestobaryte*, Quartz lodolite, Stromatholite

Chance : Aventurine verte, Jade magnétite, Sardonyx, Sidérite*, Turquoise du Tibet

Channeling : Auralite, Agate cyclope, Apophyllite, Cavansite, Natrolite*, kinoïte*, Spinelle bleu*

Charisme : Danburite*, Pierre de soleil, Topaze impériale, Triplite*

Cheveux : Aventurine verte, Dolomite, Jade impérial, Onyx, Saphir, Silicium

Cholestérol : Cordiérite, Magnésite, Péridot, Topaze impériale

Cicatrisation : Ambre, Cornaline, Magnétite, Rhodochrosite, Rhodonite

Circulation énergétique : Ambre, Apophyllite, Danburite, Diorite, Jaspes écaille de poisson et impérial, Larimar, Moquis, Quartz rutile, Turquoise, Zircon rouge

Circulation lymphatique : Aigue-marine, Agate mousse, Howlite, Magnésite, Préhnite, Topaze impériale

Circulation sanguine : Cuivre, Grenat rouge, Hématite, Jaspe sanguin, Rhodochrosite, Rubis, Quartz rose

Claire audience : Apophyllite, Calcite optique, Covelline, Danburite, Diamant d'Herkimer, Phénacite*, Super 7, Ulexite*

Claire voyance : Apophyllite, Azurite, Calcite optique, Covelline, Cavansite*, Diamant d'Herkimer, Hypersthène, Phénacite*, Super 7, Ulexite*

Clarté mentale : Cyanite, Dumortiérite, Fluorite, Sodalite

Codépendance : Chrysoprase, Kunzite, Muscovite, Péridot, Quartz noir tibétain*, Sugilite*, Topaze rose

Cœur (fortifiant) : Apatite verte, Grenats, Pierre de soleil, Rubis, Tourmaline rouge

Colère : Aigue-marine, Améthyste, Aragonite, Calcédoine bleue, Dumortiérite, Épidote, Micas, Prase, Pierre de lave, Smithonite rose, Topaze bleue, Vésuvianite

Colique néphrétique : Aigue marine, Aragonite, Chrysocolle, Jades verts

Colique, spasme intestinal : Amazonite, Fluorapatite, Hypersthène, Jaspe zébre, Magnésite

Colite, inflammation du côlon : Agate de feu, Hypersthène, Jade néphrite, Jaspe dalmatien

Colonne vertébrale : Cuivre, Fluorite, Jaspe coquille, K2, Sardonyx, Tourmaline noire

Communication : Angélite, Calcédoine bleue, Calcite bleue, Célestine, Topaze bleue, Turquoise

Complexes : Cyanite, Péridot, Smithonite rose

Concentration : Aragonite, Azurite, Diopside, Dumortiérite, Fluorite, Micas, Œil de tigre, Sodalite

Confiance en soi : Calcédoine rose, Grenat, Pierre de soleil, Topaze impériale

Conjonctivite : Émeraude, Œil-de-faucon

Consolidation des fractures : Aragonite, Calcite, Fluorite

Constipation : Diorite, Jaspes verts et bruns, Magnésite, Péridot, Unakite

Contusions : Hématite, Lapis-lazuli, Malachite

Convalescence : Azurite, Citrine, Émeraude, Grenat almandin, Héliodore, Jaspe noir, Pierre de soleil, Quartz hématoïde, Zircon rouge

Coordination : Fluorite, Jaspe léopard

Coup de soleil : Lapis lazuli

Coupure, plaie, égratignure : Malachite, Rhodonite

Courage : Cyanite noire, Grenat rouge, Œil de tigre, Rubis, Topaze impériale, Tourmaline noire

Courbature : Amazonite, Cuivre, Hématite, Malachite, Œil-de-taureau, Quartz rutile, Séraphinite*, Serpentine

Crampes : Amazonite, Cuivre, Dumortiérite, Fuchsite, Hématite, Septaria

Créativité : Chrysocolle, Grenat almandin, Rhyolite, Tanzanite, Vésuvianite, Zincite

Crise de panique : Apatite bleue, Amazonite, Cyanites noire et bleue, Quartz laiteux, Tourmaline noire

Croissance physique : Apatite, Aragonite, Calcite, Fluorite, Gypse,

Sélénite, Silicium,

Croissance spirituelle : Améthyste, Danburite*, Opale noble, Phénacite*

Culpabilité : Astrophyllite, Eudialyte, Hiddénite, Merlinite, Vésuvianite

Cystite : Jade néphrite

Décalcification : Aragonite, Calcite, Fluorite, Gypse, Silicium

Déminéralisation : Apatite, Bois pétrifié, Calcites, Corail, Diopside, Dolomite, Fluorite, Gypse, Silicium

Dents : Apatite, Aragonite, Calcites, Fluorapatite, Fluorite, Howlite, Jaspe coquille, Nacre

Dépendances : Améthyste, Quartz fumé, Scapolite bleue, Sugilite

Dépression : Citrine, Épidote, Kunzite, Lépidolite, Œil de fer, Pétalite*, Quartz lithium, Tanzanite, Topaze impériale

Déshydratation : Limonite, Muscovite, Turquoise

Désir sexuel : Grenats rouges, Lingam de Shiva, Opale de feu, Rubis zoisite, Topaze impériale, Variscite, Zincite, Zircon

Détente, lâcher prise : Amazonite, Jaspes bruns, Magnésite

Détox de l'organisme : Chalcopyrite, Chrysoprase, Émeraude, Jaspe rouge, Magnésite, Pyrite, Tourmaline brune, Turquoise

Deuil, divorce douloureux : Jais, Lépidolite, Opale rose, Péridot, Rhodonite, Rhodochrosite

Dévalorisation : Cyanite noire, Péridot, Smithonite rose

Diabète : Agate mousse, Citrine, Émeraude

Diarrhée : Cornaline, Hypersthène, Péridot, Quartz fumé, Shungite

Digestion : Brazilianite, Citrine, Diorite, Dolomite, Épidote, Jaspes jaune et rouge, Magnésite, Topaze impériale, Unakite

Diurétique : Howlite, Magnésite

Divination : Apophyllite, Blende*, Calcite optique, Célestobaryte*, Covelline, Cavansite*, Diamant d'Herkimer, Phénacite*, Rhodizite, Super 7, Ulexite*

Dos : Bois fossilisé, Cuivre, Fluorite, Sardonyx

Douceur : Agate blanche, Célestine, Calcédoines bleues et rose, Manganocalcite, Morganite, Opale rose, Quartz rose

Douleur chronique : Apatite bleue, Chalchopyrite, Diopside étoilée, Sardonyx

Douleur émotionnelle : Chrysoprase, Kunzite, Lépidolite, Opale rose, Péridot, Rhodonite, Rhodochrosite,

Douleur physique : Ambre, Chalcopyrite, Émeraude, Malachite, Magnétite, Quartz rutile, Shungite, Zircon rouge

Drainage : Astrophyllite, Citrine,

Cordiérite, Howlite, Magnésite, Orthose, Opale pintade

Dynamisant : Les pierres rouges et oranges

Dyslexie : Cyanite, Sugilite*

Écoute des autres : Calcédoine bleue, Pierre de lune, Morganite, Smithonite bleue, Topaze bleue

Eczéma : Ambre, Aventurine verte, Lapis lazuli, Péridot

Électrosensibilité : Cérusite*, Shungite

Élévation de conscience : Améthyste, Cavansite*, Danburite, Lapis lazuli, Scolécite

Élocution, éloquence : Aigue-marine, Calcédoine bleue, Dumortiérite, Sodalite

Émotions refoulées : Kunzite, Malachite, Obsidienne

Endocrinien (système hormonal) : Aigue-marine, Chrysoprase, Citrine, Lapis lazuli, Lépidocrosite, Opales, Pierre de lune, Pietersite

Endurance : Agate de feu, Béryl rouge, Œil de fer, Rhyolite, Quartz rutile

Énergie sexuelle : Grenats rouges, Lingam de Shiva, Rubis Zoisite, Zincite, Zircon rouge

Énergie vitale : Gabbro, Grenats, Hématite, Jaspes rouges et bruns, Rubis, Topaze impériale, Zincite

Enfance : Agate arborisée, Manganocalcite, Quartz rose, Smithonite bleue, Tiffany stone

Engelure, gerçure : Cornaline, Rhodochrosite

Enracinement : Bois pétrifié, Grenat noir, Tourmaline noire, Shungite

Entités accrochées : Nuumite, Pétalite, Scolécite, Stibine

Envoûtement : Galène, Obsidiennes œil céleste et spider, Quartz rutile, Quartz soufre, Spinelle noir, Stibine, Tantalite*, Tourmaline noire

Épilepsie : Azurite, Émeraude, Jais, Muscovite

Épuisement : Brazilianite, Citrine, Grenat rouge, Hématite, Œil de fer, Quartz rutile

Équilibre, trouble oreille interne : Fulgurite*, Galène, Nuumite, Quartz rutile, Turquoise

Érection : Grenats rouges, Lingam de Shiva, Rubis, Zincite, Zircon rouge

Estomac : Diopside, Bronzite, Hypersthène

Étude (aide) : Azurite, Diopside, Dumortiérite, Fluorite, Œil de tigre, Sodalite

Évanouissement : Super 7, Turquoise

Éveil de conscience : Améthyste, Cavansite*, Danburite, Lapis lazuli, Scolécite

Expression : Aigue-marine, Calcédoine bleue, Dumortiérite, Sodalite

Extinction de voix : Calcédoine bleue

Facultés extrasensorielles : Apophyllite, Calcite optique, Covelline, Cavansite*, Diamant d'Herkimer, Phénacite*, Rhodizite, Super 7, Ulexite*

Faiblesse musculaire : Gabbro, Grenats, Hématite, Quartz rutile, Rubis, Topaze impériale, Zincite

Fatigue : Brazilianite, Citrine, Grenat rouge, Hématite, Quartz rutile

Féminité : Chrysocolle, Pierre de lune, Opales claires, Perle

Fertilité : Grenat rouge, Eudialyte, Pierre de lune, Zincite

Fibrome : Magnésite, Wulfrénite*

Fibromyalgie : Chalchopyrite, Citrine, Fuchsite rubis, Rhodonite, Rubis, Tourmaline verte

Fidélité: Saphir bleu

Fièvre : Lapis lazuli, Météorite, Saphir bleu, Tectite noire

Flatulences : Cornaline

Foie : Bronzite, Calcite orange, Charoïte, Citrine, Diopside, Émeraude, Épidote, Héliodore, Jaspes jaune et rouge, Péridot, Smaragdite, Stichtite, Turquoise jaune

Force morale : Cyanite noire, Grenat rouge, Mica, Rubis, Topaze impériale, Tourmaline noire

Force vitale : Gabbro, Grenats, Hématite, Jaspes rouges et bruns, Rubis, Topaze impériale, Zincite

Fracture : Aragonite, Apatite verte, Calcite, Fluorite, Sélénite

Frigidité : Agate de feu, Cornaline, Grenat rouge, Lingam de Shiva, Opale de feu, Zincite, Zircon rouge

Fuite énergétique : Ambre, Labradorite, Pyrite, Sugilite, Triplite

Gastrite : Bronzite, Diopside, Hiddénite, Hypersthène

Glaires : Psilomélane*

Glycémie : Blende*, Chrysocolle, Dianite*, Serpentine

Gorge : Aigue-marine, Angélite, Calcédoine bleue, Calcite bleue, Célestine, Chrysocolle, Dumortiérite, Topaze bleue

Goutte : Chalchopyrite, Chrysocolle, Cuivre, Malachite

Graisses (combustion) : Cordiérite, Howlite, Magnésite

Grossesse : Amazonite, Cornaline, Chrysocolle, Pierre de lune, Quartz rose

Hallucinations : Améthyste, Aigue-marine, Tourmaline multicolore

Hématome : Hématite, malachite, lapis-lazuli

Hémiplégie : Argent natif, Cyanite, Larimar, Phénacite*

Hémorroïdes : Hématite, Jaspe sanguin

Hépatite : Bronzite, Hypersthène, Malachite

Hernie discale : Aragonite, Malachite, Rhodochrosite, Zircon rouge

Herpès : Émeraude, Variscite, Zircon

Honnêteté : Jade impérial, Fluorite, Saphir

Hormones : Aigue-marine, Chrysoprase, Citrine, Lapis lazuli, Lépidocrosite, Opales, Pierre de lune, Pietersite

Humeur (stabilité) : Kunzite, Lépidolite, Turquoise

Hyperactivité : Calcite verte, Cérusite*, Lazulite, Œil de tigre, Onyx, Quartz laiteux, Sodalite

Hypersensibilité : Agate de Botswana, Apatite verte, Aragonite, Cérusite*, Moldavite, Pierre de soleil, Quartz laiteux

Hypertension artérielle : Cobaltocalcite, Dioptase, Lapis lazuli, Saphir, Sodalite

Hyperventilation : Ambre, Diopside, Jaspe océan, Psilomélane*, Quartz rutile, Unakite, Zircon bleu*

Hypophyse : Fluorite

Hypotension : Grenat rouge, Rubis

Hystérie : Aigue-marine, Amazonite, Calcédoines bleue et rose, Célestine, Jade blanc, Muscovite, Pierre de lune, Quartz laiteux

Idées noires : Gabbro, Kunzite, Lépidolite, Œil-de-fer, Quartz rutile, Topaze impériale

Immunité : Chrysoprase, Diorite, Eclogite, Émeraude, Eudialyte, Gabbro, Jades, Jaspe sanguin, Lapis lazuli, Péridot, Zircon rouge

Impuissance : Grenats rouges, Lingam de Shiva, Rubis, Zincite, Zircon rouge

Incontinence : Jade néphrite

Indigestion : Citrine, Épidote, Jaspes jaune, Magnésite, Topaze impériale, Unakite

Infection : Argent natif, Chalcopyrite, Chrysoprase, Chrysocolle, Cuivre

Inflammation : Ambre, Chalchopyrite, Chrysocolle, Cuivre, Dioptase, Malachite

Influençable (trop) : Cyanite noire, Calcédoine bleue, Grenat rouge, Péridot, Pierre de soleil, Purpurite, Rubis, Tourmaline rouge

Inhibition : Calcédoine rose, Grenat, Pierre de soleil, Topaze impériale

Insolation : Aventurine verte, Lapis lazuli

Insomnie : Célestine, Cyanite, Dumortiérite, Jades blanc et néphrite, Labradorite blanche, Lépidolite, Muscovite, Pierre de lune, Sodalite

Intellect : Azurite, Diopside, Dumortiérite, Fluorite, Œil-de-tigre, Sodalite

Intestins : Argent natif, Calcite miel, Citrine, Cornaline, Diopside, Eclogite, Épidote, Hématite, Hypersthène, Jaspes brun et jaune, Péridot, Tourmaline noire, Unakite

Intoxication : Chalcopyrite, Chrysoprase, Émeraude, Jaspe rouge, Magnésite, Tourmaline brune, Turquoise

Introspection : Cordiérite, Mica, Muscovite, Obsidienne, Pierre de lune noire

Intuition : Kunzite, Lapis lazuli

Irritabilité : Aigue marine, Améthyste, Aragonite, Calcédoine bleue, Dumortiérite, Épidote, Micas, Serpentine, Topaze bleue

Formes pensées (dissoudre) : Labradorite, Larimar, Nuumite, Shattuckite

Jambes lourdes : Topaze impériale

Joie de vivre : Ambre, Calcite miel, Chalchopyrite, Jade jaune, Pierre de soleil, Rhyolite, Topaze impériale

Kundalini (éveil) : Cinabre, Eudialyte, Grenat rouge, Lingam de Shiva, Rubis

Kyste : Célestine, Cinabre*, Magnésite

Lâcher prise : Amazonite, Cyanite, Jaspes bruns, Opales, Quartz lithium

Lactation : Howlite, Opale blanche, Pierre de lune, Quartz laiteux

Laryngite : Aigue-marine, Calcédoine bleue, Chrysocolle, Turquoise

Leucémie : Fuchsite, Séraphinite, Sugilite, Zircon rouge

Libido féminine : Grenats rouges, Lingam de Shiva, Opale de feu, Topaze impériale, Zincite

Libido masculine : Grenats rouges, Lingam de Shiva, Rubis fuschsite, Rubis Zoisite, Variscite, Zincite, Zircon rouge

Longévité : Ammonite, Émeraude, Jade impérial,

Lymphe : Agate mousse, Aigue-marine, Howlite, Magnésite, Opale blanche, Préhnite, Topaze impériale

Magie noire (protection) : Auralite*, Galène, Jais, Labradorite, Obsidiennes œil céleste et spider, Quartz rutile, Quartz soufre, Spinelle noir, Stibine, Tantalite*, Tourmaline noire

Magnétisme : Auralite*, Hermanover Kugel*, Jaspe orbiculaire, Labradorite, Super 7

Maigreur : Agate Botswana, Apatite bleue, Cassitérite*, Calcite orange, Héliodore, Pietersite, Thulite

Mal des transports : Aigue-marine, Ambre, Turquoise, Tourmaline noire,

Maladie auto-immune : Grenat rouge, Labradorite, Pierre de soleil, Quartz rutile, Rhodizite, Rhodonite, Saphir noir, Tourmaline verte

Maladie de Crohn : Calcite miel, Citrine, Cornaline, Diopside, Hypersthène, Jaspes brun et jaune, Péridot, Tourmaline noire, Unakite

Maladie génétique : Chiastolite, Diamant d›Herkimer

Mal-être : Citrine, Épidote, Fuchsite, Kunzite, Lépidolite, Pietersite, Quartz lithium, Topaze impériale

Médicaments (contre effets) : Chrysoprase, Cobaltocalcite

Méditation : Améthyste, Apophyllite, Azeztulite*, Moldavite, Opales noble et noire, Phénacite*, Purpurite, Scolécite, Tanzanite, Tectite jaune*,

Médiumnité : Apophyllite, Blende*, Calcite optique, Covelline, Cavansite*, Diamant d'Herkimer, Hypersthène, Phénacite*, Rhodizite, Super 7, Ulexite*

Mélancolie : Citrine, Lépidolite, Pierre de soleil, Pietersite, Topaze impériale, Thulite

Mémoire : Azurite, Calcite optique, Cordiérite, Diopside, Dumortiérite, Fluorite, Tanzanite

Ménopause : Chrysocolle, Cornaline, Pierre de lune

Menstruations : Chrysocollc, Pierre de lune

Méridiens : Apophyllite, Brazilianite, Cipolin, Larimar, Magnétite, Obsidienne spider, Sélénite, Serpentine

Métabolisme des graisses : Apatite jaune cristallisée, Magnésite, Howlite, Opale de feu

Métabolisme des sucres : Blende*

Métaux lourds (élimination) : Chrysoprase, Halite, Molybdénite*, Shungite

Migraine : Ambre, Améthyste, Cordiérite, Dumortiérite, Quartz laiteux, Lapis lazuli, Moldavite

Muscles : Amazonite, Fuchsite, Hématite, Lépidolite, Magnésite

Mycose : Argent, Cuivre

Nausée, vomissements : Amazonite, Aigue-marine, Hypersthène, Jaspe jaune, Tanzanite

Négativité : Charoite, Jaspe jaune, Larvikite, Muscovite, Prasiolite, Quartz Hématoïde, Quartz soufre, Spinelle noir, Turquoise

Néphrite (inflammation rénale) : Jade néphrite

Nerfs : Ambre, Aigue-marine, Agate Thunderegg, Azurite, Cyanite, Eudialyte, Dumortiérite, Kunzite, Lapis lazuli, Lépidolite, Magnésite, Quartz lithium, Rhodochrosite, Séraphinite, Stilbite, Tanzanite, Variscite

Nettoyage énergétique : Sel (halite), Soufre, Stibine

Névralgie : Azurite, Dumortiérite, Jais, Kunzite, Lapis lazuli, Lépidolite, Obsidienne flocon de neige

Névrose : Cyanite, Kunzite, Rhodochrosite

Nostalgie : Angélite, Péridot, Pierre de lave, Quartz fantôme, Septaria, Shattuckite, Unakite

Obésité : Apatite jaune cristallisée, Asthophyllite, Cassitérite*, Howlite, Jaspe rouge, Magnésite, Orthose, Tantalite*, Topaze impériale

Obsessions : Améthyste, Diopside, Gabbro, Œil de fer

Odeurs corporelles : Magnésite

Œdèmes : Howlite, Magnésite, Topaze impériale

Optimisme : Ambre, Agate crazy lace, Citrine, Jade jaune, Jaspe zèbre, Pierre de soleil, Rhyolite, Scapolite jaune, Topaze impériale

Oreille interne : Galène, Nuumite

Orgelet: Or natif

ORL : Aigue-marine, Chrysoprase, Malachite, Quartz rutile

Ossature : Apatite, Aragonite, Bois pétrifié, Calcite, Corail, Fluorite, Gypse

Ostéoporose : Aragonite, Calcite, Fluorite, Gypse

Otite : Ambre, Aigue-marine, Chalchopyrite

Ouverture aux autres : Héliodore, Dioptase, Diorite, Malachite Chrysocolle, Morganite, Vésuvianite

Ouverture énergétique : Agate de Botswana, Apophyllite, Charoïte, Eudialyte, Héliodore, Gabbro, Pierre chrysanthème, Sélénite, Purpurite

Ovaires : Chrysocolle, Pierre de lune, tous les Grenats

Oxygénation cellulaire : Quartz rutile, Séraphinite

Paix intérieure : Agates arborisée et blanche, Améthyste, Angélite, Calcédoine bleue et rose, Chrysocolle, Hémimorphite, Howlite, Kunzite, Labradorite blanche, Manganocalcite, Péridot, Scolécite*, Sélénite

Palpitations : Calcédoine bleue, Calcite verte, Hiddénite, Morganite, Opales rose et verte, Tectite jaune

Pancréas : Agate mousse, Citrine

Panique : Apatite bleue, Amazonite, Cyanites noire et bleue, Quartz laiteux, Tourmaline noire

Paralysie : Argent natif, Cyanite, Larimar, Phénacite*

Pardon : Diopside, Émeraude, Kunzite, Manganocalcite, Morganite, Pyroxmangite*, Quartz rose

Parkinson (maladie de) : Émeraude, Eudialyte, Jaspe feuille d'argent, Larimar, Tanzanite

Passion: Grenat rouge, Opale de feu, Rubis, Zircon rouge

Peau : Aventurine verte, Épidote, Howlite, Péridot, Quartz soufre, Rubicrosite, Rhyolite, Saphir

Pensées incessantes : Cyanite, Dumortiérite, Fluorite, Gabbro, Sodalite

Pensées négatives : Astrophyllite, Charoïte, Jaspe jaune, Larvikite, Muscovite, Prasiolite, Quartz Hématoïde, Quartz soufre, Spinelle noir, Turquoise

Peurs : Agate mousse, Aigue-marine, Célestine, Cobaltocalcite, Danburite, Eudialyte, Grenat rouge, Hématite,

Jaspes dalmatien et feuille d'argent, Labradorite, Larimar, Obsidienne Mahogany, Œil-de-fer, Péridot, Quartz rose et rutile, Sodalite, Stichtite, Thulite, Variscite

Pharyngite : Aigue-marine, Calcédoine bleue, Chrysocolle, Turquoise

Piqûre d'insecte : Lapis lazuli

Poids (augmentation) : Agate Botswana, Apatite bleue, Cassitérite*, Calcite orange, Héliodore, Pietersite, Thulite

Poids (diminution) : Astrophyllite, Cassitérite*, Howlite, Jaspe rouge, Magnésite, Orthose, Tantalite*, Topaze impériale

Polarités rééquilibrage : Bojis, Magnétite, Moquis

Pollution énergétique : Barytine, Galène, Labradorite, Quartz rutile, Quartz soufre, Spinelle noir, Super 7, Tantalite*, Tourmaline noire

Polyarthrite rhumatoïde : Ambre, Bronzite, Chalcopyrite, Chrysocolle, Cuivre, Dioptase, Hypersthène, Malachite

Positivité : Ambre, Agate crazy lace, Citrine, Jade jaune, Jaspe zèbre, Pierre de soleil, Rhyolite, Scapolite jaune, Topaze impériale

Poumons : Aigue-marine, Célestine, Diopside, Psilomélane*, Quartz rutile, Unakite

Poussée dentaire : Ambre, Fluorapatite, Fluorite

Presbytie : Émeraude, Œil-de-faucon, Scapolite bleue

Prospérité, succès : Aventurine verte, Cinabre, Citrine, Jades impérial et magnétite, Sidérite*, Turquoise

Prostate : Opale de feu, Zoïsite rubis, Zincite

Protection : Auralite*, Barytine, Galène, Jais, Labradorite, Œil-de-tigre, Péridot, Quartz rutile, Quartz soufre, Spinelle noir, Super 7, Tantalite*, Tourmaline noire

Protection géobiologique : Galène, Tourmaline noire, Sel (halite), Shungite

Psoriasis : Péridot, Purpurite, Quartz soufre, Zincite

Psychosomatiques (troubles) : Apatite bleue, Chiastolite, Fuchsite rubis, Jaspe marianne, Manganocalcite, Turquoise

Purification : Cyanite noire, Danburite, Jaspe kambaba, Larimar, Labradorite, Moldavite, Opales, Porphyre, Super 7, Tiffany stone, Tourmaline brune

Radiations (protège) : Barytine, Cérusite, Galène, Quartz morion, Shungite, Tourmaline noire

Rajeunissement : Ambre, Émeraude, Jade impérial, Silicium, Shungite, Super 7

Rate : Jaspe sanguin, Héliodore, Shattuckite, Tourmaline rouge, Turquoise

Récupération après chimio : Baryte bleue, Shungite

Refoulement des émotions : Agate turitelle, Apatite bleue, Aragonite, Obsidienne, Spinelle noir, Tiffany stone, Ulexite*, Unakite

Régénération des tissus : Émeraude, Héliodore, Quartz rutile, Séraphinite, Rhodochrosite, Triplite*

Règles douloureuses : Amazonite, Chrysocolle, Hypersthène, Magnésite, Pierre de lune

Reins : Agate mousse, Eclogite, Jade, Obsidienne mahogany, Opale blanche, Pierre de lune noire

Rencontre amoureuse (favorise) : Chrysoprase, Dioptase, Émeraude, Morganite

Rêves : Célestine, Danburite, Diamant de Herkimer, Jades vert et noir, Jaspe feuille d'argent, Opales noble et noire, Pierre de lune, Quartz lodolite, Scolécite, Staurotide, Tanzanite, Tectite noire, Ulexite

Rhumatismes inflammatoires : Ambre, Azurite malachite, Bronzite, Chalcopyrite, Chrysoprase, Cuivre, Dioptase, Hypersthène, Malachite, Shattuckite, Turquoise

Rhume : Aigue-marine, Aventurine bleue, Calcédoine bleue, Chrysocolle, Pyrite

Rides : Opales, Ulexite

Rigidité (physique et mentale) : Amazonite, Dumortiérite, Fuchsite, Sélénite

Ronflement : Ambre, Chrysoprase

Sagesse : Danburite, Émeraude, Jade impérial, Lapis lazuli, Pétalite*, Quartz sceptre, Saphir, Scolécite, Stromatolithe, Sugilite*, Turquoise

Saignements du nez : Hématite

Sang : Hématite, Jaspe sanguin, Quartz hématoïde et rutile

Sciatique : Malachite, Cuivre, Zircon rouge

Sclérose en plaques : Eudialyte, Jaspe feuille d'argent, Rhodochrosite, Spodumène*, Tanzanite, Zircon rouge

Sérénité : Agate arborisée, Aigue-marine, Amazonite, Calcédoines bleue et rose, Célestine, Jade blanc, Pierre de lune, Quartz laiteux

Sinusite : Aigue-marine, Aventurine bleue, Calcédoine bleue

Somatisation : Apatite bleue, Chiastolite, Manganocalcite

Sommeil : Célestine, Cyanite, Dumortiérite, Jades blanc et néphrite, Labradorite blanche, Lépidolite, Muscovite, Pierre de lune, Sodalite

Spasmes : Amazonite, Aragonite, Chrysocolle, Hypersthène, Lizardite, Magnésite, Septaria

Spasmophilie : Apatite bleue, Diopside, Dolomite, Rhodonite,

Stichtite

Spiritualité : Améthyste, Apophyllite, Azurite, Cavansite*, Chrysobéryl*, Charoïte, Danburite, Fluorite, Opales, Pétalite, Phénacite*, Purpurite, Saphir, Scolécite, Sugilite*, Tanzanite

Stabilité émotionnelle : Kunzite, Lépidolite, Turquoise

Stérilité : Agate de Botswana, Eudialyte, Pierre de lune

Stress : Pierres roses, bleues et vertes, Aigue-marine, Améthyste, Fuchsite, Jade blanc, Lapis lazuli, Lépidolite, Malachite, Morganite, Purpurite, Sugilite*

Surmenage : Hématite, Jaspe feuille d'argent, Lépidolite, Œil-de-fer, Quartz lithium

Système cardiovasculaire : Apatite verte, Grenats, Pierre de soleil, Rubis, Tourmaline rouge

Système immunitaire : Chrysoprase, Diorite, Eclogite, Émeraude, Eudialyte, Gabbro, Jades, Jaspe sanguin, Lapis lazuli, Péridot, Zircon rouge

Système lymphatique : Agate mousse, Aigue-marine, Howlite, Magnésite, Opale blanche, Préhnite, Sodalite, Topaze impériale

Système nerveux : Ambre, Aigue-marine, Agate Thunderegg, Azurite, Cyanite, Eudialyte, Dumortiérite, Fluorite, Kunzite, Lapis lazuli, Lépidolite, Magnésite, Quartz lithium, Rhodochrosite, Séraphinite, Stilbite, Tanzanite, Variscite

Tabagisme : Améthyste, Quartz fumé, Unakite

Télépathie : Angélite, Apophyllite, Charoïte, Phénacite*, Sélénite, Tectite noire, Ulexite

Téléphone portable, Télévision : Shungite, Tourmaline noire

Tendons, ligaments : Bronzite, Hypersthène, Malachite

Tendresse : Célestine, Hémimorphite, Manganocalcite, Quartz rose, Séraphinite*

Tension artérielle : Diopside, Lapis lazuli, Saphir, Sodalite

Terreurs nocturnes : Améthyste, Angélite, Morganite, Quartz rose

Tétanie : Apatite bleue, Amazonite, Dumortiérite, Fuchsite, Hématite

Thermorégulation : Blende*, Magnésite, Magnésite citron, Pietersite

Thrombose : Hématite, Jaspe sanguin

Thyroïde : Angélite, Chrysocolle, Sodalite, Topaze bleue

Timidité : Apatite bleue, Calcédoine bleue et rose, Célestine, Chrysocolle, Grenat rouge, Pierre de soleil, Topaze impériale, Turquoise

Tonus : Gabbro, Grenats, Hématite, Rubis, Topaze impériale, Zincite

Toux : Aventurine bleue, Lapis lazuli, Quartz rutile

Toxines (élimination) : Chalcopyrite, Chrysoprase, Émeraude, Jaspe rouge, Magnésite, Pyrite, Tourmaline brune, Turquoise

Trac : Chrysocolle, Rubis fuchsite, Turquoise

Transit intestinal : Cornaline, Péridot, Tourmaline verte, Unakite

Transpiration excessive : Alunite à cinabre*, Biotite*, Magnésite

Transports (mal des) : Aigue-marine, Turquoise, Tourmaline noire

Tremblements : Amazonite, Calcite, Dumortiérite, Fuchsite, Fluorite, Tanzanite

Tristesse : Citrine, Héliodore, Hypersthène, Jais, Lépidolite, Obsidienne larme d'apache, Opale rose, Péridot, Rhodonite, Rhodochrosite, Topaze impériale

Troisième œil (éveil) : Améthyste, Apophyllite, Azurite, Calcite optique, Cavansite*, Cordiérite, Diamant de Herkimer

Trou éthérique : Agate de feu, Auralite*, Nuumite, Quartz laser, Triplite*, Zincite

Troubles psychiques : Quartz rutile, Cyanite, Lépidolite, Kunzite

Tumeur : Chalcopyrite, Jade lémurien, Malachite, Rhodizite, Séraphinite, Zircon rouge

Ulcère : Pierre de soleil, Stichtite, Tourmaline brune

Urticaire : Aventurine verte, Épidote, Péridot, Quartz soufre, Lapis lazuli, Rubicrosite, Saphir

Utérus : Cornaline, Chrysocolle, Pierre de lune

Vampirisme (protection) : Barytine, Galène, Labradorite, Quartz rutile, Quartz soufre, Spinelle noir, Super 7, Tantalite*, Tourmaline noire

Varices : Hématite, Variscite

Veines : Hématite, jaspe sanguin, Variscite

Ventre (trop de) : Cornaline, Citrine, Magnésite, Jaspe brun

Ventre constipation : Diorite, Jaspes verts et bruns, Magnésite, Péridot

Verrues : Cinabre, Perle

Vertiges : Alabandite*, Corkite*, Fulgurite, Galène, Muscovite

Vésicule biliaire : Émeraude, Épidote, Grenat vert, Héliodore, Jaspe sanguin et marianne, Péridot, Pierre de lune noire, Serpentine, Stichtite, Turquoise jaune

Vessie : Jade néphrite

Vibrations (élévation) : Améthyste, Danburite*, Opale noble, Phénacite*

Vibrations négatives (protection) : Barytine, Galène, Jais, Labradorite, Œil de tigre, Péridot, Quartz rutile, Quartz soufre, Spinelle noir, Super 7, Tantalite*, Tourmaline noire

Victimisation : Diopside, Purpurite, Sardonyx

Vieillissement (ralentit) : Azurite, Barytine, Chalcopyrite, Émeraude, Jades, Jaspe mokaite, Shungite, Super 7, Topaze bleue

Vies antérieures (souvenir) : Agate turitelle, Chalcopyrite, Obsidienne œil céleste, Opale pintade, Stromatolithe, Tectite noire

Vitalité : Gabbro, Grenats, Hématite, Jade noir, Jaspes rouges et bruns, Rubis, Topaze impériale, Zincite

Volonté : Grenats rouges, Œil de fer, taureau et tigre, Pierre de soleil, Quartz fumé et rutile, Rubis, Tantalite*

Vomissements : Jade jaune, Tanzanite

Voyage astral : Apophyllite, Astrophyllite, Obsidiennes œil céleste et Mentogochol,

Voyance : Apophyllite, Blende*, Calcite optique, Célestobaryte*, Covelline, Cavansite*, Diamant d'Herkimer, Marcassite, Phénacite*, Rhodizite, Super 7, Ulexite*

Vue : Calcite optique, Émeraude, Œil de faucon, Quartz laiteux, Rubicrosite, Scapolite bleue, Ulexite

Yang : Agate de fer, Cipolin, Grenat rouge, Pierre de soleil, Zircon rouge

Yeux : Émeraude, Diamant d'Herkimer, Œil-de-faucon, Saphir, Scapolite bleue*, Ulexite

Yin : Agate claire, Chrysocolle, Onyx, Pierre de lune

Zona : Rubis,

SUR LE MÊME SUJET,

CHEZ LE MÊME ÉDITEUR :

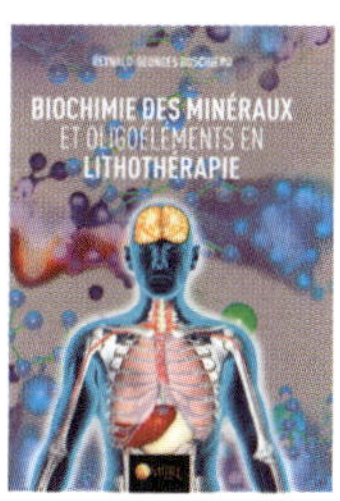

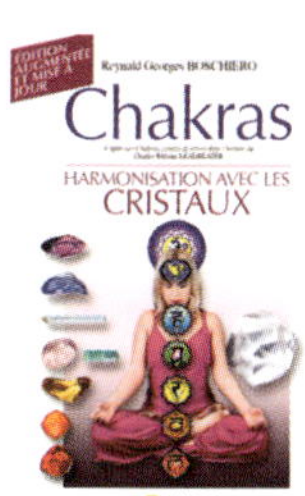

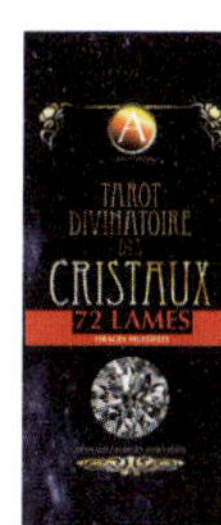

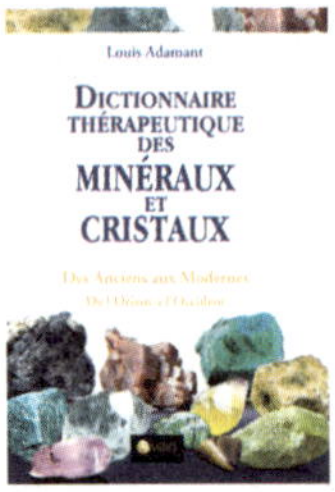
Louis Adamant
DICTIONNAIRE THÉRAPEUTIQUE DES MINÉRAUX ET CRISTAUX

Gemmothérapie et Elixirs de cristaux

Regina Martino
La Voie des Pierres et des Cristaux
2e édition

INDEX
lithothérapeutique

REGINA MARTINO
La SHUNGITE
énergie de vie

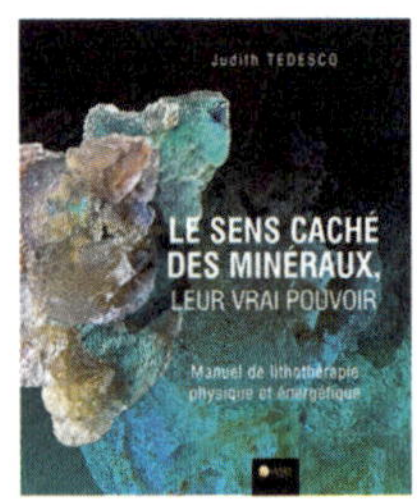
Judith TEDESCO
LE SENS CACHÉ DES MINÉRAUX, LEUR VRAI POUVOIR
Manuel de lithothérapie physique et énergétique

LITHOTHÉRAPIE BIOÉNERGÉTIQUE DES ESPACES

Sylvie Crochet
L'ESSENTIEL DE LITHOTHÉRAPIE

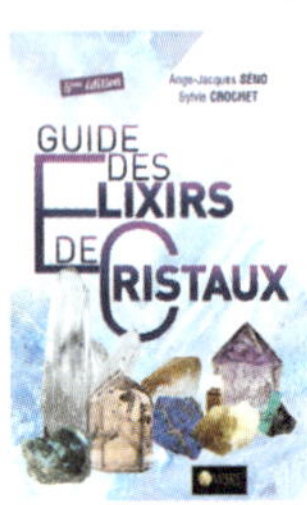
GUIDE DES ELIXIRS DE CRISTAUX

Recevez gracieusement notre catalogue

Suisse : Éditions Chemins de vie,
Chemin des Chalets 7,
1279 Chavannes-de-Bogis

France : Ambre sarl,
240 rue du Mont-Blanc,
69670 Vaugneray

ou téléchargez-le depuis notre site :
www.editions-ambre.fr ou **.ch**

Cet ouvrage a été achevé d`imprimer
par Pulsioprint.com en mars 2022
Imprimé en Communauté Européenne
Dépôt légal : 2e trimestre 2022